*m*S*k*

Frank Clare

Zwei Welten

Eine Jugend
im nationalsozialistischen
Deutschland

Aus dem Englischen von
Dino Heicker

Mit einem Nachwort von
Thorsten Fögen

MännerschwarmSkript Verlag

Bibliothek rosa Winkel
Band 34

Die Originalausgabe erschien 1942
im Verlag Secker & Warburg (London)
unter dem Titel *The Cloven Pine*

Die Übersetzung ermöglichten:
August von Platen Stiftung (Siegen)
und
Homosexuelle Selbsthilfe e. V.
(Frankfurt am Main)

Umschlagmotiv:
»Kalender der deutschen Jugend 1935«

Gedruckt mit Unterstützung
der Gesellschaft für
literaturwissenschaftliche Homostudien
(Siegen)

Die Deutsche Bibliothek verzeichnet diese Publikation
in der Deutschen Nationalbibliographie;
detaillierte bibliographische Daten sind im Internet
unter <http://dnb.ddb.de> abrufbar.

© 2003 MännerschwarmSkript Verlag, Hamburg
Herstellung: Strauss Offsetdruck, Mörlenbach
Printed in Germany
ISSN 0940-6247
ISBN 3-935596-34-0

1.

»Du hast Tinte am Bein, genau über der Kniekehle«, sagte die Frau Doktor zu ihrem Sohn.

Das hatte sie gar nicht sagen wollen. Doch das war in letzter Zeit immer so mit Götz. Sie hatte von kurzen Lederhosen und weißen Kniestrümpfen zu dieser Jahreszeit sprechen wollen. Kniebundhosen waren viel wärmer. Man konnte seine Gänsehaut sehen. Aber er sagte, die anderen Jungen machten es ebenso, und, zugegeben, die weißen Strümpfe, so schwierig sie zu waschen waren, paßten vorzüglich zu dem hübschen Braun seiner Beine. Erstaunlich, wie gut er mit seiner empfindlichen Haut braun wurde. Vielleicht lag es daran, daß er zu Ostern mit Skifahren begonnen hatte.

»Du hast Tinte an Deinem linken Bein«, sagte sie.

Götz, der bereits zum Mittagessen Platz genommen hatte, runzelte flüchtig die Stirn, drehte sich auf seinem Stuhl, um zu sehen, was sie meinte. Er befeuchtete zwei Finger mit der Zunge und entfernte den Fleck, der seinen Weg an einen so unmöglichen Ort gefunden hatte.

»Ich habe Herrn Krug heute morgen nicht aufsuchen können«, fuhr seine Mutter fort, »ich habe Gisela hingeschickt.«

Es war nicht klar, ob im Gesicht ihres Sohnes Verärgerung auf Erleichterung folgte; so sehr nahm er alles mit einer Miene undankbarer Gleichgültigkeit auf. Ja, undankbar. Dieses Wort mit seiner negativen Vorsilbe legte sein Verhalten in diesen Tage oft nahe. Dann war er nicht der »nette kleine Schlingel« – wie unüberlegt von der Frau Major, ihm das ins Gesicht zu sagen! –, der er vor ungefähr einem Jahr noch gewesen war, sondern anders. Das Heranwachsen – die unangenehmen *Flegeljahre* – schienen wenig Auswirkung auf sein Äußeres zu haben. Absurderweise sah er immer noch aus wie ein Teddybär, obwohl sie nicht sagen konnte, welchem seiner Züge sich diese Ähnlichkeit verdankte. Wieder und wieder dachte sie, sie wäre kurz davor, es herauszufinden. Egal, sie entschied einmal mehr, daß es nicht allein der kantige, blonde Kopf war und auch nicht sein sonnenverbrannter Nacken, an dem das Haar um einen deutlichen Wirbel herum wuchs. Es war auch nicht seine Nase, und sicherlich waren es nicht seine Augen – kein Teddybär hatte so bestürzend schöne Augen. Manchmal schienen diese Augen – sie wußte, es war völliger Unsinn – nichts mit Götz, ihrem Sohn, zu tun zu haben, sondern wirkten eigenartig stolz, eher entrückt als daß sie sein Wesen zum Ausdruck brachten. Das stand im Gegensatz zu seiner jüngsten Phase, in der er scheinbar alles durch sein Betragen verderben wollte, obwohl seine düstere Miene lediglich komisch war und seine aufgesetzt gravitätischen Bewegungen nicht verbergen konnten, daß er schmächtig, ja sogar zart war. Es war, als wollte er einfach nicht bezaubernd sein. Nun, es waren die *Flegeljahre*; sie sagte es sich wieder und wieder. Doch die Erklärung half ihr nicht. Ein erstaunliches Phänomen; es machte sie hilflos und wütend.

Diese Unterredungen waren eine alte Geschichte, die nun ihrem Ende entgegen ging. War es nicht Götz, so war es Kurt gewesen, der nun seinen Arbeitsdienst ableistete. Wenn es nicht Herr Krug war, war es Herr Professor Klinge. Die Frau Doktor ging dorthin wie ein Botschafter ins Außenministerium. Es wurden Vorhaltungen wegen eines Vorfalls an der Grenze gemacht – eine schlechte Note in Latein, eine Unterhaltung zur falschen Zeit –, die Frau Doktor gab Versprechungen ab. Danach kamen diese schwierigen Gespräche mit Götz.

»Er meint, Du solltest härter arbeiten«, sagte Gisela. Sie studierte an der Kunstakademie. Ihre Stimme war schroff. Sie war drei Jahre älter als Kurt, fünf Jahre älter als Götz und männlicher als beide. So erschien es zumindest dem verzweifelten Blick der Mutter, die sich oft fragte, was falsch gelaufen war, daß die Jungen das gute Aussehen und das Mädchen den Verstand besaß. Sie empfand es als eine Art persönliche Schwäche, worüber die Leute hinter ihrem Rücken sprachen, und sie lag damit nicht ganz falsch. Die ungleiche Verteilung war so offensichtlich, daß man von Gisela hätte erwarten können, eifersüchtig auf ihre Brüder zu sein. Unbewußt mochte Eifersucht ja im Spiel sein, aber die beiden vorherrschenden Gefühle, die sie zeigte, waren leidenschaftliche Zuneigung und wohlmeinende Geringschätzung. Die Zuneigung war es, die sie drängte, ihnen manchmal mit dem Thema Arbeit zuzusetzen. Sie wollte unbedingt, daß sie - ihre Repräsentanten in der Männerwelt - sich gut behaupteten; deren Langsamkeit oder Faulheit oder Gleichgültigkeit machte sie rasend. Aber sie drängte auch noch auf andere Art. Sie hatte eine spitze Zunge und wußte - was die Lehrer nicht wußten -, daß die beiden empfindsam waren, auch wenn sie gleichgültig taten. Und ihnen zuzusetzen, gab ihr jetzt fast dieselbe halb schmerzliche Befriedigung wie einst, sie zu umarmen.

Götz kaute. Auch für ihn waren diese Unterredungen eine alte Geschichte. Er hatte niemals irgendeinen Sinn darin gesehen.

»Ich sagte ihm, Du hättest vor, in den Oktoberferien zu arbeiten«, sagte Gisela.

Das saß. Der Plan war ein guter Vorsatz geblieben, an den Götz nicht gerne erinnert wurde.

»Du - verdammte Hexe!« sagte er wütend.

»Götz!«

Selbst Gisela erschrak über den Erfolg ihrer Stichelei.

»Nein, ich habe es nicht wirklich gesagt«, sagte sie, »aber ich sagte, Du seist wankelmütig.«

Das war keineswegs besser. Wankelmütig! Götz spürte – auf seine eigene, halb bewußte Art – das Vergnügen, mit dem diese beiden ›klugen‹ Erwachsenen den gaukelnden Schmetterling festgenagelt hatten. Wankelmütig, Herr Professor, verstehen Sie. Genau, mein Fräulein, wankelmütig. Ein schulisches Meisterstück der Analyse. Gisela wäre besser Lehrerin geworden. *Die Flegeljahre.* Wankelmütig. Ganz recht. Ganz recht.

»Ich danke bestens«, sagte er und versuchte, es so rüde wie möglich klingen zu lassen.

»Es ist zu Deinem Besten«, sagte sie. »Ich habe es nicht zum Spaß gemacht.«

Nein? Warum konnte sie ihn dann nicht in Ruhe lassen? Warum mäkelte sie ständig an ihm herum? Das Leben, entschied Götz, war übervoll von Menschen, die etwas von einem forderten. Seine Mutter. Gisela. Seine Lehrer. Um sich noch garstiger zu geben, griff er nach der Zeitung. Seine Mutter mochte nicht, daß er beim Mittagessen las, obwohl er alleine nach den anderen aß. Aber selbst die Zeitung stellte Forderungen. Werbung, die wollte, daß man etwas kauft – mit demselben kindischen Glauben an witzige Überredungskünste wie die Lehrer in der Schule. Leitartikel, die einem etwas einreden wollen. Sogar die Photographien und die Nachrichten waren Angriffe und genauso beleidigend wie Giselas Gespräch mit Herrn Krug über ihn. ›Unglaubliches Benehmen eines tschechischen Funktionärs!‹ In Ordnung. Es war unglaublich, nicht ernst zu nehmen. Einmal mehr wurde er aufgefordert, sich über die Schikanierung der Sudetendeutschen zu entrüsten. Er war eher geneigt, Mitleid mit seinem eigenen schikanierten Ich zu haben.

»Was machst Du heute nachmittag in der Hitlerjugend?« fragte Gisela, die an jedem Detail im Leben ihres Bruders teilhaben wollte.

»Herumhängen«, antwortete er und ging in sein Zimmer. Oben, bäuchlings auf dem Bett, ließ Götz den Morgen Revue passieren, jene elastische Zeitspanne, die in den Ferien bequem die zwei oder drei Stunden zwischen einem späten Frühstück und einem frühen Mittagessen umspannte, während sie sich heute von sieben bis eins hinzog. Wie der Riemen um seine Schulbücher, die er aufs Kopfkissen geschleudert hatte und nun aus einem angenehm neuen Blickwinkel betrachtete, umfaßte sie Englisch, Geschichte, Griechisch, Religion und Sport. Englisch, wie weit weg das nun war! Er rieb seine Nase am Rücken eines dünnen gelben Buches und versuchte gleichzeitig, den Titel deutlich zu lesen. Er wußte nur zu gut, wie er lautete: *Duty* von Samuel Smiles. Herr Professor Klinge war ein Moralapostel, und wenn er versicherte, er praktiziere die *direkte Methode*, so traf das weniger auf seinen Englischunterricht zu als auf seine Erziehung, die schmerzlich direkt war und nichts dem Zufall überließ. In der Tat, er pries seine Geschicklichkeit, zwei Fliegen mit einer Klappe zu schlagen. Letztes Schuljahr hatte er mit seiner Klasse ein Buch gelesen, das von einem aufstrebenden Verleger herausgegeben wurde. Es enthielt Aufsätze über die Rassentheorie von rechtschaffenen Engländern, die in England allerdings unbekannt waren. Das, so erklärte er seinen Kollegen, stehe im Einklang mit dem Geist des Nationalsozialismus, der keinem Zweig der Lehre erlaube, reiner Selbstzweck zu sein. Einer der *Herren Kollegen* war zynisch genug, am Ende des Schuljahrs zu behaupten, Herr Klinge habe gewiß seine beiden Fliegen erschlagen – das Interesse an der Rassentheorie ebenso wie das Interesse für Englisch.

Auf alle Fälle würde sein Moralisieren bei normalen Heranwachsenden einen üblen Nachgeschmack hinterlassen haben. Sein politisches Predigen war aber noch weniger hinnehmbar, da seine Hundertprozentigkeit – um den gängigen Jargon zu gebrauchen – bezweifelt werden durfte. Man munkelte, er hätte ›vor '33‹ – in dieser fernen, kaum faßbaren Epoche – abfällig von diesem ›Anstreicher mit einem Vorurteil als Programm‹ gesprochen. Die Jungen wußten davon, genauso wie sie wußten, daß der Schulleiter einmal eine Nacht im Gefängnis verbracht hatte – dank des Übereifers eines lokalen Nazi. Ebenso wußten sie, daß in diesen aufregenden frühen Tagen Herr Oehme wegen unüberlegter Äußerungen über den Reichstagsbrand sogar von einem Schüler denunziert worden war. Sie wußten das alles, und viele – vielleicht die meisten – zogen ihre boshafte Freude aus diesen Strafen von Tyrannen an Tyrannen. Es gab ihnen zugleich eine erste zynische Ansicht von der menschlichen Natur. Nur einige, wie Götz, hatten eher gemischte Gefühle. Aber nicht wegen Klinge, dessen Demütigung masochistisch war. Da war etwas in seiner Art, über ›unseren großen Führer‹ zu sprechen, daß einem speiübel wurde.

Zum Unglück war er anglophil – Unglück angesichts seines Talents, mit einem ganz und gar nicht schwachen Lob alles zu verderben. Diese beharrliche Loyalität hatte er in Einklang gebracht mit seinen eher fluktuierenden politischen Verbindungen. Sein England hatte sich unmerklich vom Land des Liberalismus und der Demokratie gewandelt zu einem Land der *public schools*, basierend auf dem Führerprinzip, und zum Land nordischer Reichsgründer, deren Motto lautete: *Right or wrong, my country* – ohne den Unsinn vom Internationalismus. Es war eine deutsche Schwäche, sagte Herr Klinge, den Fremden zu bewundern und nachzuahmen. Sie sollten die Engländer darin nachahmen, niemanden nachzuahmen. Jedes Jahr las er mit der Abschlußklasse *Julius Caesar*, hauptsächlich weil er es liebte, sich *Friends, Romans, countrymen!* deklamieren zu hören. Einst war Brutus der Held gewesen, jetzt war es Antonius. Aus

Brutus war der bedauernswerte Weimarer-Republik-Typus geworden, der ›Instinktlose‹. Ein anderes Beispiel dafür stellte Hamlet dar.

Diesen Morgen ließ er ein Diktat schreiben, ein Gedicht über einen Jungen auf einem brennenden Schiff. Götz verabscheute Englisch-Diktate. Die Rechtschreibung machte keinen Sinn und – nun, das Ergebnis war eine weitere schlechte Note. »Aber, junger Mann«, hatte der Herr Professor gesagt, »Du mußt nächste Woche besser sein. Weißt Du, was nächste Woche geschehen wird?« Unbeeindruckt von Götzens betonter Gleichgültigkeit fuhr er fort, nächste Woche werde ›ein echter Engländer‹ kommen und für den Rest des Schuljahres an den Englischstunden teilnehmen. Er sprach davon, als wäre ein ›echter Engländer‹ eine Neuigkeit, dabei konnte man ihnen im Sommer, zumindest im Schwarzwald und im Rheinland, kaum entkommen. Warum blieben sie nicht zu Hause? Sie waren träge und laut, konnten nie Deutsch, wurden nicht richtig braun und – nun, er mochte sie einfach nicht. Es war nichts Heftiges in dieser Abneigung, eher ein Groll auf die Geschichte und Herrn Klinge, die konspirierten und aus ziemlich mittelmäßigen Menschen Halbgötter machten. Es machte ihn krank, vom *gentleman ideal* zu hören.

Das waren die einzigen Gedanken, die er in seiner gegenwärtigen Stimmung dem Engländer widmete. Klinge hatte an seine kindliche Neugier und an seinen Sinn für Abenteuer appelliert – und sofort war er erwachsen geworden und hatte nichts mehr davon. Er wurde rot, wenn er sich erinnerte, wie aufgeregt er bei einer Begegnung gewesen war, die vor drei Jahren stattgefunden hatte – als er noch ein Kind gewesen war. Genau vor Meyers *Kaffeehaus* bemerkte er, daß er hinter zwei Männern herging, die Englisch sprachen. Einer von ihnen ließ seine Zeitung fallen, und Götz hob sie nicht bloß auf, sondern besaß genug Geistesgegenwart, auf Englisch zu sagen: »Excuse me, sir, I think you have your paper dropped.« Die Engländer waren so verblüfft, daß sie ihn im Meyers auf eine Tasse Kaffee einluden und ermutigten, mit ihnen Englisch zu sprechen. Aber das einzige, woran er sich erinnerte war ›Baa, Baa, black sheep‹. Das gab er zum besten, und die Engländer lachten herzlich und lobten ihn. Ihm wurde heiß und kalt, wenn er an den peinlichen Vorfall dachte.

Nun gut, den seltsamen Schulgeruch des abgenutzten Geschichtsbuchs in der Nase, dachte er an Geschichte bei Herrn Stöhr. Den Befreiungskrieg gegen Napoleon verglich Herr Stöhr mit dem Befreiungskrieg Adolf Hitlers gegen die Fesseln von Versailles. Vielleicht war Herr Stöhr eher damit befaßt, die Bedeutung von Geschichte generell zu begründen, als die Richtigkeit von Hitlers oder irgendeiner anderen Moral. Gewiß, Götz konnte sich von Napoleon keine rechte Meinung bilden. Letzte Woche war er der vom Himmel gesandte Führer, der die Reste der dekadenten Republik hinweg gefegt hatte. Gleichwohl war das ohne jede Bedeutung. Napoleon war ein großer Mann, und Götz teilte völlig Herrn Stöhrs Begeisterung für große Männer. Sie machten die Geschichte interessanter.

Dennoch, unbewußt lief Herr Stöhr Gefahr, daß im fruchtbaren Chaos des Verstandes des Jungen mit Hilfe von Nietzsche, den Götz - vielleicht in einer unseligen Stunde - in seines Vaters Bücherschrank entdeckt hatte, eine wirklich seltsame Saat aufging. Gegenwärtig wurden die Ereignisse gleichfalls zu einem Teil der Geschichte, eines Schauspiels, eines großen Mannes Biographie. Er flößte tatsächlich Begeisterung ein - phänomenal. Man wünschte ihm Macht und Ruhm, Jena und Austerlitz - und Waterloo. . . . All das war natürlich überlagert von den patriotischen und persönlichen

Antrieben anderer, einfacherer Art – ertränkt, wenn's beliebt, vom gesünderen Menschenverstand.

Es sei jedoch darauf hingewiesen, daß diejenigen, welche Götzens Heldenverehrung – und die Heldenverehrung aller Götze – vor ihren Karren spannten, sich selber einer unbekannten Größe anvertrauten, einem Alptraum aus dem Unterbewußtsein des sich selbst verneinenden deutschen Gewissens, zusammengesetzt aus fanatischem Gehorsam und fatalistischer Objektivität. Aber hier verlassen wir schnell unser Unterbewußtsein und ziehen es vielleicht vor zu vergessen, daß der Junge jemals seinen Kopf mit Nietzsche belastet hat, und betrachten ihn weiter, wie er auf dem Bett liegt, offenkundig eine gesunde junge Kreatur – mehr Jungtier als blonde Bestie –, seine Zunge ein wenig hervorgestreckt, die Augen halb geschlossen und ein übergeschlagenes Bein in der Luft baumelnd.

Die nächste Stunde war Griechisch bei Herrn Gnam. Das konnte lustig werden. Herr Gnam beteuerte stets ausdrücklich seine Zuneigung für die Jungen und seinen Sinn für Humor. »Die kleinen Teufel!« konnte er einem Kollegen sagen. »Wissen Sie, was die heute gemacht haben? Ich mußte lachen ...« Das geschah immer wieder. Er tat so, als bemerke er nicht die Geringschätzung und die Bosheit hinter den Streichen, die sie ihm spielten. Aber manchmal trat ein Anflug von Verbitterung oder Traurigkeit in sein Gesicht. Götz hatte besonderen Grund, dies zu wissen, denn bei solchen Anlässen ruhten Herrn Gnams Augen mit einer Art träumerischer Intensität, welche sie sehr unangenehm machten, auf ihm. Das entsprach nicht den Spielregeln. Trotz allem behauptete der Fuchs, er liebe es, gejagt zu werden. ... Aber heute war die Jagd langweilig – bloß Husten und Reden und Scharren mit den Stiefeln. Und natürlich, zu Beginn und Ende der Stunde, das ›Heil‹-Spielchen, bei Herrn Gnam offenkundiger als bei jedem anderen ein Jux. Die Lautstärke wurde mit jedem Tag ohrenbetäubender, der Gruß immer vordergründiger militärisch.

Dann Religion bei Ludwig. Wohlgemerkt, nicht bei ›Herrn Kästner‹. Nicht mehr seit jener Woche im Sommer, als die Klasse in einer Jugendherberge im Gebirge gewesen war und Ludwig sie beaufsichtigt hatte. Götz konnte sich nicht erinnern, wer angefangen hatte, ihn beim Vornamen zu rufen. Er gewiß nicht. Aber alle machten es nach. Ludwig! Beschreibung und Analyse sind hier fehl am Platz. Man konnte bloß den Namen wiederholen, wie Götz, als ob es sich um eine Art von Beschwörung handelte, die das Lernen von Religion leichter machte als anderes Lernen. Tatsächlich schien das einen solchen Effekt zu haben, der ohne Zweifel sogar eine gewisse unbewußte Begünstigung bei den Noten zuließ. Denn nicht für jeden, der ›Gott‹ sagt, wird Gott im Himmelreich erscheinen. Doch obwohl ihn jeder Ludwig nannte, waren es Götzens Schultern, um die er seinen Arm gelegt hatte, als sie am letzten Tag jener großartigen Woche in der Sonne lagen, und es war Götzens Pult, auf das er sich setzte, wenn er sein Podium verließ, um durch die Klasse zu gehen. Auch teilten sie ein Geheimnis miteinander. Götz brachte Ludwig nach der Stunde manchmal die neueste Broschüre der Bekennenden Kirche, die ihm Pastor Japp am Sonntag gegeben hatte. Es war ein lustvoll konspiratives Ritual. Aber es wäre schwierig zu sagen, ob das Geheimnis im Inhalt der ausgetauschten Dokumente lag – die, trotz allem, nicht sonderlich geheim waren – oder in der bloßen Tatsache, daß sie etwas austauschten. Vielleicht funktionierten sie die erste Art von Geheimnis um, um die zweite, unerklärliche, zu verbergen.

Ludwig! Er murmelte verzückt den Namen und schlang seine Arme um die Bücher, drückte sie an sich und schmiegte sich tiefer ins Bett, gab sich der Erinnerung hin an die heutige Unterrichtsstunde, als Ludwig ihm – zum Spaß – am Haar gezogen hatte. Es war, als versuchte er, das letzte Bißchen seltsam unbefriedigender Süße aus dieser Erinnerung hervorzulocken. Und er ertappte sich dabei, eine Phantasie heraufzubeschwören, über die er gewöhnlich nur nachts vor dem Einschlafen nachsann. Manchmal war es ein Dschungel, ein andermal eine Wildnis, dann wieder eine Schlacht. Da lag er, halbnackt, erschöpft, vielleicht sterbend – in seiner Vorstellung schwebte er zwischen Tod und Leben. Manchmal lag er auf einem Altar, und die Wilden waren dabei, ihn zu opfern, als Ludwig aus den Büschen hervorbrach.

Nicht der Ablauf des Stundenplans, sondern die Richtung seiner Phantasie ließ ihn das Thema wechseln und in Gedanken zur letzten Stunde übergehen. Es war ein widerlicher Geschmack, und dennoch nicht genug. Es wurde einem schlecht davon, doch zugleich machte er Appetit auf mehr. Die letzte Stunde war wie Zahnschmerzen. Im Hintergrund stets präsent, selbst wenn man an Ludwig dachte. Die letzte Stunde war Sport mit Herrn Wagner. Herr Wagner war nicht unbeliebt. Vielleicht verkörperte er die vom Führer formulierte Doktrin, der zufolge Massen und Frauen gut darauf ansprachen, geknechtet zu werden. Wenn es so war, tat er es ohne Wissen oder ohne sich darum zu kümmern. Er war Soldat. Nicht zu wissen oder sich nicht darum zu kümmern, war fast eine bewußte Tugend für ihn, eine Religion, die, je gewissenhafter sie praktiziert wurde, umso schwieriger wurde. Und Gott allein wußte, wie schwierig es in diesen Tagen oft war, nicht zu denken. Da waren die Gerüchte über seine Strenge und seine gutmütige Härte, Gerüchte über seine unsentimentale Freundlichkeit ehemaligen Schülern gegenüber und seine einigermaßen unsoldatische Laxheit in der äußeren Erscheinung, täglich zur Schau gestellt durch ein stoppeliges Kinn und einen abgewetzten Mantel. Lange bevor die Nazis in seinem Gymnasium geschmackvoll altertümelnde Plakate über gefährliches Leben und ›Gelobt sei, was hart macht‹ eingeführt hatten, waren dies schon seine Prinzipien gewesen, und deren Umsetzung in die Praxis hätte selbst Nietzsche davon abbringen können.

Wie bereits gesagt, er war nicht unbeliebt. Selbst Götz haßte ihn nicht, obwohl sie nie miteinander auskamen. Vielleicht stand Götz unter dem Einfluß der allgemeinen Einstellung, wenn er sagte, Wagner sei ›wirklich in Ordnung‹. Aber das ›wirklich in Ordnung‹ der Kinder sagte Wagner auch über Götz. Beide wußten vage, daß dies ein Widerstreit von Gegensätzen war, zu dem es stets zwei brauchte. Klein seit seiner Geburt 1921 und ein Jahr jünger als die übrige Klasse, war Götz zum angenommenen Kind geworden. *Der Kleine* – sanft geneckt mit derselben Mischung aus großer Zuneigung und ein wenig Grausamkeit, so könnte man fast sagen, wie von seiner Schwester. Anfangs hatte dies das wichtigtuerisch-aufmüpfige Selbstverständnis des ernsten Jungen zutiefst verletzt. Aber die Anfälligkeit für die emotionalen Anteile der Rolle verführten ihn dazu, seinen Charakter unbewußt zu modifizieren, um sich anzupassen. Er mochte es, von Hans Forster, dem Leiter der Hitlerjugend unter die Fittiche genommen zu werden. Er mochte es, wenn Gerhard Wunderlich anbot, ihm Rückenschwimmen beizubringen. Daneben hatte es praktische Vorteile, beispielsweise wenn sie dieses deutsche Spiel spielten, in dem man solange Schläge kriegt, bis man das Glück hat, den Schläger zu erraten, der dann den eigenen Platz einnehmen muß. Götz ängstigte nicht so sehr der Schmerz als die Tatsache, daß er wußte, es würde ausreichend schmerzen, um gegen seinen Willen Tränen in seine Augen treten zu lassen. Frank, einem dünnen, kümmerlichen Jungen, war das passiert, und er war gnadenlos ausgelacht worden. In der Tat war er ebensowenig in der Lage, den Schmerz zu ertragen, wie Götz. Aber es wurde nicht mehr als ein scherzhafter Versuch unternommen, *den Kleinen* zu einem Spiel zu bewegen, vor dem er offenkundig Angst hatte. Es war lediglich ein guter Vorwand für eine der üblichen Rangeleien zum Schein.

Seine Mutter hatte ihrerseits den Wechsel von einem ›schwierigen Kind‹ zu einem ›netten Jungen‹ beobachtet. Schule, entschied sie, war offenbar gut für ihn. Zu Hause war er verwöhnt worden. Genauso gut hätte sie sagen können, daß die Schule ein verwöhntes und schlecht gelauntes in ein verwöhntes und gut gelauntes Kind verwandelt hatte. Nun, die Veränderung war nicht von Dauer. Besonders in letzter Zeit gab es Momente, in denen Götz aufbegehrte, da ihn sein eigener Charme genauso anwiderte wie die unbefriedigend süße Erinnerung an jene Religionsstunde. Dann wurde er ungnädig oder, wie seine Mutter sagte, fast rüpelhaft. Vielleicht machte ihn die nur halb eingestandene Tatsache, dumm genug gewesen zu sein, bei dem irritierten Herrn Wagner versuchsweise seinen Charme einzusetzen, heute besonders widerspenstig, sozusagen widerspenstig aus Reaktion. Denn Herr Wagner erkannte, daß Götz sich kindisch benahm oder, schlimmer noch, vorgab, kindisch zu sein. Er erkannte nicht, daß Götzens Verhalten eine Art Anpassung an die Umwelt war. Das Kichern des Jungen, seine zu schrillen Entzückensschreie irritierten ihn. Durchaus in Ordnung bei einem Quintaner, dachte er, aber der Junge war in der Sekunda, und da war es einfach unpassend. Am wenigsten mochte Herr Wagner seine Angewohnheit, in ein krampfhaftes kleines Lachen auszubrechen, wenn er eine Turnübung völlig vermasselt hatte – wie eine Filmdiva, die bei einer Schiffstaufe den Wurf mit der Champagnerflasche verpatzt hat. Dies hatte ihn heute mehr als alles andere darauf bestehen lassen, die Übung zehnmal wiederholen zu lassen und ätzende Bemerkungen über Götzens Körperbau zu machen. ›Schwächlich‹ und ›flachbrüstig‹ hatte es geheißen – beides war nicht ganz richtig. Und natürlich bestand Wagner darauf, ihn ›Biehl‹ zu rufen. Dabei lautete Götzens vollständiger Name Biehl-Bodenhausen: Götz Theodor August Johannes Biehl-Bodenhausen. In der Schule wurde er ›Biebo‹ gerufen, von den Jungen und von Ludwig. ›Götz‹ war zu männlich und erinnerte an den Befehlston auf dem Exerzierplatz. Aber zu Hause wurde natürlich dieser Name benutzt. Gisela und seine Mutter konnten ihn so klingen lassen, als ob sie nach einem Hund riefen – einerseits männlich und liebevoll, andererseits aber intellektuell unterlegen.

Er verließ das Bett. Es war Zeit, seine Hitlerjugend-Uniform anzuziehen. Wie öde! Aber er mußte dort hin. Er hatte in letzter Zeit zu oft gefehlt, und Hans Forster, der seine Entschuldigungen, die Schule und Hitlerjugend gegeneinander ausspielten, meist stillschweigend hinnahm, mußte mit einem gewissen Maß an Aufmerksamkeit beschwichtigt werden. Ja, es war wirklich öde – Kinderkram. . . . Aber sich umzukleiden, war jetzt ein halb eingestandenes, vor einem Jahr noch unbekanntes Vergnügen. Zum Beispiel wenn man das Hemd auszog und es plötzlich kalt unter den Armen wurde. Er hielt inne und sah sich im Spiegel an. Er stellte mit Befriedigung fest, daß er immer noch braun war. Er machte ein oder zwei Übungen, von denen er glaubte, er mache eine ziemlich gute Figur dabei. Zweifellos half der Spiegel. Man konnte sehen, was man tat, das machte es spannender. . . . Das also war der Körper, über den Wagner sich lustig machte. Was stimmte nicht mit ihm, abgesehen davon, daß er nicht so groß war wie der plumpe Jansen oder so gewandt wie der blöde Obst? Obst war der beste Turner in der Klasse und schielte. Götz, dessen Einstellung zum Sport, wenn auch unbewußt, ästhetisch war, fand das unglaublich. Konnte man sich selber im Spiegel schielen sehen? Nein. Seine Augen ... seine Augen ... Er starrte sich selber in die Augen, fasziniert, daß sie ihn scheinbar ansahen, kalt und unnahbar. Dann wurde ihm plötzlich klar, was er tat. Er bewunderte doch tatsächlich sein eigenes Gesicht, als ob es nicht zu ihm gehörte. Ärgerlich wandte er sich ab und warf bloß einen flüchtigen Blick auf das Spiegelbild seines Körpers. In ihm stritten seine Gefühle miteinander, wie ihm sein Körper am besten gefallen würde. Hier war ›Götz‹ und dort ›Biebo‹. Götz war ein harter Junge, der sogar heimlich rauchte, während Biebo klein war – natürlich war er viel jünger als Götz –, was aber Götz gerade gefiel. Er wollte beide sein, ohne zu wissen, was er eigentlich wollte. Er spürte ..., er wußte nicht, was er spürte, und wollte es eigentlich auch nicht wissen. Da war wieder der unangenehme Geschmack ..., gewissermaßen machte er Appetit auf mehr. Er zog sich schnell an und vermied es, sich noch einmal anzusehen.

2.

Die dritte Stunde am Montag war Englisch. Götz hatte die angekündigte Neuigkeit völlig vergessen und versuchte fieberhaft, einen Absatz aus dem Smiles vorzubereiten. »*Achtung!*« rief der Klassensprecher, und alle stürmten zu ihren Plätzen. Lehrer Klinge trat ein, gefolgt von – *ach, ja!* – dem Engländer. Die plötzliche Erleichterung, die Ahnung, der Smiles werde vergeben und vergessen sein, machte den Gast im Grunde zu einem Deus ex machina.

Beim Hitlergruß stand er neben der Tür, in einer Haltung, die Götz an etwas erinnerte, aber erst später, nachdem es sich oft wiederholt hatte, wußte er plötzlich, woran. Es war die

Art, in der Nichtkatholiken – wie Götz selbst – am Sonntagmorgen in den Seitenschiffen der Marienkirche standen und dem Lobgesang der Messe lauschten, mit nachsichtigem, aber ablehnendem Ernst. Es war die Haltung der Ungläubigen.

Vielleicht war es raffinierte katholische Seelenkunde, Ungläubige als Zuschauer zuzulassen. Vielleicht brachte deren Anwesenheit die Gläubigen dazu, sich mit neuer, abwehrender Inbrunst zu bekreuzigen. Jedenfalls war Götz im Moment davon überzeugt, daß er diesen Teil des Nazirituals sehr ernst nahm. Die Ungläubigen mochten es bedeutungslos finden und die Gläubigen für mitleiderregende Opfer halten, dazu verdammt, sich lächerlich zu machen. Aber was wußten die denn schon? Sie standen außerhalb des großen Mysteriums.

»Heil Hitler!«

»Heil Hitler!«

Ja, heute war die Erwiderung ernsthaft und deutlich, keine verschluckten Konsonanten, kein exotisches Indianergeheul: »Ai-i-la!«

Solange der Klassensprecher aufzählte, wer fehlte, und das Klassenbuch zur Unterschrift vorlegte, standen sie still. Alle, auch Götz, blickten zu dem Engländer.

Der – jung, lächerlich jung – schaute Götz an. Wie eine Filmszene, dachte Götz, eine Weile spricht niemand, statt dessen gibt es diese besondere Musik. Gar nicht wie im richtigen Leben. Warum schaute der arrogante Kerl bloß so anmaßend und staunend, gnadenlos und flehend zugleich? ›Ich kann nichts dafür‹, dachte Götz mit Schrecken, Unwillen und Bedauern. ›Ich auch nicht‹, war die unnachgiebige, mitleiderregende Erwiderung.

»Setzen!«

Der Moment ging vorüber, als hätte es ihn nie gegeben. Doch dieser erste Blick hinterließ einen zwiespältigen Eindruck, und die widersprüchlichsten Gefühle nahmen unterschiedlichste Gestalt an, als würde im Film wieder gesprochen, während im Hintergrund eine klassische Sonate mit wiederkehrenden Melodien erklang, verwirrend, ohne Verbindung zum Text.

An diesem ersten Morgen hatte Götz viel Zeit für Gefühle – das heißt, der Musik zu lauschen. Der Herr Lehrer, zu Unrecht auf den Erfolg seines Unterrichts vertrauend, setzte sich nach hinten und überließ die Klasse dem Engländer. »Reden Sie nur Englisch mit ihnen«, sagte er. »Erzählen Sie ihnen von englischen Schulen. Sie werden Sie schon verstehen.«

Der Engländer wirkte plötzlich jämmerlich hilflos, wie ein Baby oder ein Hund oder ein Junge, der an die Tafel gerufen wird. Er sah sogar noch jünger aus als Ludwig, weder wie ein Schüler noch wie ein Lehrer. Tatsächlich paßte er einfach nicht in die normalen Zusammenhänge eines Klassenzimmers – das war der auffallendste Widerspruch an ihm. Er lächelte, fuhr sich übers wirre Haar und errötete. Auch Götz und ein paar andere lächelten.

Er begann zu sprechen. Götz, der zu dem Schluß kam, kein Wort zu verstehen, ertappte sich dabei, das Gesicht des Engländers zu studieren. Abermals wurde er an die unwirkliche Atmosphäre im Kino erinnert, wo er englische und amerikanische Filme gewöhnlich mit deutschen Untertiteln sah. Doch es war mehr als nur das. Der Redner spielte sichtlich mit seinem Gesicht. Aber warum und wozu? Der Ausdruck war intensiv, lebendig, aber zwiespältig. Vielleicht lag die Intensität in den Augen, während der Mund sie ironisierte, äußerst widersprüchlich und entschlossen, nichts ernst zu nehmen. Häufig wurde *well, that is to say* und *of course* eingestreut, und jeder dritte Satz endete mit einem zweiflerisch in der Schwebe gelassenen *but* – – –. Vor allem die Mimik, die Gebärden und Kopfbewegungen erweckten bei

Götz den Eindruck unablässiger Korrektur, wiederholter Zerstörung des ersten Anscheins. Der Redner schien vermitteln zu wollen, daß alles Gesagte nur unter Vorbehalt zu verstehen sei. Mit einer solchen Miene konnte man prahlen und sich zugleich über die Prahlerei lustig machen. Man mußte auf keines von beiden verzichten. Plötzlich erinnerte sich Götz an den jungen englischen Forschungsreisenden – Peter – Peter – wie noch gleich? –, hatte was mit Belgien zu tun, egal. Der hatte Anfang des Jahres in der Stadt einen Vortrag gehalten und mit der arrogantesten Bescheidenheit von seiner schwierigen, gefährlichen Expedition nach Tibet gesprochen, als wäre sie bloß ein Lausbubenstreich gewesen. Ein Fall von »englischer Verrücktheit – ha, ha!« Klinge hatte dessen »gewinnende Bescheidenheit« gerühmt – was die meisten Jungen sagen ließ, er spiele sich auf. Götz hatte nicht gewußt, was er davon halten sollte. Es war ein seltsamer Nachgeschmack geblieben.

Ja, sie machten sich über sich selber lustig. Das hatte Klinge stets behauptet. Sie konnten es sich erlauben. Andere Erinnerungen an Klinges Gerede schwirrten ihm durch den Kopf ... große Kompromißbereitschaft – sogar in der Ausdrucksweise? ... Weigerung, etwas von sich preiszugeben ... Heuchelei – der geistige Kompromiß. ... Vielleicht war da was dran.

Aber was? Machte Götz den Fehler, mit den Verallgemeinerungen eines Lehrers etwas erklären zu wollen, was vielleicht bloß persönlich und der Verlegenheit geschuldet war? Die Antwort ist unwichtig, da wir die Dinge hier mit seinen Augen sehen. Aber die Frage führt uns, vorbei an der vorgeführten Widersprüchlichkeit, bewußt oder unbewußt, zu einer weiteren Variation des Themas, einer weiteren Doppelung von Wesensart und Anschein. Es gab den Menschen und den Engländer. Der Mensch war wirklich nett. Götz sollte später merken, daß seine Augen und seine Stimme mit einem ganz ungewöhnlichen Grad von Freundlichkeit schmeichelten. Der Engländer jedoch war herablassend – liebenswürdig, taktvoll, aber unvermeidlich herablassend. Der Mensch war scheu, der Engländer indessen war stolz ohne jede Notwendigkeit. Was an dem Menschen sogar naiv war, verwandelte der Engländer in eine seit Generationen kultivierte, subtile Schlichtheit. Der Mensch konnte empfinden – und das, sagte Ludwig stets, wäre wichtig –, der Engländer aber unterdrückte Gefühle und verspottete sie. Sogar in seinen Zügen nahm Götz deutlich etwas Nationales wahr, das genau mit all den Karikaturen von Engländern übereinstimmte. Sein Kopf war weiß Gott mit genug Unsinn über nordische Schädelformen und Ähnlichem vollgestopft worden, so daß er ein gewisses wissenschaftliches Interesse vorgeben konnte. Er beschloß, daß das, was er meinte, irgendwie mit dem Kiefer und den Wangen zusammenhing. Aber es war schwer faßbar und schien eher eine gewisse Feinheit auszudrücken als die bedrohliche Arroganz der Karikaturen. Und die Warmherzigkeit und Farbe der großen blauen Augen, das dichte schwarze Haar, die fast kindlich roten Lippen – die paßten zu gar keiner Karikatur.

Es wäre voreilig, diese Doppelung lediglich als eine des Eindrucks, als vollkommen subjektiv abzutun. Es war nicht unmöglich, daß Götz richtig lag, wenn er hinter der Schüchternheit eine Selbstsicherheit zu spüren meinte, die nationale Wurzeln hatte. Aber im subjektiven Bereich seiner Reaktion auf den Engländer gab es von Anfang an, lange bevor er einen Eindruck von dem Menschen gewinnen konnte, latent schon das Material für einen heftigen Gefühlskonflikt. Man könnte sogar sagen, je heftiger der Konflikt war, desto latenter blieb er. Götz hatte letzte Woche, als er auf dem Bett lag, entschieden, daß er Engländer nicht mochte – hauptsächlich weil er Klinge nicht mochte. Er hatte auch entschieden, daß ihn die ganze Sache sowieso langweile – hauptsächlich weil Klinge ihn aufgefordert hatte, interessiert zu sein, aber auch, weil er sich tief im Innern einer Verlegenheit und unangenehmen Verwirrung bewußt war. Es war ganz dasselbe wie mit solch langweiligen Themen wie Mathematik, bei der er vollkommen hilflos war ... Die Antwort, die Antwort! Der Rauminhalt, die Winkelgrade, der Gefühlszustand? Ich weiß nicht, ist mir auch egal. ... Doch in Wirklichkeit war das Thema peinigend, gerade weil seine Gefühle beteiligt waren. Rußland und die Juden dienten ebenso als Schreckgespenster wie die Tschechen und die Polen – als Feinde ein wenig unwirklich und eine letzte Zuflucht. Man kämpfte nicht gegen Zwerge oder die Mächte des Bösen, obwohl beide teilhatten an der Geschichte. Aber England, in verhängnisvoller Haßliebe eifersüchtig bewundert und emsig verhöhnt, das skrupellose Monster, das nichts Böses im Schilde führte, war eine emotionale Tatsache. Götzens Ansichten mußten durch eine Verschwörung von Widersprüchen geformt worden sein. Ludwig zum Beispiel war von Hans Grimms Romanen und Erzählungen begeistert. Für gewöhnlich las er abends in der Jugendherberge daraus vor, und das war weiß Gott allein schon verwirrend genug. Dann war da noch Einharts verbitterte Geschichtswissenschaft, die den Lehrern, die sie unterrichteten, unangenehm zu sein schien, und all die ›vergessen-aber-nicht-vergeben‹-Kriegsliteratur und so weiter. Die Zeitungen ließen zur selben Zeit abwechselnd heißes und kaltes Wasser in eine riesige Wanne ein, die jedoch nicht riesig genug war, um nicht doch eines Tages voll zu sein. Man konnte fühlen, daß es irgendwann reichte, ob heiß oder kalt.

Aus diesen Versatzstücken setzten sich Götzens Gefühle an jenem Morgen und auch später zusammen. Dennoch ist natürlich eine jede Analyse im Grunde irreführend. Es ist, als ob man alle Karten nacheinander aufdeckt, wohingegen Götz das Spiel durch die Praxis erlernte, alles war sehr verwirrend und kompliziert, und niemand erklärte es ihm. Auf Ressentiments folgte kindliche Ergebenheit. Was bei Ludwig Trumpf war, mußte das nicht auch bei Herrn Wagner sein. . . . Und was ist das jetzt? Hat man je so ein Blatt gesehen? Jetzt beginnt er es auszuspielen. Ich weiß nicht, wer gewinnen wird. Es ist aufregend, macht aber auch Angst. Ich spiele jetzt schwarz. Ja doch, natürlich schwarz. Schwarz ist, was ich fühle. Ich bin schwarz. . . .

Vielleicht bewirkt die Spielmetaphorik, die unbewußte Vorstellung vom Leben als Tummelplatz der Gefühle, daß Götz zu einem ausgeprägten psychologischen Typus, zum möglicherweise bedauernswerten Typus des Künstlers wird. Vielleicht sind alle Heranreifenden in diesem Sinne Künstler und alle Künstler Reifende. Klar war, daß an jenem Morgen ein Spiel im Gange war, und das keinesfalls ganz unbewußt. Mehrmals schienen die Bemerkungen des Engländers beiläufig an Götz gerichtet zu sein; dabei zeigte sein Gesichtsausdruck deutlich, auf nichts verzichten zu wollen. ›Ich frage mich‹, schien das Gesicht zu sagen, ›ob Du auch nur eines meiner Worte verstehst? Wahrscheinlich nicht. Macht nichts. Es ist schrecklicher Blödsinn. Ich gebe Dir recht, die ganze Situation ist lächerlich. Aber der Dumme ist der gute Klinge, nicht wahr?‹ Das stimmte. Götz grinste, als ob der Engländer gerade einen Witz gemacht hätte. Er hatte wirklich einen gemacht, so daß der Primus lachte und einige andere dümmlich grinsten.

Ach, ihr lacht übers Falsche, dachte Götz. Vielleicht verstehe ich den Witz nicht, aber es gibt eine andere Art von Witz, wenn man seinem Nebenmann zuzwinkert oder etwas zuflüstert, und die anderen merken es nicht. Er stützte seinen Kopf auf die Hand, zog die Augenbrauen in die Höhe und sah gleichermaßen gelangweilt und belustigt aus oder belustigt, gelangweilt zu sein. Das war ein Zwinkern. Es war auch eine Herausforderung. Warum sollte der andere so einfach davonkommen? Diesmal war er der Dumme. Der Engländer lächelte, runzelte dann leicht die Stirn und schaute wieder weg. Götz versuchte seinen Augen jenen entrückten Blick zu geben, den sie im Spiegel hatten. Dann ärgerte er sich über sich selbst und runzelte seinerseits die Stirn. Warum war es so schwer, ausdruckslos zu gucken?

Der Engländer sah ihn nicht mehr an. Wenn ich ein Buch fallenlasse, dachte Götz, tut er es wieder. Das war ein dummer, kindischer Gedanke! Wie um diesen Gedanken loszuwerden, richtete er sich plötzlich auf und schmiß im selben Moment ein Buch auf den Boden. So etwas kann passieren. Der Engländer schaute sich um. Götz wurde rot und war wütend. Voller Selbstvorwürfe versuchte er, dem Vortrag bis zum Schluß gesittet zuzuhören.

Am Ende der Stunde gingen zwei oder drei Jungen nach vorne zu dem Engländer, um ihn etwas zu fragen. Arschkriecher, dachte Götz abfällig – abfällig wegen der Absicht oder wegen der Mittel? Gewissermaßen hoheitsvoll ging er raus.

Die nächste Englischstunde war wieder Smiles dran. Der Reihe nach mußten die Jungen vorlesen und übersetzen. Es gab sowohl Noten für die Aussprache wie für die Übersetzung. Götz war als dritter dran. Das war schon richtig so – eins, zwei, drei. Er hatte den Abschnitt einigermaßen gut vorbereitet, doch vorher mußte er ihn vorlesen. . . .

»Gut«, sagte der Engländer.

Klinge, der hinten saß, sagte: »Mr. Beaton ist großzügiger, als ich es gewesen wäre. Das ›th‹ war fürchterlich.«

»Ich habe nicht so sehr auf die Details geachtet. Mir – mir gefiel der Gesamteindruck.« Und er sah so verdammt unschuldig aus, wie ein Junge, vielleicht sogar wie Götz, der versuchte, Klinge eine wenig überzeugende Geschichte aufzubinden.

Er sprach natürlich Deutsch, und das war wieder eine dieser Doppelungen. Denn sein Englisch war vollkommen anders. Er sprach Deutsch mit einem leichten österreichischen Akzent und gebrauchte ein oder zwei typisch österreichische Ausdrücke, was einen ganz und gar unbeschreiblichen Eindruck auf Götz machte. Österreicher nahm man nicht ganz ernst. Und ein Engländer, der Österreichisch sprach und Fehler machte, das war erst recht komisch. Wie bei einem kleinen Jungen! Götz wurde sanft und fürsorglich, wie so oft Jüngeren gegenüber. All das stand häufig, wenn auch nicht immer, im Widerspruch zum Gesichtsausdruck des Engländers und zu dem, was er sagte. Denn sah er Götz an oder sprach er mit ihm, so schien er sanft und fürsorglich zu sein.

Als sie sich eines Tages vor der Schule trafen, sagten beide »Heil Hitler!« mit demselben Ernst, dem Ernst eines Erwachsenen, der mit einem Kind spielt, es gutmütig erträgt oder hereinlegt. Wenn Götz den Engländer jetzt grüßte, war das etwas vollkommen anderes als in der Klasse. Götz grüßte als erster, was den anderen zu einer Reaktion zwang; dadurch fühlte er sich irgendwie geschickter, erwachsener und vertrauter mit dem Lauf dieser besonderen Welt.

»Heil Hitler!« sagte er absolut würdevoll. . . . Nun mußt Du dasselbe tun, hätte er hinzufügen können, um keinen Anstoß zu erregen. Das ist der erste Streich. Und dennoch, tust Du es, ist das für Dich bedeutungslos, und Du wirst begreifen, daß man es ganz einfach tun kann und daß es in meinem Fall auch nichts bedeuten muß. Und das ist der zweite Streich, selbst mit dieser Vermutung mußt Du damit fortfahren. Und der dritte Streich ist, daß Du dann im selben Boot sitzt wie alle anderen. Du siehst, das ist ganz normal und gar nicht komisch. Und vielleicht wird es Dich nach einer gewissen Zeit überraschen, daß Du kurz davorstehst, ein Nazi zu sein. Es wird unmöglich sein zu glauben, daß jemand so etwas wie ein dressierter Affe ohne innere Überzeugung tun sollte. Das wäre doch dumm. Deine Hand und Deine Zunge werden Dich hypnotisieren und Deine geistigen Vorbehalte zum Schweigen bringen. Ebenso wie ich wirst Du völlig durcheinander sein. ... Aber, durcheinander wie er war, dachte Götz all das nicht einmal, von anderem ganz zu schweigen. Er spürte lediglich, daß sein Gruß auf mehr als eine Art ein Streich war und einer Herausforderung gleichkam.

»Heil Hitler!« antwortete sein Gegenüber, ebenfalls absolut würdevoll.

Es war ihre erste Begegnung, und sie fand genau vor der Schule statt, als Götz von der Haltestelle und der Engländer aus der Richtung des Horst-Wessel-Platzes kam. Wegen der Zugverbindung kam Götz früher zur Schule. Deshalb war er etwas überrascht, als sich die Begegnung ein oder zwei Tage später und dann regelmäßig wiederholte. Der Ausdruck im Gesicht des anderen – eine Mischung aus Verlegenheit und Belustigung – ließ Götz argwöhnen, daß *er* es war, der reingelegt wurde. Aber was sollte daran komisch sein?

Eines Tages sprach ihn der Engländer seltsam unvermittelt an: »Du kommst früh!«

»Ich komme mit dem Zug.«

»Aus - - - ?«

»Rankenheim. Auf der Heide.«

»Gute Wanderwege dort?« Er klang heiser.

»Nicht schlecht, aber ich kenne schon alle.«

»Das hab' ich mir gedacht. Zeigst Du mir mal welche? Wie wär's nächsten Sonntag?«

»Sie meinen, Sie wollen – Sie meinen, wir sollten wandern gehen?«

»Ja. Ach, es ist so langweilig in diesen möblierten Zimmern. Besonders sonntags, wenn die alte Frau Wallentin Patiencen legt. ...«

Das klang so übertrieben, daß Götz sich von seiner Überraschung erholte und sich plötzlich wie der Erwachsenere von beiden und als Herr der Situation fühlte.

»Ich glaube, das läßt sich einrichten«, sagte er, »ich werde mal fragen.«

»Selbstverständlich ... Du brauchst es den anderen ja nicht zu sagen.«

»Selbstverständlich nicht.« Das war klar.

Als er an jenem Tag zum Mittagessen kam, gefiel der Frau Doktor, wie ihr Sohn aussah. Er sah aus wie ein kleiner Schelm.

»Darf ich am Sonntag jemanden zum Kaffee einladen?« fragte er.

Bei seiner Miene war klar, was sie als nächstes zu sagen hatte.

»Wer ist es?«

»Nun, der Engländer, weißt Du? Ich habe Dir von ihm erzählt. Tja, ich habe ihn heute morgen vor der Schule getroffen.«

Plötzlich klang die ganze Geschichte unglaubwürdig, und Götz fing an, unbewußt und ganz behutsam, sie abzuändern und weniger plötzlich erscheinen zu lassen.

»Wir haben über die Stadt und die umliegende Gegend gesprochen und ich habe erzählt, daß es hier draußen schöne Wanderwege gibt – und später dachte ich dann, ich könnte ihn vielleicht für Sonntag einladen ... Ich bin sicher, er wird kommen.«

Tatsächlich redete Götz sich selber ein, diese verbesserte Version sei die Wahrheit.

Die Frau Doktor überlegte eine Minute lang. Jungen waren seltsame Wesen mit unerwarteten Einfällen. Sollte nun eine Leidenschaft fürs Einladen aufkommen? Nein, der Engländer war zweifelsohne etwas Neues. Nun, wie auch immer, der Einfall könnte nützlich sein.

»Ja, lade ihn zum Kaffee ein«, sagte sie. »Vielleicht könnt ihr beide dann ein wenig Englisch miteinander reden.«

»Ja«, sagte Götz, »vielleicht.«

Es war abgemacht. Am nächsten Tag hatte er kein Englisch, also ging Götz mit einem lächerlich verschwörerischen Gefühl zum Lehrerzimmer, klopfte an und übermittelte die Einladung ausgesprochen höflich.

3.

»Ich mache mich noch völlig zum Narren«, schrieb David Beaton Samstagnacht. Sein Herz tanzte in freudiger Erwartung und sein Kopf betrachtete dies gleichsam mit väterlicher Nachsicht.

»Das kommt dabei heraus«, fuhr er fort, »wenn man in die Ferne schweift. Doch der Reihe nach: Nachdem ich meine Dissertation früher als erwartet beendet habe, unterrichte ich seit drei Monaten an einer deutschen Schule. Diesen skurrilen Job habe ich durch etwas bekommen, das sich *Deutschenglisches Akademisches Austauschbüro* nennt. Die hoffen zweifellos, aus mir einen guten Nazi zu machen. Auf alle Fälle bezahlen sie mich ganz gut für sehr wenig Arbeit – was keine gute Reklame für die Heimatfront ist. Ein oder zwei der Anti-Nazi-Kollegen, die meine Genossen im Geiste sein sollten, wird das dazu bringen, mich ganz schön scheel anzuschauen.

In der zweiten Stunde, die ich hier gab, berichtete ich fünfzehnjährigen Jungen von der englischen *public school* (!!)«

Er hätte Schwierigkeiten gehabt, die Ausrufezeichen zu erklären. Aber zweifellos spielten sie auf etwas in seiner Beziehung zu seiner heimatlichen Umgebung an. *Alice im Wunderland*, eine *public school*, die anglikanische Mischung aus Puritanismus und Humor« - so hatte Alan Reade, der *public schools* verabscheute und sich etwas auf seine Charakteranalyse einbildete, dieses Milieu umschrieben. Das war nicht schlecht. Es traf einige der Elemente genau, die David Beatons Charakter geformt und verdorben hatten. Die Rohmaterialien, hätte er hinzufügen können, waren starke Gefühle und ein wacher Verstand. Der Verstand war scharf, obwohl Humor und andere Erziehungseinflüsse seine tatsächliche Stärke etwas verbargen; denn tatsächlich war er sehr männlich, anmaßend streitlustig und logisch bis an die Grenze von Intoleranz und Pedanterie. Die Gefühle waren an einer fast vibrierenden Lebendigkeit und einer gewissen Zurückhaltung abzulesen; die Vermutung wurde zur Gewißheit, wenn man ihn erlebte, wie er als Schauspieler auftrat oder Gedichte vortrug. Die weibliche Leichtigkeit und Sentimentalität bemerkte man selbst dann nicht.

Tatsächlich neigten der Verstand und die Gefühle stets dazu, miteinander und mit ihrer Umgebung im Widerstreit zu liegen. Beispielsweise förderte in dieser Umgebung niemand die in ihm durch die Poesie oder die Schönheit anderer Jungen geweckte verzweifelte Sehnsucht. Eher war man geneigt, seine schnelle Empfänglichkeit für *Land of Hope and Glory* und für das Schullied zu fördern - eine Empfänglichkeit, die sein Verstand, unterstützt von seinen Freunden, bald als extravagant und absurd tadelte. Da seine Familie alles andere als gut betucht war, hatte er ein Stipendium erhalten, und das Wohngebäude der Stipendiaten in seiner Schule war eine Welt für sich, die zu einer gewissen Frühreife des Charakters ebenso beitrug wie zu seiner besonderen Art der

Auflösung von Widersprüchen, wie er sie in Selbstironie und Selbstparodie gefunden hatte. Das Parodieren hatte bei ihm mit einer sehr erfolgreichen Nachahmung eines allzu jovialen, ein wenig selbstgefälligen *housemaster* begonnen; subtil und grotesk verband es sich mehr und mehr mit seinem eigenen Charakter, bis ab einem gewissen Zeitpunkt die Hälfte seiner Sätze gleichsam in Anführungszeichen standen – »Kunst und der ganze Quatsch«, »ein bißchen Religion«, »kein Gentleman«. Es war eine Welt, in der die Kirche *chugger* hieß und Jesus *Jaggers* – obwohl zu diesem jede Nacht heimlich gebetet werden durfte. Romantische Freundschaften waren »ein Witz«, für einen selbst und für andere.

So kam er kaum achtzehnjährig nach Cambridge – »ein extremes Exemplar dessen, was sie hervorbringen«, sagte Alan Reade. »Wie ein Kuchen aus einem zu heißen Ofen – außen gar, innen noch roh.« »Sie« das waren die *public schools* im allgemeinen und seine ganz besonders. Eine seltsame Freundschaft hatte sich zwischen ihnen entwickelt. Beide neigten dazu, den anderen für jünger zu halten, und beide widerstanden der vorgeschützten Reife des anderen. Sie waren wahrscheinlich unterschiedlich »fertig«. Alan war Kommunist und glaubte zugleich an die Psychoanalyse, soweit das mit seiner Hauptweltanschauung vereinbar war. Er schrieb Davids Widerstand gegen diese Ansichten verschiedenen unterdrückten, nicht eingestandenen Gefühlen zu. Denn offensichtlich war David ebenso ein Bündel von Verdrängtem, was er aber sehr logisch erklären konnte, wie das Produkt einer dekadenten Gesellschaftsschicht, die nicht länger an irgend etwas glaubte.

Aber David fühlte sich nicht unterdrückt oder dekadent, und tatsächlich hätte man seinen Widerstand einer fast ›abnormalen Normalität‹ zuschreiben können, der Abwesenheit jeglichen geistigen Unbehagens, das ihn zum Kommunisten oder Anhänger der Oxfordgruppe oder zu sonst was hätte machen können. In der Tat war er die meiste Zeit glücklich, und seine Sensibilität wetteiferte mit seinen Gottesgaben, dem guten Aussehen, dem Grips, der materiellen Sicherheit, dem Erfolg. Sein kluger Kopf hatte vielleicht keine besonders günstige Vorstellung von der internationalen Lage, aber das reichte nicht hin, um seine Gefühle mitzureißen. Aus einer Art Pflichtgefühl heraus las er den *New Statesman*. Im gewohnt parodistischem Stil nannte er ihn »The New Stagger«, nicht ohne jedesmal instinktiv zu spüren, wie nervtötend und krankhaft das war.

Wenn man so will, war es ein emotionaler Widerstand. Es gab aber noch einen anderen Einfluß auf Davids Denken, der ihn ahnen ließ, daß die Logik ganz auf Alans Seite und nur die Gefühle auf seiner waren. Manchmal schien es genau umgekehrt zu sein. Begeisterung für Idealismus – und ehrgeiziges Streben – nahmen das Denken gefangen und drängten einen zur Politik. Dachte er aber darüber nach, kam Skepsis auf, entstanden Zweifel an der Folgerichtigkeit der Dogmen und daran, ob die Aktionen der Mühe wert waren. Dann wandte er sich von Alan, dem Studenten der Dreißiger Jahre, ab und dem Empfänger des vorliegenden Briefes, einem Studenten der Zwanziger Jahre, zu, der jetzt ein junger Dozent und einer von Davids Lehrern war. Alan neigte dazu, John Selwyn als unheilvollen Einfluß zu betrachten, und manchmal dachte David beinahe, er habe recht. Selwyn war ein wirklich ausgeprägter Charakter, ein freundlicher, akademischer Epikureer – »entsetzlich typisch für Cambridge«, wie Alan sagte –, beständig pessimistisch und vollkommen gelassen, mit einer, wie es David schien, erschreckend teilnahmslosen Weisheit. Er war sich sicher, daß es Krieg geben werde und nichts getan werden könne, um ihn zu verhindern. Deshalb sei es nötig, den eigenen Garten zu bestellen und die oft sinnlos scheinende Arbeit der Textkritik und Recherche mit bescheidenen Vergnügungen zu beleben. David konnte diese bewundernswerte Weisheit nicht erlangen, und so überschritt dieser spezielle Einfluß, ohne daß er sich dessen bewußt war, in diesen Tagen seinen Zenit. John Selwyn war noch immer der Vertraute par excellence, der Beichtvater der Jugendzeit, aber David sagte sich bereits, daß es keine umfassende Weisheit für sein Leben gebe – »und sie wird mir nicht gefallen, denn ich bin anders«. In der Tat war der gute John ein bißchen überholt. Sein Verstand beanspruchte einen Sieg über hoffnungslos ausrangierte Gefühle.

David verfiel in Ermangelung einer besseren Lösung wieder auf Kompromisse, Humor und Selbstparodie, und es fiel ihm nicht auf, daß dies typisch britisch war. Voller Pflichtgefühl und nicht ohne Anteilnahme marschierte er mit Alan Reade durch Londons Straßen zu den Klängen von *Colonel Bogey* und forderte »Waffen für Spanien«. Er besuchte seltsam sinnlose Versammlungen, auf denen Mr. Attlee vergeblich versuchte, die Chöre von »Wir wollen Attlees Hosen« zu übertönen. Er fühlte sich von einer Ansprache Harry Pollitts zu ungebührlichen Tränen gerührt, dann wieder zu ungebührlicher Heiterkeit durch das Spektakel einer aufwühlenden Rede auf Chinesisch, die von einer verständnislosen Hörerschaft herzlich beklatscht wurde. Und hinterher beschrieb er dies alles, erzählte die Geschichte zu seinen eigenen Ungunsten mit solch ausgelassenem Humor, daß weder John noch Alan sich das Lachen verkneifen konnten, obwohl keiner von beiden es guthieß. Merkwürdigerweise sagten beide dasselbe – daß er erwachsen werden sollte. »Du hast Angst vor Deinen Gefühlen«, sagte Alan eines Tages. »Du hältst sie in angemessener Entfernung. Du solltest Dich verlieben.«

In David machten sich schon eine gewisse Unzufriedenheit und Unruhe bemerkbar – Empfindungen, die, ob Ursache oder Ergebnis, mit seinen Aufenthalten in Österreich und Deutschland zu tun hatten. Das erste Mal hatte er Wien unter dem Vorwand besucht, aus rein akademischen Gründen Deutsch lernen zu wollen, um bestimmte Werke über die Romantik lesen zu können. Aber der Grund für jeden weiteren Besuch war seine Einstellung zu seiner heimatlichen Umgebung. Er suchte gerade dort eine Art von Freiheit, wo sie wahrscheinlich am wenigsten zu finden war. Es gab dort niemand, der wußte, daß er beobachtete, und in einer fremden Welt und in einer fremden Sprache konnte er dem Humor und der Parodie und den Sätzen in Anführungszeichen entkommen. Er würde so vielleicht herausfinden, was er wirklich fühlte und dachte.

Aber das war nicht leicht. Plötzlich von der Sprache her der Genauigkeit der Argumentation beraubt zu sein, machte einen fast wieder zum Kind – nein, das sagte ihm nicht zu. Und die fremde Welt hatte mehr Verständnis und war verstörender, als er sich vorgestellt hatte. Beides brachte ihn dazu, in ein entschiedenes Englischsein zurückzufallen, das ihn betroffen machte und ziemlich fehl am Platze war. So wurde die Sprache zu etwas, das es zu meistern galt; und bei seinem zweiten Besuch stürzte er sich fast fanatisch auf diese Aufgabe, und wie die Pest vermied er englische Zeitungen, Leute aus England, alle Begegnungen mit Engländern – bis er schockiert feststellte, daß er anfing zu glauben, was er in den deutschen Zeitungen las, daß er anfing, in einer fremden Welt zu versinken. Eilig bestellte er den *Daily Telegraph*, da der *Manchester Guardian* nicht erhältlich war.

Er fuhr wieder nach Hause, beendete seine Dissertation und kehrte, getrieben von dem Eindruck eines ungelösten Problems, zu seinem dritten Besuch zurück. Ob es aber mehr sein Problem oder ein Problem Deutschlands war, war schwer zu sagen. Vielleicht spürte er, was geschehen würde, und wollte, daß es geschehe, koste es, was es wolle.

»Ach«, sagte Frau Wallentin, als sie in das düstere kleine Zimmer kam, »ich kann Ihnen versichern, wenn Sie so lange zum Schreiben aufbleiben, werden Sie sich noch die Augen verderben.«

Ihre mütterliche Sorge hatte ihn anfangs gerührt, jetzt fing sie an, ihn zu stören. Er war so unschuldig, daß ihm ihre quälende Sorge wegen der Stromkosten nicht einmal in den Sinn kam.

4.

Am Sonntag sagte Götzens Mutter, daß er seinen besten Anzug anziehen solle – samt Mantel und Handschuhen. Er sagte, daß es matschig im Wald sei und er kurze Hosen tragen werde. Die Wahrheit war, daß er es haßte, seinen besten Anzug tragen zu müssen. Seine Mutter hielt dies für jungenhafte Nachlässigkeit in einem Alter, da er eigentlich schon zu groß sein sollte für ›so etwas‹. Tatsächlich aber war er sehr penibel mit seiner Kleidung, doch ihre Auffassung von ästhetischer Korrektheit war nicht die seine. Diesmal mußte er nachgeben, aber er nahm die Kragenverstärker aus seinem Hemdkragen und bestand darauf, seine blaue Krawatte zu tragen. Es war die passende Farbe, und den ausgeblichenen Teil sah man unter einer Weste nicht. Noch nicht einmal seine Mutter bestand darauf, daß er seine Schulkappe trug. Nicht nur, daß sie wie die eines Bahnschaffners aussah, sie veränderte auch nachhaltig sein Gesicht und ließ es einem Vogel ähneln, da sie die Stirne abschnitt und die Nase stärker als die Augen betonte.

Am Bahnhof sagten sie nicht »Heil Hitler!«, doch es war schwierig, sich zu entsinnen, was man zu Leuten sagen konnte, die man nicht gut kannte. Sie gaben sich die Hände, und Götz bemerkte, daß der Engländer gleichfalls eine blaue Krawatte und keinen Hut trug und sein in der Sonne glänzendes Haar viel heller wirkte, als er in Erinnerung hatte.

Es trat eine verlegene Stille ein. Das ist scheußlich, dachte Götz. Was *sagt* man bloß? ›Mögen Sie blaue Krawatten?‹ Nur Frauen reden über Kleidung.

»Der beste Weg ist hoch zum Wasserturm«, sagte er.

»Gut. Dann laß uns hochgehen.«

Sie überquerten schweigend den kleinen Platz vor dem Bahnhof.

»Warum lebst Du hier draußen, so weit außerhalb?« fragte der Engländer und blickte sich nach ihm um.

»Oh, ich weiß nicht. Mein Vater meint, es sei gesünder.«

»Dein Vater ist Arzt.« Das war eher eine Feststellung als eine Frage.

»Ja, woher wissen Sie das?«

»Klinge hat es mir gesagt.«

»Was hat ihn dazu gebracht?«

»Ich glaube, ich habe das Thema aufgebracht.«

Götz fand das faszinierend. Er versuchte sich das Gespräch vorzustellen. . . . ›Was ist der Vater des Jungen – des eher kleinen Jungen – in der ersten Reihe?‹ ›Er ist Arzt. Der Junge ist faul.‹ . . . Ganz wie im Grammatikbuch, zweifellos mußte man in einem fremden Land alle Sätze anwenden, die man kannte. . . . ›Hast Du Geschwister? Nein, aber ich habe Bleistifte und einen Anspitzer.‹

»Hast Du Geschwister?« fragte der Engländer.

Götz grinste. Es ging nicht anders. »Ich habe bloß eine Schwester«, antwortete er hastig, »die ist jetzt zu Hause.« Und sie sieht nicht besonders gut aus, dachte er. Aber sie ist klug.

Vielleicht sollte ich sagen, daß sie klug ist. Wie lästig! Immer fragen die Kerle nach meiner Schwester und ob sie mir ähnelt. Aufrichtig gesagt, nein. Erstens ist sie dunkelhaarig.

»Was ist so komisch?«

»Oh, nichts.«

»Warum findest Du es komisch, daß ich Dich nach Deiner Schwester frage?«

Oh je, dachte Götz, da haben wir's. Wenn er sie sieht, wird er denken, er weiß, was so komisch war. Und es war nicht komisch. Er wird denken, ich mache mich über sie lustig. (Götz war viel zu loyal, dies je zu tun.)

»Es ist bloß, die Frage klang wie aus unserem Grammatikbuch«, sagte er. Warum klang die Wahrheit so wenig überzeugend – um so mehr, wenn man bereits einmal aus eben diesem Grunde gezögert hatte, es zu sagen.

»Ich verstehe.« Nein, er war offenbar nicht überzeugt. Kühn wagte sich Götz vor.

»Ich meine, ich nehme nicht an, daß Sie an meiner Schwester interessiert sind.«

»Ich wußte nicht, daß Du eine Schwester hast.«

»Sie haben Klinge nicht danach gefragt?« fragte Götz boshaft, als er seine Fassung wiedererlangte.

»Nein, habe ich nicht.«

»Seltsam.« Klang das zu unhöflich?

»Überhaupt nicht. Du hast selber gesagt, Du nimmst nicht an, daß ich interessiert sei.«

»Nun, Sie haben ihn nach meinem Vater gefragt.«

Der Engländer seufzte und schwieg. Wie Götz schien er dieses lächerliche, unaufrichtige Geplänkel gegenseitigen Mißverstehens satt zu haben, das keinen erkennbaren Bezug zu der unterschwelligen Erregung und Erwartung hatte und dennoch deren einziger Ausdruck zu sein schien. Das sollte gewissermaßen typisch werden.

Der Pfad, ein Engpaß am Rande eines bewaldeten Abhangs, wurde bald schmaler. Götz mußte vorangehen. Unter den Bäumen war es dunkel, schwach ahnte man den grünlichen Himmel eines Herbstnachmittags. Der Fluß lag weiter unten. Alles hallte wider. Gespräche waren unmöglich, das Schweigen bedrückend. Mit einem Gefühl der Erleichterung kamen sie wieder auf offeneres Gebiet.

»Dort ist die Marienkirche«, sagte Götz und zeigte in Richtung Stadt ins Tal. Wind erhob sich und strich ihm durchs Haar. Sein Mantel war aufgeknöpft und sein ausgestreckter Finger steckte in einem Handschuh. Es war wie eines der Bilder vom Kaiser an der Front. ›Aber, mein lieber Herr Feldmarschall, sollten wir nicht besser dort angreifen?‹ ›Eine exzellente Idee, Hoheit!‹

Der Engländer wußte aber nicht, daß er Hindenburg war und sah auch nicht so aus. Dann also Wellington und Blücher. . . . Aber die saßen auf Pferden. . . . Ach, was für ein Blödsinn, was für ein blöder Kinderkram! Götz verdrängte alles Kindische, wandte sich um und stieg den Hügel hoch.

»Was halten Sie von der politischen Situation in Deutschland?« fragte er. Sie schienen allein zu sein an diesem trüben Nachmittag. Er spürte, daß er etwas nicht wieder Gutzumachendes getan hatte. Aber warum? *Er* würde sich nicht verblüffen lassen – eher schon umgekehrt.

»Interessiert Dich Politik?« Die Entgegnung kam mit einem gewissen Widerwillen.

»Sehr.«

»Ich verstehe. . . . Aber was erwartest Du, soll ich sagen? Es ist ein weites Feld.«

»Egal . . . alles was Sie mögen. . . . Fragt Sie das nicht jeder hier?«

»Genau. Jeder tut es. Sogar Du.«

Die letzten beide Worte und das schiefe Lächeln, welches sie begleitete, berührten Götz seltsam. Einen Augenblick lang war er versucht, umzukehren und fortzulaufen, und, solange die Tür noch offen stand, zu lächeln und zu sagen: ›Ach, es interessiert mich nicht, wirklich nicht.‹ Statt dessen sagte er etwas ganz anderes, als ob ihn das Lächeln dazu herausgefordert hätte.

»Oh, ja. Ich bin nicht an Englisch und – und Französisch und solchem Kram interessiert, das ist bloß Auswendiglernen. Ich mag Geschichte und die Ansichten dazu.«

»Die von Smiles aber nicht?«

Ach, dachte Götz ungeduldig, wir sind jetzt nicht in der Schule, wir werden nicht über Klinge und Kuhn und den ganzen Verein reden. Warum tust du so, als ob du ein Schüler wärst? Wessen Gefühle befürchtest Du zu verletzen? . . . Er lächelte mechanisch über den Witz und kam auf die Politik zurück.

»Ich meine, gewisse Sachen müssen Ihnen auffallen.«

»Ja. . . . Tatsächlich ist es so verschieden, daß man gar nicht weiß, wo man anfangen soll. Es ist viel schwieriger, als ich es mir vorgestellt hatte. Wie zwei Welten. Worte bedeuten in ihnen nicht dasselbe.«

Das war abstrakt und nicht überzeugend, vielleicht ein Versuch, ihn abzuspeisen. Götz sah wenig überzeugt und abwartend aus. Der Engländer begann von neuem, sprach eindringlich und einfach, so daß Götz dem zweifellos ungerechten Verdacht widerstehen mußte, daß herablassend mit ihm geredet wurde.

»Kurz bevor ich hierher kam«, sagte der Engländer, »traf ich im Haus eines Freundes eine Dame aus Deutschland, die kurz in England weilte. Sie wollte hauptsächlich Zeitungen lesen. Sie sagte, es sei fürchterlich, auf welche Art – auf welche Art die Jugend mit Propaganda vergiftet würde. Sie sagte, sie wüßten nichts von der Welt draußen und vom dem, was wirklich vor sich ginge. ...«

Himmel, dachte Götz, für wen halten die uns? »Das ist Unsinn«, rief er laut. »Man kann ausländische Zeitungen lesen und ausländische Radiosendungen hören« – wie praktisch das unbestimmte Pronomen war! –, »ich glaube sogar, daß höchstens die Hälfte der Jungen in der Klasse tatsächlich Nazis sind.«

Diese Aussage ließ den Engländer erstaunt aussehen. Götz war selber erstaunt, und weitere Überraschungen warteten noch auf ihn.

»Nun, ich meine«, fuhr er fort, »Frank – wissen Sie, der lange dünne Schlaksige – sein Bruder ist in Spanien, und jeder weiß es, und doch soll angeblich keiner in Spanien sein. Verstehen Sie?«

»Ja, ich verstehe.«

Aber Götz spürte, daß dies ein wenig unpassend war.

»Und persönlich«, fuhr er fort, »persönlich habe ich meine Zweifel an der ganzen Angelegenheit. Ich traue Italien nicht.« Und er legte seine Argumente dar. Eigentlich waren es die Argumente von Herrn Oehme und seinem Vater, aber er war sich dieser Tatsache nicht übermäßig bewußt. Der Engländer schien ihm fasziniert zuzuhören. Oh, ich werde ihn eines Besseren belehren, dachte Götz. Wir wissen nicht, was in der Welt vor sich geht?

Er sprach schneller. Es war eine seltsame, unzusammenhängende Rede, denn Götz hatte das Gefühl, er müsse etwas beweisen, hätte aber vergessen, was dieses Etwas war, wenn er es überhaupt jemals gewußt hatte. Er wollte immer noch etwas hinzufügen, um die Beweisführung endgültig abzurunden, die Beweisführung, daß – ja, was eigentlich? Er würde es wissen, wenn er es erst bewiesen hätte. Also machte er weiter. Er war wie jemand, der alle Schubladen herauszieht und, von seinen Entdeckungen überrascht, den Gegenstand seiner Suche vergißt. Er sprach plötzlich von der »Woche des nationalen Mordes«.

»Was ist das?« fragte der Engländer.

»Oh, der 30. Juni – Röhm –, wissen Sie.« Der Ausdruck stammte von seinem Vater. Genau wie die nächste Aussage. »Als ob nicht jeder seit Monaten von dieser *Schweinerei* gewußt hätte!«

Der Engländer war zweifellos beeindruckt. »Du weißt gewiß mehr, als ich Dir zugetraut hätte«, sagte er. Ein trockener, lehrerhafter Ton schien sich in seine Stimme eingeschlichen zu haben. Dann, als ob er es abschüttele, sagte er: »Kennst du den Witz über den Reichstag – ?«

Götz kannte alle Reichstagswitze und gab sie alle zum besten und fragte den Engländer sogar, warum Hitler wie ein Mann wirke, der gerade auf der Toilette gewesen sei. Es war ein wirklich bemerkenswertes Gespräch. Götz fühlte sich immer noch so, als wäre er vom Eigentlichen abgelenkt worden, oder als ob er sich selber davon abgelenkt hätte.

Ihr Zwiegespräch erreichte keinen Höhepunkt, ganz im Gegensatz zu ihrer Wanderung. Sie kamen auf der Anhöhe mit dem Aussichtsturm an. »Das ist eine Aussicht!« rief Götz sofort.

Es war eine unbestreitbar deutsche Landschaft, düster, sehr romantisch, auf einer entfernten Anhöhe eine Burg und dunkle Wälder, die zum Fluß hin steil abfielen. Die Sonne war groß und rot und bedrohlich. »Wie in Grimms Märchen«, sagte der Engländer. Götz bedeutete diese Gedankenverbindung nichts. Es war seine Heimat.

»Ich finde es noch immer seltsam«, fuhr der Engländer fort, »auf einen solchen Berg zu steigen und dann nicht nur kein Meer zu sehen, sondern es noch nicht einmal hinter den Bergen erahnen zu können. Und die Wälder sind so dunkel. Es muß das rechte Land sein, um sich einsam zu fühlen.«

»So geht es weiter bis nach Rußland«, sagte Götz und fühlte sich plötzlich selber einsam. Dann, um dieses Gefühl abzuschütteln, fügte er hinzu: »Unser Haus ist genau da unten. Wir sind einmal im Kreis gegangen. Jetzt brauchen wir bloß hinunterzusteigen. Der Weg ist ein wenig steil. . . .«

Sie stiegen hinab.

»Vielleicht ist das alles Einbildung«, sagte der Engländer. Knüpfte er an seine Bemerkungen zur Landschaft an oder an seine eigenen Gedanken? »Heimweh ist eine komische Sache.«

Ah, dachte Götz, er hat Heimweh. Das erklärt den Ausdruck in seinen Augen, den sein Mund zu verspotten versucht, und die Art, wie er während dieser Wanderung mit mir geredet hat, als ob er innerlich gebrochen wäre. Es ist eine Art Fieber. Götz empfand großes Mitleid und Anteilnahme.

»Ich nehme an, Sie können noch nicht nach Hause fahren«, sagte er.

»Ich will es nicht. Wenn meine eine Hälfte Heimweh hat, hat die andere fast Angst, nach Hause zu fahren. Es ist wie – nun, es ist wie eine jener Arten unglücklich zu sein, die zu etwas zu führen scheinen, zu einem tieferen Verständnis oder – oder so. Der einzige Weg da raus, ist der zurück auf den Boden der Tatsachen, aber das glaubt man einfach nicht. Man fühlt, es macht Angst, das eigene Land verlassen zu haben, aber jetzt – muß man weiter bis ans andere Ufer.« Nein. Er sagte sich selber, daß es keine Heuchelei war, es Heimweh zu nennen. Es war eine Halbwahrheit. Alles war so durcheinander.

Götz hörte aufmerksam zu. Wie gesagt, er mochte Ansichten, aber das war ein wenig zu hoch für ihn. Vielleicht war es sein Unglück, daß er sogar Ansichten mochte, die zu hoch für ihn waren.

»Du glaubst, es ist ein Rätsel, das du lösen mußt«, fuhr der Engländer fort, »doch dann kommt bloß raus, daß es nur

Kleinkram ist, der einfach aufhört. ... Hast Du jemals darüber nachgedacht, ob Du mal nach England möchtest?«

»Nein«, sagte Götz wahrheitsgemäß. »Ich habe oft gedacht, ich möchte mal nach Italien.«

»*Kennst du das Land, wo die Zitronen blühn?*« zitierte der andere ein wenig spöttisch.

»Kennen Sie viele deutsche Gedichte?« fragte Götz.

»Kaum. Ich lerne und vergesse schnell.«

»Wie ich.« Götz war plötzlich beruhigt.

»*Du liebes Kind*«, fing der andere an.

Götz stutzte. Es waren nicht allein die Worte, es war der seltsame, spöttische Ton. Dann erinnerte er sich, daß es ein Zitat war.

»*– komm', geh' mit mir!*«, fuhr der Engländer fort.

»Das kenne ich«, sagte Götz.

Der Engländer fing von vorne an, melodramatisch:

»*Wer reitet so spät durch Nacht und Wind?*«

Sie stiegen nun schnell hinab. Nach der ersten Zeile hatten sie die Rollen des Gedichts verteilt. Götz war der vor Angst kreischende Junge; der Engländer war ein lächerlich barscher Vater und ein wirklich unheimlicher Erlkönig. Die Dunkelheit und das Gebüsch übernahmen ebenfalls ihre Rollen, auch wenn man sich den Wind dazu denken mußte. Was für ein Spaß, dachte Götz, was für ein Spaß! Und so stiegen sie hinab.

»*Ich liebe dich –*«, rief der Engländer, als sie in die Lindenstraße einbogen:

»*– mich reizt deine schöne Gestalt,*«

»*Und bist du nicht willig, so brauch ich Gewalt!*«

»*Gewalt!*«, rief er wieder und ergriff Götzens Nacken. Seine Hand war warm, obwohl er keine Handschuhe trug.

»*Mein Vater, mein Vater –*«, kreischte Götz,

»*jetzt faßt er mich an!*«

Nun sprachen sie jeder eine halbe Zeile nacheinander.
»*Dem Vater grauset's –*«
»*– er reitet geschwind*«,
»*Er hält in den Armen –*«
»*– das ächzende Kind*«,
»*Erreicht den Hof –*«
»*– mit Mühe und Not –*«
Götz klingelte, und sie rezitierten die letzte Zeile klagend zusammen:
»*In seinen Armen das Kind war tot.*«
»Das Kind war tot?«, sagte Götz. »Kalter Kaffee. Darum geht's.«

5.

Nur Gisela und die Frau Doktor erwarteten sie. Götzens Vater war noch nicht von seinem nachmittäglichen Jagdausflug zurück. Götz erledigte das Vorstellen nebenbei – schließlich war alles klar. Aber als der Gast die Hacken nicht zusammenschlug und sich nicht verbeugte, sondern bloß die Hände schüttelte, war Götz ein wenig schockiert. Das war unzumutbar, sagte er zu sich. Er würde es seiner Mutter später sagen, sollte sie eine Bemerkung dazu machen. Offensichtlich war man in England weniger förmlich. Dennoch blieb irgendwie ein Schock.

Und da ist noch was anderes, dachte Götz, der alle gleichermaßen überängstlich beobachtete, bereit, jeden Fehler zu entschuldigen oder zu erklären, als ob sie seine Kinder wären. Da ist noch was anderes. Er geht mit ihnen um, als ob – er behandelt sie wie – egal, jedenfalls kommt seine Art bei Gisela besser an als bei Mutter.

»Wie gefällt Ihnen Deutschland?« Was für eine dumme Frage, Mutter! Aber nein, Herrn Beatons Lächeln nach zu schließen, ist sie gar nicht mal so dumm. Es ist bloß eine Möglichkeit, höflich und zuvorkommend zu sein.

»Er findet es zu groß«, sagte Götz laut, »weil man das Meer nicht sehen kann.«

Alle lachten. Der Engländer mußte es erklären. Die Wiederholung fand Götz langweilig und wenig überzeugend. Er versuchte, sich an einen anderen Witz zu erinnern. . . . Nun redeten sie über Oper. Götz – er war der schlechteste der Klasse in Musik – steuerte einige wenige Bemerkungen seines Musiklehrers bei. Der Gast lobte den hohen Standard der Musikausbildung in Deutschland. Die Unterhaltung, dachte Götz, war ein voller Erfolg. Bislang hatte er sich nicht mit Gisela gestritten.

Dann wandte sich seine Mutter an ihn.

»Nun«, sagte sie, »hast Du mit Herrn Beaton auch viel Englisch geredet?«

»Er hat einmal was auf Englisch gesagt, als er ausrutschte«, sagte Götz boshaft.

Seine Mutter lachte ein wenig gezwungen und wandte sich an Mr. Beaton.

»Was würden *Sie* mit solch einem Jungen machen?« fragte sie. Ja, sie versuchte ihn auf die Seite der Erwachsenen zu ziehen. Er warf Götz einen flehenden Blick zu, als er zur anderen Seite überging.

»Ja, ich nehme an, es ist ein Problem. . . .«

»Ganz im Ernst, das ist es. Natürlich, er ist recht jung für diese Klasse. Manchmal glaube ich, die Arbeit ist wirklich ein wenig schwierig für ihn.«

Oh Gott, es hatte angefangen. Götz nahm es dem Engländer halb übel, daß er den Anlaß bot, halb hatte er Mitgefühl, und sein offenkundiges Widerstreben, auf die andere Seite gezogen zu werden, gefiel ihm. ... Als er mit dem Essen fertig war, stützte er seine Ellenbogen auf den Tisch und legte seine Hände über die Ohren. Aber bald wurde er dessen müde und tauchte gerade wieder rechtzeitig auf, um seine Mutter sagen zu hören, daß er, natürlich, nicht dumm sei, aber sensibel. Und so weiter.

Bald, anfangs zu seiner Erleichterung, wandte sich die Unterhaltung wieder allgemeineren Themen zu. Kurz darauf ging es um Politik.

»Warum schätzen Sie die Franzosen so viel mehr – dieser Herr Eden zum Beispiel?«, so brachte die Frau Doktor das Thema auf.

Frauen und Politik! dachte Götz. Als ob es die Frage wäre, wen man lieber mochte! Aber, Herr Beaton, es hat keinen Zweck, das zu erklären.

»Die Franzosen«, sagte er in der Absicht zu helfen, »schicken den Engländern keine Idioten wie Ribbentrop, der den König mit ›Heil Hitler!‹ grüßt und ihn über den Bolschewismus belehrt.«

»Nun, wir wissen in der Tat besser Bescheid über Bolschewismus als die.«

»Waren *Sie* jemals in Rußland?«

»Aber Götz, sei nicht impertinent. Du erinnerst Dich nicht –«

Götz seufzte. Damit kommen Erwachsene einem immer. Das Gespräch ging weiter. Er versuchte darüber nachzudenken, an was er sich erinnerte. Er war zwölf gewesen, als es geschehen war. Ihm schien es, das Leben wäre davor fröhlicher gewesen. Man hatte sich nicht so viel um Gott und Leben und Tod gekümmert. Aber das lag nicht an Hitler. Das war bloß der Unterschied von zwölf zu sechzehn Jahren. Damals hatte man natürlich mehr Freizeit gehabt – keine Hitlerjugend. Aber man konnte es nicht bloß von einem rein

persönlichen Blickwinkel aus betrachten. Da war der Staat
– nun gut, nennen wir es das deutsche Volk. Nur, würde es
dem deutschen Volk wirklich schaden, wenn ich nicht in der
Hitlerjugend wäre? Ich weiß nicht. In Ordnung, es würde
meinem Vater schaden. Komisch, daß er sich nicht ganz an
dasselbe erinnerte wie seine Mutter. Ich wünschte, ich hätte
das gesagt. Nein, vielleicht besser nicht.

Gisela erläuterte die Kirchenfrage, brachte aber alles
durcheinander. Er mußte eingreifen. Doch Gisela wurde
wütend und machte einige spitze Bemerkungen à la ›bloß-
weil-Du-eine-gute-Note-in-Deiner-letzten-Religionsarbeit-
bekommen-hast‹. Kindisch, dachte Götz, kindisch!

Zum Glück war die Kaffeezeit nun vorbei und Götz
konnte mit dem Gast in sein Zimmer gehen.

»Mir ist aufgefallen«, sagte dieser, »daß Deine Mutter
immer ›der Führer‹ sagt –«

»Sie ist eine Frau«, erklärte Götz, »die machen das.«

»Und Dein Vater?«

»Oh, er sagt ›Hitler‹ oder ›sie‹ oder ›diese Kerle heutzutage‹.«

»Und Du?«

Götz dachte einen Augenblick nach.

»Ich sage natürlich ›Hitler‹, wenn ich mit meiner Mutter
spreche, aber ›der Führer‹, wenn ich mit dem alten Stein
spreche. Er haßt sie.«

»Warum machst Du das?«

Götz zuckte mit den Schultern. »Aus Spaß.« Er hatte sich
nie die Mühe gemacht, es zu hinterfragen, und er war sich
nicht bewußt, daß es typisch war für das Bündel automati-
scher, rebellischer Reaktionen, das er möglicherweise im
Begriff war zu werden.

Der Engländer sah ihn einen Augenblick lang an. Dann
sagte er: »Ich traf einen Mann in einer Dorfgaststätte in der

Nähe von Magdeburg, der ihn ›Ah-dolf Hitler‹ nannte, mit einem langen A. Und die Bewunderung in seiner Stimme, wenn er ›Ah-dolf Hitler‹ sagte – etwas Vergleichbares habe ich nie zuvor gehört. Es hat mir Angst gemacht.«

»Es ist eine Phase«, sagte Götz. »Ich war vor ein paar Jahren auch so. Natürlich war ich damals noch ein Kind.«

Das war zu erwachsen. Es wurde ihm bewußt, kaum daß er es gesagt hatte. Aber der Engländer lachte ihn nicht aus. Wie um Götz zum Sprechen zu ermutigen, sagte er: »Herr Professor Klinge nennt ihn in der Klasse ›der Führer‹.«

Diesmal hatte Götz nichts dagegen, auf das Thema Schule zurückzukommen. Er war eher erleichtert und beeilte sich zu antworten: »Ich würde gerne wissen, wie er ihn zu Hause nennt, wenn er keine Angst vor den Schülern hat. Er ist ein alter Heuchler. Denn vor '33 –«

Und Götz legte los. Nicht nur über Klinge, sondern auch über den Gefängnisaufenthalt des Rektors und die Denunziation von Herrn Oehme und daß Herr Jantze in Wirklichkeit verheiratet wäre, nur daß seine Frau Jüdin war und er sie hatte aufgeben müssen, um seine Arbeit zu behalten, worüber sein Haar grau geworden sei. . . .

»Natürlich«, schloß er, »was kann ein armer Teufel von Lehrer schon tun? Früher waren sie alle rot, nun sind sie alle braun.«

Die letzte Aussage hatte er von seinem Vater, dessen Stimme man jetzt unten hören konnte. Sie gingen runter, um ihn zu begrüßen.

Mehr aus Kummer als aus Zorn hatte sich die Frau Doktor einst beschwert, daß ihr Gatte beides hatte, den Respekt und die Zuneigung der Kinder. Und sie, die gezwungen war, sich unbeliebt zu machen und belächelt wurde – was hatte sie? »Du hast die Kinder«, hatte er traurig erwidert. Wenn es die Hitlerjugend nicht anders entschied, sah er sie jeden Sonntag. Wochentags waren seine Sprech- und Besuchszeiten nachmittags und abends. Manchmal fuhr das Auto, das ihn zu seiner Praxis brachte, bei der Brücke unter dem Zug hindurch, der Götz von der Schule nach Hause brachte. Es war zu früh für ihn, wenn sie morgens aufstanden, aber manchmal sah er sie, wenn sie zu Bett gingen.

Und manchmal, wenn Götz nachmittags Unterricht hatte, ging er in die Praxis und wurde zwischen zwei grauen, hustenden Patienten eingeschoben. Sein Vater war Lungenspezialist, dessen eigene rechte Lunge leicht – oder weniger leicht – angegriffen war, so daß er so viel Zeit wie möglich an der frischen Luft zubrachte. Götz machte sich in letzter Zeit um die Gesundheit seines Vaters mehr Sorgen, als er zugeben wollte.

Dennoch, dachte er jetzt, schaut er uns an, als ob wir ihm leid tun. Es war sein gewohnter Blick, fast wollte er sich seinem Vater in die Arme werfen und weinen. Und er bemerkte, daß sein Vater eine Hand auf die Schulter des Gastes legte, als ob der bloß ein Junge wäre, den er aus der Schule mit nach Hause gebracht hatte. Ohne Zweifel, dachte Götz, sind wir für ihn so ziemlich gleichaltrig. Was Alter anbetraf, war er immer etwas geistesabwesend und mußte sogar von Mutter von unpassenden Geschenken zu Weihnachten abgehalten werden. Aber man hatte nie das Gefühl, daß er herablassend mit einem sprach, ebensowenig war man verärgert, wenn man »Kurt« anstelle von »Götz« gerufen wurde. Seine unverkennbare Unfähigkeit, die sie beide betraf, im Verein mit Götzens Ähnlichkeit mit einem Teddybär stellte das Gleichgewicht wieder her und versetzte die Kinder in eine Haltung liebevoller Nachsichtigkeit. Einst hatten sie sich aus seiner Gewohnheit, den falschen Vornamen zuerst zu nennen und sich dann sofort zu korrigieren, einen Spaß gemacht und sich gegenseitig »Götzkurt« und »Kurtgötz« gerufen.

Nun sprach er von seinem Englandaufenthalt vor dem Krieg und seinen späteren Erlebnissen als Kriegsgefangener. Er erzählte die Geschichte von dem unfreundlichen Franzosen und dem netten Schotten, der sich für das Verhalten der »fooking frocks« entschuldigt hatte – zumindest klang es so für Götz; er wünschte sich, er hätte gewußt, was es bedeutete. Der Engländer lachte sehr über diese Geschichte. Auch Götz lachte, denn es war lustig, sie lachen zu sehen. Er war sehr glücklich.

Als sie aber anfingen über Deutschland zu reden, über Politik, über »diese Heil-Hitler-Tyrannei«, stahl sich Götz davon, um ein paar Worte mit seiner Mutter zu wechseln. Der patriotische Pessimismus seines Vaters schmerzte ihn. Obwohl zum größten Teil Ergebnis der Eigenschaften, die er geerbt hatte, und der Vorstellungen, die ihm beigebracht worden waren – Sensibilität, Aufrichtigkeit, Anstand –, war er dazu doch noch zu jung. Die Ansichten seines Vaters waren gut zum Sterben, aber nicht zum Leben. Deshalb, und nicht aufgrund eines eher gewöhnlichen Generationenkonflikts, konnte sein Vater nicht sein Vorbild sein, obwohl sie an sich vieles gemeinsam hatten.

Sicher, er zitierte die Ansichten seines Vaters wie seine eigenen, doch ohne deren Hintergrund, ohne deren Leidenschaftlichkeit, ohne sie mit Bedeutung aufzuladen. Seine Kritik war wie so mancher Scheck, den er ausschrieb und übergab, ohne zu bemerken, daß er das Konto überzog und die Bilanz im Minus war. Oder, froh darüber, eine Meinung zu haben, verkehrte er das Negative seines Vaters zu etwas Positivem. Doch solche Gelegenheiten wurden täglich weniger. Er war bereits in jenem Übergangsalter, wo lange Zeit bloß Auswendiggelerntes plötzlich einen Sinn bekommt und Gefühle ein solides Fundament erhalten.

Die Pause draußen mit seiner Mutter und Gisela tat gut, war fast eine Erleichterung, wie im Theater, nachdem man einen sehr langen Akt eines Schauspiels gesehen hat. Er hatte aber das Gefühl, daß er seinen Gast nicht so lange alleine lassen durfte. Er ging mit dem instinktiven Bewußtsein zurück ins Wohnzimmer, daß ein richtig in Szene gesetztes Erscheinen mit ein, zwei Worten dazu beitragen konnte, dem Gespräch einmal mehr eine Wendung zu geben. Als er eintrat, hörten sie tatsächlich auf zu reden. Sein Vater fragte, ob er seine Hausaufgaben für den nächsten Tag erledigt hätte. Ja, er hatte den Morgen damit zugebracht. Und er trat ins Licht, welches nur den Tisch beleuchtete, an dem die beiden Erwachsenen saßen. Sie sahen ihn schweigend und gewissermaßen nachdenklich an, als ob sie sich Gedanken über ihn machten. Irgendwie schien dieses Nachdenken traurig zu sein wie das eines nicht sehr wohlhabenden Kunstkenners, der gerade ein Bild gekauft hat, das er sich nicht leisten kann, und der weiß, daß seine Freude einen Anflug von Reue haben wird.

»Was wird aus ihm werden?« fragte der Engländer, als hätte er gerade an die Zukunft gedacht.

»Im Augenblick will er Pastor werden«, sagte sein Vater. Götz wurde rot. Der Engländer sah erstaunt aus. »Bloß weil die in diesen Tagen etwas dagegen haben«, fuhr sein Vater fort. »Er ist ein *Trotzkopf*, wie sein Vater.«

Wenn dem wirklich so war, war es Götz, wie jedem *Trotzkopf*, wie jedem geborenen Widerständler, stets Ernst, und er war sich keiner Stimmung und Laune bewußt. So verwarf er die Erklärung seines Vaters, obwohl sie ihm nicht mißfiel. Ihm schmeichelte die Bezeichnung, auch wenn er sie im konkreten Fall ablehnte. Außerdem war da Ludwig. Ludwig war ein halber Pastor. Aber das konnte er nicht erklären. Wie auch immer, er war sich jetzt nicht mehr sicher, ob er Pastor werden wollte, so ernst seine Absicht vor sechs Monaten auch gewesen war.

»Daran habe ich gedacht«, erklärte er, »aber ich habe auch über andere Dinge nachgedacht. Es ist noch viel Zeit für eine Entscheidung.«

Die Unterhaltung ging weiter. Der Engländer verfiel darauf, nach dem gewichtigen Familiennamen Biehl-Bodenhausen zu fragen. Das brachte Götzens Vater auf eines seiner Lieblingsthemen, die Familiengeschichte. Sogleich gingen sie alle ins Arbeitszimmer, dessen Wände mit künstlerisch uninteressanten und meist ziemlich kleinen Bildern der Biehls, Bodenhausens und anderer Ahnen bedeckt waren. Auf dem Schreibtisch des Herrn Doktor stand ein Bild von Hitler in Frack und Zylinder bei der Vereidigung durch Hindenburg und ein anderes, auf dem er einen anscheinend sehr zwielichtigen kleinen Jungen schmierig umwarb. Die beiden Bilder bedurften keines Kommentars.

»Der böhmische Gefreite«, murmelte der Engländer, der die ungewohnten Worte ein wenig unsicher aussprach.

Götzens Vater lachte. »Ah, ja. Aber das sind nicht die Bilder, die ich ihnen zeigen wollte. Da ist der Freiherr von Bodenhausen. . . .«

Mein Alter ist in Fahrt, dachte Götz mit liebevoller Nachsicht. Ich hoffe, es langweilt ihn nicht. Natürlich ist es beim erstenmal ziemlich interessant. Ich frage mich, ob ich als Zuhörer hierbleiben soll. Wahrscheinlich. Ein komischer Tag heute! Aufregend, aber nicht ganz echt – nicht wirklich. Ich frage mich, woran das liegt. Es ist wie Weihnachten oder eine Konfirmation. Ich nehme an, es liegt daran, einen Gast zu haben und die ganze Zeit zu reden und bis zum Schluß nicht allein zu sein. Natürlich wird es bald vorbei sein. Was soll ich dann machen? Ich muß etwas unternehmen. Ich darf nicht alleine sein. Ich werde mit Mutter und Gisela in die Oper gehen.

»Und das«, schloß sein Vater, wobei er ihm eine Hand auf die Schulter legte und eines seiner Ohren liebkoste, »ist das letzte Gemälde.«

»Ich gratuliere dem Künstler«, sagte der Engländer in dem halb scherzhaften, halb poetischen *Erlkönig*-Ton. Doch Götz zweifelte nicht an der Aufrichtigkeit des Kompliments. Unaufrichtigkeit lag nicht in dem Witz, sondern offenbare Übertreibung – zumindest empfand Götz es so.

»Übung macht den Meister«, sagte sein Vater. »Er ist der letzte von Vieren.« Er vergaß zu erwähnen, daß das erste Kind im Säuglingsalter gestorben war.

Götz fühlte sich unbehaglich. Es war stets dasselbe. Ein Kompliment machte ihn glücklich, aber das zweite ging immer daneben. Das Thema erweckte Erwartungen, befriedigte sie aber nie. Ich darf nicht eingebildet sein, sagte er sich, und Unbehagen wurde zum Selbstvorwurf. Aber natürlich war er ständig eingebildet. Selbst wenn er dagegen aufbegehrte, sein gutes Aussehen war ein Hauptzweck seines Daseins. Über Eitelkeit als Gefühl mochte er nicht nachdenken, denn es war ein hoffärtiges und unproduktives Gefühl. Er sieht gut aus, hatte der Engländer gesagt. Ja, sagte sein Vater, er sieht gut aus. Nur das? Nun, mehr gibt es da nicht zu sagen, oder?

»Kann ich mit in die Oper?« fragte Götz.

»Und mich läßt Du hier allein? Warum, was wird gegeben?«

»*Der Freischütz*. Herr Milch sagte, wir sollten hingehen.«

»Nun, ich weiß nicht recht. . . . In Ordnung, ich komme auch mit, wenn wir Karten kriegen. Ich werde euch hinfahren. Was ist mit Herrn Beaton?«

Aber Herr Beaton hatte keinen Schlüssel dabei und Frau Wallentin würde nicht aufbleiben, um auf ihn zu warten. Also wurde abgemacht, ihn in der Stadt abzusetzen. Götz ging zu seiner Mutter und teilte ihr das mit – aber so, als ob es die Idee seines Vaters wäre. Sie sah erstaunt aus, stimmte dann aber zu und sagte, sie müßten bald aufbrechen. . . .

Sie waren wirklich ein wenig spät dran. Die Ouvertüre wurde schon gespielt, als sie eintraten. Götz saß neben seinem Vater, nicht bei den anderen beiden, die ihre Karten im Voraus besorgt hatten. Wie die Autofahrt zuvor bewirkte die Musik anfangs, daß Götz wie ein Drachen dahinglitt. Aber nach und nach wurde es zur Qual. Es ging immer weiter. Du lieber Himmel, und wie es weiterging! Natürlich war er übermüdet und übererregt. Und die Handlung verwirrte ihn – all dieser Kram über Freikugeln. Zu Beginn des letzten Aktes schlief er ein. Er wachte erst auf, als seine Mutter sagte, sie hätte gewußt, daß es zu spät für ihn werden würde. Gisela stellte sein Musikverständnis in Frage. Als sie zum Auto gingen, lehnte er sich schläfrig an die Schulter seines Vaters.

6.

Nach dem Sonntag der ›blaue‹ Montag – noch nie hatte Götz diese Umschreibung so gut verstanden. Aber welch scheußliche Farbe hatte dann der Sonntag? Das graue Morgenlicht brachte einen gewaltigen Gefühlsumschwung, eine fast körperliche Übelkeit und eine intensive, wenn auch unklare Scham wegen des gestrigen Tages. Diese Scham setzte sich in ihm selbst aus verschiedenen Elementen zusammen, und aus seinem täglichen Umfeld sollten bald noch andere hinzukommen. Er hatte einem Fremden so intime, schmachvolle Dinge preisgegeben wie eine Mutter, einen Vater und eine Schwester. Jemanden zu verraten und Abneigung zu äußern, war in seinen Augen dem Erzählen schmutziger Witze vergleichbar, will heißen, ein schädlicher, armseliger Ersatz, der eine möglicherweise romantische Realität zerstörte. Dabei schämte er sich nicht, seinen Lehrern gegenüber illoyal gewesen zu sein, als er Geheimnisse aus ihrer Vergangenheit ausplauderte, oder so viele Ansichten anderer Leute als seine eigenen an den Mann gebracht zu haben, obwohl ihn das alles jetzt unzufrieden mit dem Sonntag machte. Das heftigste Schamgefühl verursachte ihm nicht so sehr, was gesagt worden war, sondern das Gefühl, daß er zuviel geplaudert und es zu sehr genossen hatte. Er hatte sich freigebig preisgegeben in einer Orgie, einer Entwürdigung, einer Vergewaltigung männlicher Zurückhaltung. Götz Biehl-Bodenhausen war wieder einmal in den ganz und gar abscheulichen Charme des nichtswürdigen kleinen Biebo verfallen. Und die Unterhaltung war ohne Form und Sinn gewesen. Für nichts und wieder nichts hatte ihn die Besonnenheit im Stich gelassen.

Es war der Engländer – dieser Beaton, oder wie er hieß –, der ihn dazu gebracht hatte, sich so zu benehmen, der ihn beschmutzt hatte. Diese Verführung zum Selbstbetrug war schlimmer als die Anzeigen und Schlagzeilen in den Zeitungen, als all die gierigen und brutalen Verführer des Geistes, deren plumpe Angriffe leichter abgewehrt werden konnten. Allein schon, wie er zugehört hatte, was für eine hinterhältige Ermunterung! Er wollte, was alle wollten und worauf niemand ein Recht hatte – die Seele.

Götz hatte noch gar nicht an den Körper gedacht. Seine Abscheu und sein Widerwille befanden sich auf einer Ebene seines Bewußtseins jenseits solch klarer Unterscheidungen – ja, sie konnten überhaupt nicht in Worten ausgedrückt werden. Er hatte aber eine Erfahrung gemacht, die sogar eine bewußte Negierung dieser Unterscheidung von Körper und Seele gerechtfertigt hätte. Vor etwas mehr als einem Jahr hatte sein Vater einen über zwei Monate langen Aufenthalt in der Schweiz antreten müssen. Da es vor den Schulferien war, konnte Götz ihn nicht wie der Rest der Familie begleiten. Götz wurde als Gast in der *Kinderpension* von Frau Professor Günther untergebracht, einer Witwe und Anhängerin der ›Christlichen Wissenschaft‹. Anfangs tätschelte sie lediglich seinen Kopf, dann aber forderte sie ihn eines Tages auf, sich neben sie aufs Sofa zu setzen, legte ihm eine kalte Hand aufs nackte Knie und fragte: »Sag mal ehrlich, bist Du eigentlich schon aufgeklärt worden?« Er versicherte ihr, er sei es, und beharrte, vor Entsetzen schwitzend, auf dieser Behauptung, bis sie anfing, von der Notwendigkeit der richtigen Vorstellung von der Harmonie des Universums zu sprechen. Obwohl das Grauen auf dem Sofa sich nicht wiederholte, verfolgte Götz in den folgenden zwei Monaten ein Alptraum, eine neue Erfahrung – der Alptraum der ›Bekehrung‹, der Belagerung einer Seele mit allen nur erdenklichen Mitteln. Es war ein hartnäckiger Eindruck, und vielleicht hatte er seitdem alle Welt vorschnell im Verdacht, neidisch auf eine bloß gedachte Integrität der Seele zu sein.

Mit seiner sexuellen Aufklärung verhielt es sich wie mit den Zitaten seines Vaters. Eine zu früh und zu schnell gelernte Lektion, die noch einmal mit Sinn und Gefühl gelernt werden mußte. Wie Kinder gezeugt werden, hatte er in einem Alter gelernt, wo solche Kenntnisse bloß theoretisch und sogar langweilig sein mußten. Später brachte ihn diese Frühreife in Rückstand. Sein ›Wissen‹, seine ›gewagten‹ Bemerkungen über Babys und das weibliche Geschlecht, je nach Laune belustigte es seinen Vater oder stieß ihn ab, war für diesen auf alle Fälle aber insgeheim eine Erleichterung, weil ihm eine peinliche Pflicht erspart blieb. Dieselben Bemerkungen – vorgetragen mit einer überzeugenden, überlegenen Lässigkeit, als ob er andeuten wollte, ›wenn ich unreif genug wäre, das Thema interessant zu finden, könnte ich so anzüglich wie nur sonst wer sein‹ – verhinderten auch eine Aufklärung – oder besser gesagt ›Initiation‹ – durch andere Jungen. Sie ließen sich von solchem Dünkel nicht wirklich täuschen, kamen aber stillschweigend überein, die Dinge nicht zu forcieren. Der Anschein, ›diese Phase hinter sich zu haben‹, war Anlaß genug, ihn außen vor zu lassen. Tatsächlich diente dieser Anschein ihnen ebenso wie ihm, und dem Herrn Doktor nicht weniger, als Vorwand, nicht zur Vermeidung einer peinlichen Pflicht, sondern um Götzens Unschuld zu bewahren. Alle spürten, daß sein gewissermaßen unklarer Zustand zu ihrem Verhältnis zueinander gehörte. Weder er noch sie wollten, daß er so wäre wie sie – und er hatte mehr Angst davor, als ihm bewußt war. Vielleicht ließ sie der undeutliche männliche Wunsch, beim Objekt der Zuneigung eine gewisse Jungfräulichkeit vorzufinden, instinktiv zögern, Sex – diese unbefriedigende und schmutzige Obsession – mit Schönheit in Verbindung zu bringen. Schönheit, wie die eines Kindes oder jungen Tieres, machte Sex vollkommen unerheblich und schien sogar eine erhabene Geringschätzung dieses Themas zu rechtfertigen. Vielleicht hießen sie, wohlwollend und beschützend, seinen Wunsch instinktiv gut, eine romantische Realität nicht zerstören zu wollen. Wie dem auch sein mochte, Tatsache war, daß sie in dieser und in anderen Angelegenheiten ihr Bestes taten, ihren Altersunterschied zu übertreiben. Er ließ es sich gerne gefallen.

Aber gerade wenn sie mit sozusagen unterdrückter Zuneigung mit ihm rangelten oder ihn hänselten, griffen sie seine Unschuld an. Sie achteten darauf, sie nicht zu zerstören – zumindest nicht auf einmal –, machten Andeutungen und Bemerkungen und forderten Bestätigung: ›Nicht wahr, Biebo?‹ ›Was?‹ ›Was wir gerade gesagt haben.‹ ›Hab' ich nicht gehört.‹ ›Ist auch besser so. Ist nichts für kleine Jungs.‹ Besonders ein Junge, Lange, einer der ältesten und reifsten in der Klasse, schien kennerisch und sarkastisch die Raffinesse, mit der das

Spiel gespielt werden konnte, zu genießen. Er machte Götz sorgsam unklare Andeutungen über so interessante Themen wie den toten Oberst Röhm, die katholische Priesterschaft und die Sitten der Griechen. Götz haßte ihn.

Dieser Lange holte Götz am Montagmorgen auf dem Weg vom Bahnhof zur Schule ein. Götz hatte am Morgen keine Zeit gehabt, sein zweites Brötchen zu essen, und nun hatte er Hunger und ihm war ein wenig übel. Der Wind wehte von Osten.

»*Na, Säugling?*« – war Langes Begrüßung.

»Du bist früh dran«, knurrte Götz.

»Ich habe mein Englischbuch in der Schule vergessen und will vor der Morgenandacht noch was vorbereiten. Ich kann mich nicht auf Glück und Charme verlassen.«

»Verstehe. . . .«

Natürlich trafen sie wie üblich genau vor der Schule den Engländer. Wie üblich – die monströse Absurdität des Sonntags wurde deutlich. Es wäre besser nie geschehen. Oder es mußte noch etwas anderes passieren. Aber was? Es stand da, eine Mißgeburt, eine Seite, die herausgerissen werden mußte wie jene fürchterlichen Versuche mißlungener Novellen, zwölf Jahre alte Relikte literarischer Ambitionen, auf die man in alten Schulheften stieß, oder wie Krüger. Krüger war der Junge, über den Götz nach dem ersten Schultag gesagt hatte: »Mutter, ich habe schon einen Freund gefunden!« Aber bald wurde Krüger bloß zu einem von den anderen, ein ziemlicher Langweiler. Götz haßte es, wenn banal endete, was hochgestimmt begonnen hatte. Was menschliche Beziehungen anbetraf, war er anspruchsvoll.

»Heil Hitler!«

»Heil Hitler!«

Sie gaben sich kaum Mühe und hoben ihre Hände sehr nachlässig. Die Situation hatte ihr Geheimnis und ihren Sinn verloren. So wie die Dinge lagen, war ihm alles durch die Finger geschlüpft. Er hatte sich zu erkennen gegeben. Und nicht nur das. Er war sich nicht mehr sicher, ob es sein eigentliches Ich war, das er zu erkennen gegeben hatte. Genau diese Tatsache, aus sich herausgegangen zu sein, bedauerte er – zum einen, weil er ein Heranwachsender war, zum anderen, weil er ein Deutscher war, der alles liebte, was, wie Nietzsche sagt, ›im Entstehen begriffen, zwielichtig und verschleiert ist‹. Ohne Worte konnte sein ungeformt chaotisches Denken dunkel und geheimnisvoll wirken. Aufrichtig und umfassend zur Sprache gebracht – anders als am Sonntag –, wirkte es bloß unfertig und schwankend. ...

»Wenn das mal kein Eins-sieben-fünf-Blick war«, sagte Lange mit Bezug auf den Engländer und fügte hinzu: »Läßt Dich das eigentlich nicht kalt?«

Götz wußte, es wurde erwartet, daß er nachfragte, was ein ›Eins-sieben-fünf-Blick‹ wäre, und sagte nichts, schien in Gedanken versunken zu sein – ein Kunststück, das seine Augen perfekt vollführten. In Wirklichkeit hatten ihn die Worte ernsthaft verstört. ›Eins-sieben-fünf‹ war für Götz kein Paragraph des Strafrechts des Dritten Reiches. Es war das seit dem letzten Jahr flächendeckend im Land verbreitete Symbol eines verderbten, obszönen Greuels, einer Ansteckung, die in Klöstern und wer weiß wo sonst noch lauerte. Er hätte mehr wissen können, wenn sein Vater in den letzten Monaten nicht öfters ›vergessen‹ hätte, die Zeitung mit nach Hause zu bringen. Fragen konnte er nicht. Stolz und Furcht hielten die Neugier im Zaum. Langes Bemerkung verstärkte seine unbehagliche Stimmung.

So kam es, daß er an diesem Morgen besonders aufgeschlossen war für Herrn Puchners Ansprache. (Jeden Montag und an politischen Feiertagen gab es eine religiöse oder weltliche Predigt nach der Morgenandacht.) Diese Ansprache, inbrünstig, aber formal mangelhaft vorgetragen, war wohl berechnet im Hinblick auf die hervorragenden und weitherzigen Seelenregungen der Jugend sowie deren Selbsthaß. Loyalität - der Schule, dem Freund, dem Vaterland gegenüber, egal, welche Fehler man an ihnen entdeckte - war eine gepriesene Tugend, Fleiß eine andere - der richtige Gebrauch eines jeden Lebensmoments, damit er sinnvoll und nützlich war. Man predigte gegen Verschwendung, Verschwendung, Verschwendung - Verschwendung von Worten und Zeit. Ja, wie überaus unzulänglich man doch war, dachte Götz. Wie dumm die Hälfte alles Gesagten war. Schweigen war Gold, eine Kugel in der Hand, der Sonne ähnlich, ein Heiligenschein ums Haupt wie auf den Bildern von Königen und Heiligen, wie die Porträts über dem Podium, in ihrer Schweigsamkeit vollkommen. Götz war kurz davor, Trappistenmönch zu werden.

Und Loyalität? Seine Stirn glühte. Die Fehler seiner Familie erkennen und sich über sie im Familienkreis lustig zu machen, war eine Sache, die Familie an einen Fremden zu verraten, eine andere. Götz hatte immer wieder bemerkt, daß es ihn stets ein bißchen empörte, wie manche Jungen über ihre ›Alten‹ sprachen. Genauso erging es ihm mit Deutschland, mit anderen Deutschen, sogar mit den Lehrern. Es war so einfach. Warum hatte er es bloß vergessen? Mein Gott, wie dumm, wie entsetzlich dumm man doch war!

Darüber hinaus erzeugte die Rede einen vollkommen falschen Eindruck von der eigenen Haltung, besonders wenn der andere verpflichtet war, die Wichtigkeit des Falschen zu betonen. Die Hauptüberzeugungen wurden von Witzen und Zweifeln nicht berührt. In Wirklichkeit waren sie die gesunden Symptome eines doppelt festen Glaubens. Einst hatte Ludwig das gesagt - eher mit Bezug auf Gott als auf Hitler -, und dieser Gedanke war eine Erleuchtung gewesen. Aber der

Engländer würde das nicht erfahren; er würde es mißverstehen.

Also ging Götz erhobenen Hauptes aus der Aula, wie um sich so lange wie möglich dem Geplätscher müßiger Gespräche zu entziehen; er war den ganzen Unterricht über unnatürlich ruhig und zögerte sogar, die einfachsten Alltagsfragen der Klassenkameraden zu beantworten.

Die zweite Stunde war bei Herrn Stein – dem Lehrer, gegenüber dem er, wie er dem Engländer gesagt hatte, den Ausdruck ›der Führer‹ gebrauchte. Herr Stein war genau der Typ eines *liberalistischen Meckerers* wie in den Karikaturen. Götz konnte sich nicht entsinnen, ihn sich je anders vorgestellt zu haben. In Wirklichkeit war er einer jener sturen Oppositionellen, deren Charakter das Regime genauso effektiv ruiniert hatte wie den ihrer allzu willfährigen Anhänger. Herrn Klinges masochistischer Selbsterniedrigung entsprach Steins Zynismus. Beide gingen die Sache gründlich und mit krankhafter Begeisterung an. Herr Stein grinste hämisch, schnitt geheimnisvolle Grimassen und flüsterte unnötigerweise, so daß oft bloß die vordere Hälfte der Klasse eine Kritik vernahm, die kleinlich und beharrlich, aber nicht gefährlicher war als die anderer Lehrer. Um sich in Gefahr zu bringen, war er zu alt und zu unbedeutend, zumindest schien es so. Vielleicht hätte bloß ein scharfsichtiges und dauerhaftes Erkennen von Gefahr ihn veranlaßt, anders zu handeln. Er wußte, daß er lächerlich war und obendrein ein Langweiler, aber es gab da diesen fatalen Instinkt, der – wie Götz bereits ahnte – menschliche Wesen zwang, eine von ihnen erwartete Rolle beizubehalten, selbst wenn sie ihrer müde waren.

Herr Stein hatte in den letzten Jahren jegliches Interesse an seiner Arbeit verloren, und nun brachte ihn seine wachsende Unfähigkeit durcheinander. Seine Schwäche war Volkswirtschaftlehre; die Jungen hatten in diesem Fach wöchentlich eine Stunde bei einem anderen Lehrer. So maßen sich zwei Ebenbürtige miteinander, und das Resultat war, daß niemand etwas verstand. Heute sprachen sie über eingetragene Warenzeichen, die Herr Stein ablehnte und die Jungen verteidigten. Sie sprachen von aktiven und passiven Handelsbilanzen, vom Geldumlauf und von Gold, von Inflation und Deflation, bis alle berauscht waren und Herr Stein versuchte, halbwegs sachlich zu bleiben.

Aber Götz, der immer noch unter dem Einfluß der Predigt stand, nahm nicht teil an der Ausschweifung. Man muß ein Ziel im Leben haben, dachte er, etwas außerhalb seiner selbst wie das Wohlergehen des Vaterlandes. Andernfalls wurde man zu einem bedauernswerten Wrack wie der alte Stein. . . . Götzens Patriotismus wurde rigider als je zuvor.

Aber er mußte die dritte Stunde überstehen. Als sie anfing, war er fast krank vor Anspannung und Verlegenheit. Doch in Gegenwart des anderen wirkte die ganze heftige Reaktion allmählich seltsam, als ob die Angelegenheit, solange sie geschah, weder unnatürlich noch schädlich sein konnte, sondern erst später, im eigenen Denken. Gewiß, jene ferne vertrauliche Nähe war nun, in Gegenwart der anderen, nicht länger ein Übelkeit verursachendes nahes Feuer, sondern eine freundliche Glut. Ein wenig hatte sie etwas von dem Zauber, der einen fast glauben läßt, in eine große Schauspielerin verliebt zu sein. Es hatte wirklich etwas vom Auftritt eines Schauspielers an sich; was nicht heißen soll, daß es unecht war, auch nicht verglichen mit Musik. Vielmehr hatte es Lebhaftigkeit, Tiefe und Feingefühl – eine aufrichtige, herzliche Zuneigung für Götz und Ironie auf Kosten von Klinge und Samuel Smiles. Für Götz war es aber auf alle Fälle eine künstlerische Leistung, wenn Englisch ohne die hörbare Mühe von Klinges ›th‹ und ›w‹ vorgelesen wurde. Wenn Schweigen Gold war, dann war das Reden in einer fremden Sprache ausreichend Silber, um die Makel zu verbergen, die ein englischer Zuhörer möglicherweise entdeckt hätte. Und es trug dazu bei, den vielleicht bloß scheinbaren Eindruck einer starken Persönlichkeit zu vermitteln – etwas überaus Anziehendes für einen Jungen in Götzens Alter, nur die Zuneigung anderer war noch wichtiger. Auch Ludwig war so, er hatte Antworten oder wirkte zumindest so. Es war dieselbe mysteriöse Anziehungskraft, die den alten Schuldirektor zu einer Art Gott hatte werden lassen.

(Dennoch hatte Ludwig seltsamerweise einst geglaubt, einen nationalen Unterschied genau in dieser Hinsicht ausmachen zu können. Er schrieb in sein Tagebuch: ›Wie ich sie beneide! Sie haben alles gelöst. Aber für uns ist ihre Lösung die falsche – in jeder Hinsicht. Und doch beneidet man sie. Ist Deutschland, das noch immer nach einer Persönlichkeit zwischen Bach und Beethoven sucht, aufgrund seiner umfassenden, widersprüchlichen Ambitionen zum ewigen Erwachsenwerden verdammt, streben die jüngsten Gefährten vergeblich nach einem eigenständigen Charakter?‹)

Vielleicht hatte das Gebaren an diesem Morgen etwas Englisches und Unaufrichtiges, war David Beatons Reaktion auf diesen unglaublichen Sonntag der Versuch, alles mit Hilfe seiner eigenen Sprache zu etwas ganz Normalem zu machen, auf seiner Seite begleitet von einem lässigen, überheblichen Ton à la ›Du wirst doch sicher nicht glauben –?‹. Götz, seinem Bedürfnis nach tröstlicher Normalität zum Trotz, spürte verwirrt und voller Groll, daß er übervorteilt und in eine falsche Position gebracht wurde.

Er blickte auf, als ob er eine Antwort erwartete, und erhaschte einen Blick, der ihm zuerst schmeichelte, dann aber seinen schwächer werdenden Vorsatz erneuerte. Er verstärkte seine rechtschaffene Feindseligkeit und blickte starr in sein Buch. *Duty.* Auch davon hatte die Predigt gehandelt. Aber worin bestand die Pflicht, das Gebot der Stunde, dem man sich hingeben mußte, wenn nicht darin, der Stimme zu lauschen, sich auf die Worte zu konzentrieren, sie zu erlernen, sie wie einen Gewinn einzustreichen? ›*Obedience* – Gehorsam‹ – ›Gehorsam – *obedience*‹. Seine Gedanken flogen wie aufgescheuchte Vögel umher, konnten keine reine Anhöhe finden.

»Biehl-Bodenhausen«, sagte Klinge plötzlich, »worum ging es in dem letzten Satz, den Herr Beaton vorgelesen hat?«

Erwischt! Das war ungerecht!

»Es – es ging um Gehorsam.«

»Sehen Sie, Herr Beaton – eine halbe Seite zurück. Was sagen Sie dazu?«

Was sollte er sagen? Was änderte das? Es war seine Schuld und unverzeihlich.

Eine Weile lang lächelte er unbeholfen, und es hatte den Anschein, als ob er die Frage lediglich rhetorisch auffaßte. Dann, als er sah, daß eine Antwort erwartet wurde, sagte er leichthin: »Ich kann nur sagen, daß ich diese sehr interessante und hochmoralische Geschichte nicht ohne Nutzen vorgelesen habe.«

Aber weder Klinge noch Götz waren gewillt, ihn so einfach aus der Verantwortung und aus seiner mißlichen Lage zu entlassen.

»Genau. Dein Verhalten einem Gast gegenüber ist nicht gerade höflich. Was sollen wir mit ihm machen, Herr Beaton?«

»Ich – ich weiß nicht. Ich denke, wir lassen ihn diesmal laufen.«

Es steht zu bezweifeln, daß Klinge die Sache hätte auf sich beruhen lassen, wenn es nicht in diesem Moment geklingelt hätte. Götz entwischte in einem Aufruhr der Gefühle. Im Ostwind auf dem Schulhof fühlte er sich krank – als er nach Hause kam, war er es.

7.

Mit einer leichten Magenverstimmung, oder wie immer Mütter so etwas nennen, kann man ein paar Tage lang im Bett bleiben. Und Götz fand, daß es ganz angenehm war, den Bauch zu reiben und in einer Mischung aus sorgsamer Zuneigung und reumütigem Zureden zu spüren, daß da ein attraktiver Körperteil ist, der eher die Lobeshymnen des Hohenliedes verdiente als gewöhnliche Witze. Und es war erstaunlich, wie viel Zeit man behaglich schlummernd zubringen konnte, ohne an etwas zu denken.

Aber plötzlich überkam Götz die unerklärliche und unentschuldbare Versuchung, ganz nackt unter dem Bettzeug zu liegen, um jene Mischung aus Warm und Kühl zu genießen, die einer Berührung so ähnlich war. Aber es mußte zufällig geschehen und brauchte eine Rechtfertigung. Er war in einem Verlies, sein Schlafanzuggürtel um die Taille festgezurrt, an den Handgelenken imaginäre Fesseln. Er mußte sich herauswinden, die Kleidungsstücke gingen dabei verloren – wie sich herausstellte aber nur dann, wenn man ganz schön mogelte, besonders bei der Jacke. Gerade hatte er sie heruntergestreift, als seine Mutter mit Medizin hereinkam.

»Hier bitte!« Wie eine Schildkröte blinzelte er verschlafen aus dem bis zum Hals hochgezogenen und zusammengeknüllten Bettzeug hervor. Er wußte, daß es vergebens war, so zu tun, als ob er gerade geschlafen hätte.

»Danke, stell es hin«, murmelte er.

»Was ist los?«

»Nichts.«

»Dann sei nicht so faul. Setz dich hin.«

Götzens Versuch, die Kleidungsstücke wie eine Welle unter einem Boot mit an der Oberfläche auftauchen zu lassen, war nicht erfolgreich. Er war gezwungen, beschämend *dekolletiert* aufzutauchen.

»Götz, was hast Du gemacht?«

»Mir war heiß. Es sind zu viele Decken auf diesem Bett.«

Seine Mutter runzelte besorgt die Stirn – auch aus Sorge, übers Ohr gehauen zu werden.

»Du siehst fiebrig aus.« Sie faßte an seine Stirn, die glühte. Sie sagte, sie müsse das Thermometer holen.

»Nein«, sagte Götz in verzweifelter Geistesgegenwart, »in Wahrheit bin ich aufgewesen. Ich habe Gymnastik gemacht. Mir geht's gut. Ich möchte aufstehen. Darf ich aufstehen?«

»Nach dem Mittagessen. Es ist höchste Zeit, daß du wieder in die Schule gehst.«

Götz stimmte zu. Er schämte sich zutiefst. Er betete inständig, absichtlich demutsvoll und mit kindlich schlichten Worten zu Gott, ihn zu ›einem guten Jungen‹ zu machen. Und er ging wieder in Kniebundhosen zur Schule. Zur Beruhigung seiner Mutter und zur Kasteiung – weniger des Fleisches, welches von ganzem Herz froh sein mußte, sondern der Eigenliebe sowohl Biebos als auch Götzens, des Babys und des Rabauken.

Beim Verlassen der Schule später an jenem Morgen traf er Herrn Beaton, der sich nach seinem Fehlen erkundigte.

»Ich hatte eine Magenverstimmung«, sagte Götz, grinste und errötete zugleich, als ob das ein offenkundiges Märchen wäre. Dabei stimmte es doch.

»*Armes Bäuchlein!*« Es war lächerlich, so etwas zu sagen, noch lächerlicher aber war, daß sich diese Zärtlichkeit von einem Satz so gut und vertraut anhörte – dabei war er nichts dergleichen. Der ironische Ton war die Antwort auf Götzens Grinsen in der Annahme, er hätte wie alle normalen Schuljungen einfach geschwänzt. Im Versuch, das Thema zu wechseln, machte Götz in diesem ironischen Ton weiter:

»Wird Herr Chamberlain uns Kolonien geben?«

»Das bezweifele ich. Ich bezweifle, daß es irgend jemand tun wird. Einige tun es nicht, weil sie Hitler nicht ausstehen können, und andere, wie Chamberlain, tun es nicht, weil sie Kolonien mögen.«

»Ganz meine Meinung – zumindest was ihn anbelangt. Meine Mutter scheint zu glauben, daß er der Weihnachtsmann ist – jetzt, da Edward VIII. von Herrn Eden den Laufpaß bekommen hat.«

Es war November 1937 und die englisch-deutschen Beziehungen waren unklar. Es wurde gewissermaßen mit heilloser Verzweiflung um Verständnis gerungen. Nichts wurde unversucht gelassen. Aber es gab insgesamt nur noch drei Möglichkeiten, die hin und her gedreht und gewendet wurden, wie ein Mann alle Gegenstände auf dem Kaminsims auf der Suche nach Was-war-es-doch-gleich zum hundertsten Mal geistesabwesend und mechanisch hochhebt. Kolonien waren im Gespräch, in der *Times* mit der verbindlichen, aufrichtigen Unaufrichtigkeit eines verlegenen Gentleman, im *Angriff* & Co. mit der unergründlicheren, verstörenden und erzürnenden Unehrlichkeit eines launischen Neurotikers, der, auf der Suche nach zu rächenden Beleidigungen, hauptsächlich von wilder Verachtung und Neid geleitet wurde und überaus erfolgreich war, das mit der Vernunft in Einklang zu bringen. Vielleicht waren die Journalisten der bewußte, vernünftige Teil des nationalen Bewußtseins und die Politiker der unbewußte, handelnde Teil, das Trauma, das sich dem übrigen Teil des Bewußtseins gegenüber als Güte und Liebe ausgab. Wie auch immer, selbst Götz hatte den Eindruck von etwas vage Unwahrem und daß die wahren Gründe nie zur Sprache kamen. Sie schienen absichtlich aneinander vorbeizureden.

»*Ach, ja*«, sagte er plötzlich ernst und aus tiefsten Herzen, »*Sie reden aneinander vorbei.*«

»Du hast die Situation richtig erfaßt«, sagte der andere mit verblüffter Anerkennung, die Götz mehr schmeichelte als ärgerte. Dann trennten sich ihre Wege.

Uff! dachte Götz, das war in Ordnung. Ein paar Züge auf einmal waren in Ordnung. Tatsächlich war es derselbe Eindruck wie damals, als sein Vater ihm das Schwimmen beigebracht hatte. Das Wasser war zum Planschen da, mit der Zeit würde man schon schwimmen lernen, aber für heute reichte es. Aber die Erwachsenen waren stur – sie waren grausam. Sie gaben stets das Tempo an.

Auch ein anderes Mal sprachen sie über Kolonien, in Gegenwart eines Klassenkameraden von Götz – was ein Gefühl der Sicherheit vor dem anderen und vor sich selber mit der gewissen Sicherheit verband, die Begleitperson zu kennen.

Der Engländer sprach von einer Ausstellung, die er vor einem Jahr in einer deutschen Stadt gesehen hatte. »Ich weiß nicht«, sagte er, »ob sie ›Ideale Heimat‹ oder ›Nation bei der Arbeit‹ hieß. Das hat keine Bedeutung. Dort sind die Kolonien immer ein Thema: Mitten auf einem riesigen Blatt Papier steht ein kleiner Engländer, daneben eine Menge kleiner Deutscher, die sich auf einem viel kleineren Blatt drängen. Und ein Zitat von Hans Grimm besagt, daß jeder, der über die Ruhr fliegt, sehen kann, daß das deutsche Volk unter Platzmangel leidet. Das ist in meinen Augen ein schlechtes Argument.«

»Warum?« fragte der andere Junge. Götz lächelte, als wüßte er die Antwort bereits.

»Nun, ebensogut könnte man über Gegenden von England oder Belgien fliegen. Die Bevölkerungsdichte beider Länder ist größer als in Deutschland.«

»Ja«, sagte Götz, »erinnerst Du Dich nicht mehr, daß Oehme uns das gesagt hat?« Aber daran erinnerte er sich selber erst jetzt.

»Ich meine«, fuhr der Engländer fort, »es mag andere Argumente geben, aber diese Vorstellung von *Raum* ist zu einfach, um richtig zu sein.«

»Sie ist was für die Massen«, sagte Götz. Das war die übliche Erklärung für die größten Dummheiten. Natürlich hatte Vater die Spielzeugeisenbahn für die Kinder – die kleinen Kinder – gekauft. Für wen sonst?

An der Straßenecke, wo sich ihre Wege trennten, blieben sie stehen, um weiter zu diskutieren.

»Außerdem«, sagte der Engländer, der Götzens Bemerkung überhört hatte, »ergibt es keinen Sinn, wenn man die Notwendigkeit einer höheren Geburtenrate geltend macht.«

»Das ist wegen der Polen«, sagte der andere Junge schnell, »und wegen der Russen. Wenn die sich so schnell vermehren, na – «

»Egal«, sagte Götz, »man stirbt aus, wenn man sich nicht vermehrt. Die Bevölkerungszahl geht entweder hoch oder runter.«

Er hatte keine Ahnung, ob das stimmte. Er hatte es bloß gesagt, um wieder an der Unterhaltung teilzunehmen, denn er war ziemlich außen vor. Doch es beschäftigte ihn. Das mit der Geburtenrate war sehr verwirrend. Im Büro des Schulleiters hing eine Karte, die aussah wie eine Illustration der ›Zehn kleinen Negerlein‹: Neben den Namen großer Deutscher Reihen kleiner schwarzer Figuren, die verdeutlichen sollten, daß Bach oder Goethe, oder wer auch immer, das sechste oder siebte Kind einer Familie gewesen waren. Unklar blieb, welche praktische Lehre die Jungen daraus ziehen sollten. Alles Unsinn, sagte Götzens Vater und fragte ihn scherzhaft, ob er glaube, daß seine Eltern ihr Soll bereits erfüllt hätten. Wie so viele andere Leute auch vermutete Götz, daß viele Seiten des Nationalsozialismus gar nicht so dumm sein konnten, wie es den Anschein hatte. ›Es muß etwas dahinterstecken‹ war ein anderes Stichwort. Aber Götz wußte, daß die grimmige Bronzebüste Hitlers im Vestibül der Schule genau gesehen aus Porzellan und innen hohl war.

»Der Schwachpunkt all dieser – dieser darwinistischen Argumentationsweisen«, sagte der Engländer, »ist, daß es, handelten wir nach ihnen, noch weniger Raum für euch gäbe. Man kann dem Frieden wirklich nicht trauen.«

»Oh«, sagte der andere Junge leichthin, »früher oder später muß es Krieg geben.«

Götz sah den Engländer, der die Stirn runzelte, kurz an.

»Aber eure Presse spricht davon, den Frieden zu wollen.«

»Aber nicht ewig.«

»Das geht nicht. Entweder man will Frieden oder nicht.«

»Aber alle wissen, daß ewiger Frieden – nun, das gibt's einfach nicht.«

»Hm. Genauso wenig wie vollkommene Gerechtigkeit. Aber man muß an sie glauben, um die Möglichkeit zu haben, wenigstens einen Näherungswert zu erreichen.«

»Das ist Selbstbetrug.«

»Ja, und es führt zu Heuchelei. Aber absoluter Zynismus, wohin führt der? Nun, da kommt noch was auf uns zu, bei all diesem Gerede, das dem Frieden zwei ziemlich verschiedene Bedeutungen gibt.«

Götz runzelte die Stirn und versuchte herauszubekommen, ob es stimmte, ob sie dem Frieden zwei verschiedene Bedeutungen gaben. In seiner Klasse war kürzlich über die Frage abgestimmt worden, ob es vor Ende des nächsten Jahres Krieg geben würde. Eine kleine Mehrheit war dafür. War der Wunsch Vater des Gedankens gewesen? Er war auf seiten der Minderheit gewesen, hatte aber gezögert. War es im Grunde nicht eine gefühlsbetonte Wahl, zwischen einem kalten, fatalistischen Kitzel und der einsichtsvollen Liebe ebenso wie zwischen dem Hochmut des Pessimismus und einem vulgären, natürlichen Optimismus? Einige der Jungen waren noch nicht einmal fatalistisch veranlagt. Sie wollten Krieg um des Krieges willen und ohne Überzeugung. Sogar über die leicht nachgeahmte Redeweise des Führers, mit der er seiner Liebe zum Frieden Ausdruck verlieh, machten sie sich lustig, wobei unklar blieb, ob er in ihren Augen nicht ebenso wie alle anderen der Dumme war. Und die Hitlerjugend, dachte Götz, machte aus dem Krieg ein mehr als notwendiges Übel. Außerdem, um aufrichtig zu sein, er selber konnte sich dauerhaften Frieden nicht vorstellen. Aber eigentlich konnte er sich überhaupt nichts Dauerhaftes vorstellen. Andererseits konnte er sich ebensowenig das Ende von etwas vorstellen. Ewigkeit war verwirrend. Es wurde von ihr behauptet, sie sei zeitlos.

»Ich muß meinen Zug kriegen«, sagte er, und die Besprechung kam zum Erliegen. Er hatte diese Diskussion, diesen Gedankenaustausch, der Persönliches vermied, vorsichtig und neutral genossen. Wenn sie sich jetzt trafen, herrschte keine Verlegenheit mehr, bloß eine sorgsame Zurückhaltung auf beiden Seiten – unter der die Ahnung lauerte, daß diese Zurückhaltung nur eine Pause, nur eine Phase war. Der Groll verflüchtigte sich auf geheimnisvolle Weise und verschwand, während etwas entstand, wogegen er sich wehrte, einerseits als wäre es überflüssig, kindisch und sinnlich, andererseits als wäre es unmöglich und fatal. Er pflegte seinen Groll, aber das war schwierig. Denn er wollte keinen Haß, er wollte Freundschaft. In Wirklichkeit wollte die aggressiv streitlustige Seite in ihm nicht zugeben, wie tief seine Gefühle reichten.

Diese Charaktereigenschaft hätte Götz ein wenig Mitgefühl für Herrn Oehme einflößen müssen. Aber auch wenn er sich gelegentlich seine Äußerungen ausborgte, sah er ihn, vielleicht aus Furcht vor Schwäche, immer noch mit den Augen der Klasse als – liebenswert, übertrieben gefühlvoll, weichlich, lächerlich. Herr Oehme war nicht klein, sah aber immer seltsam kindlich aus mit seinem rundlichen Gesicht, den sanften braunen Augen und den unbeholfenen Händen. Er schlug nie jemand, und jede Stunde war ein Wettlauf gegen das völlige Chaos, den er wundersamerweise stets knapp gewann. Es war offenkundig, daß er kein Nazi war und das Regime ihn unglücklich gemacht hatte. Er hatte die Augen eines Tieres, das durch Angst dazu erzogen worden war, lächerliche Kunststücke aufzuführen. Verweichlicht, sagten die Jungen, er schätze zu sehr die Sahne in seinem Kaffee und die Butter und all die Annehmlichkeiten Weimars und des Auslandes. Über Eß- und Trinkgewohnheiten ließ er sich in den Erdkundestunden mit einem gewissen naiven Wohlbehagen aus. Es stimmte, er *war* weichlich und hatte niemals größeres Verständnis für die sozialen Verhältnisse und die Leiden der Arbeitslosen gehabt. Aber nun quälte ihn ein eher geistiges als körperliches Unbehagen. Seine Seele enthielt kein Eisen, das auf die magnetische Kraft der aggressiven Propaganda reagierte; diese hatte ihn abgeschreckt, verjagt und das *Zentrum* wählen lassen, und bis auf den heutigen Tag stand er ihr mit Abneigung gegenüber. Es war zwecklos, mit ihm über die Hetze der ausländischen Presse zu reden. *Hetze* schien für ihn der Leitgedanke seiner verabscheuungswürdigen Heimat zu sein. Neuerdings las er die nationale Presse nicht mehr, sondern kaufte sich jeden Tag eine andere ausländische Zeitung – englische, amerikanische, französische und österreichische. Seine Mutter stammte aus Wien.

Darüber hinaus war er geschwätzig. ›Das alte Weib‹, wie ihn die Jungen nannten, liebte Tratsch. Er war nicht mutig. Hinterher, wenn es ihm auffiel, war er stets fürchterlich ängstlich. Aber er wußte, daß er ängstlich sein würde, genauso wie er wußte, daß er die ganze Sache haßte. Sein einfacher, klarer Verstand war weder klug genug, sich selber zu betrügen, noch stolz genug. Er unterrichtete Geschichte und Erdkunde und bemühte sich stets, die beiden Seiten einer Sache aufzuzeigen – wie die Franzosen zum Beispiel darüber dachten, wohingegen wir natürlich immer behauptet haben ... Diese Praxis der Unparteilichkeit bereitete ihm eine schmerzliche Freude, als ob er die beiden Standpunkte irgendwie miteinander versöhnen könnte. Mit seiner rechten Hand zeigte er das eine, mit seiner linken das andere, und dann führte er seine beiden Hände zusammen und rieb sie sanft mit einer Geste voller Verbindlichkeit und Nachdruck. Die ernsteren Jungen hatten eine gewisse Freude an dieser Denkaufgabe – *objektiv* war das Wort, das sie ihm anerkennend zugestanden. Doch es konnte keine Rede davon sein, daß dieses Gedankenspiel irgend etwas mit Entschlossenheit und Tatkraft zu tun hatte, es gab dem Ganzen bloß einen gewissen tragischen Beigeschmack.

Ausgerechnet Herr Oehme kam in diesen Tagen die Aufgabe zu, Götzens Klasse ins Rathaus in eine Ausstellung mit Propaganda gegen die Tschechen zu führen. Sein Gesichtsausdruck und seine Gesten waren noch nervöser als gewöhnlich, als er versuchte, die umherschweifende Schar von Jungen und seine gleichermaßen streunenden Hirtenansichten zusammenzuhalten. »Ja ... gut, nun, hier ist eine Landkarte. ... Paßt bitte auf. ... Ja, nun, ich glaube, der Standpunkt ist hier völlig klar. Da sind einige Bilder von den Industriegebieten, und diese Zahlen zeigen Euch ... Natürlich gab es überall Wirtschaftskrisen. Heute morgen habe ich gelesen, daß in Amerika ... ›Die tschechische Faust‹. ... Nun, das ist ziemlich sinnreich, nicht wahr? Genauso wie Italien ein Stiefel ist. Ich nehme an, er würde auf Tunis treten, und die *haben* das so gewollt. ... Masaryk. ... Natürlich halten die Tschechen ihn für einen großen Mann. ...«

Auch wenn Götz diese Bemerkungen später vielleicht zitierte, hörte er sie nicht bewußt und hegte sicherlich kein besonderes Mitgefühl für Herrn Oehme. Er war in einer seiner unzufriedenen, ›ungnädigen‹ Stimmungen und sah in Herrn Oehmes Mätzchen nur menschliche Selbsterniedrigung. Die ganze Angelegenheit langweilte ihn zu Tode. Er wanderte ziellos umher, es war langweilig wie das langweiligste Museum – warum glaubten die Menschen, Ausstellungen seien interessant?

Aber sie glaubten es oder taten zumindest so. Irgendein dummer Idiot sagte beim Rausgehen, er hätte viel gelernt.

»Worüber?« knurrte Götz.

»Über die Tschechen und – und die Sudetendeutschen und so.«

»Ach, das ist doch ein alter Hut.«

»Nun, aber wahr.«

»Woher willst *Du* das wissen?«

»Du glaubst es nicht?«

»Das habe ich nicht gesagt.«

Der andere lachte unsicher. »*Du wirst ja ganz oppositionell.*«

»*Quatsch!*«

Für Götz, den niemand – hol sie der Teufel! – so recht ernst nahm, war es ganz einfach, den an ihn herangetragenen Verdacht von sich zu weisen. Aber innerlich dachte er darüber nach. *Oppositionell?* Nun, vielleicht war er das. Das zu sein, war eine ziemlich aufregende Sache. Es gab eine Menge Dinge, die er nicht guthieß – die Dinge zum Beispiel, die er an jenem Sonntag gesagt hatte. Er ließ sie in seinem Kopf Revue passieren, hakte sie ab, modifizierte sie ein wenig und gab sich eine akzeptable Note, ganz wie ein Schriftsteller, der sich von einem ersten Anfall der Selbstkritik erholt. Alles stimmte, alles war er selbst.

Ja. Diese Frage nach dem Ich, welche sich bereits in Form von ›Biebo‹ oder ›Götz‹ stellte, neigte dazu, drängender zu werden und auf andere, ernsthaftere Weise gestellt zu werden. Zum Beispiel: ›Nazi‹ oder ›Anti-Nazi?‹ Bei jenem verhängnisvollen, einzigartigen Gespräch war er auf der Suche nach sich selbst gewesen, war weiter und immer weiter vorgedrungen, als ob es darum ginge, ein unbekanntes Ziel zu erreichen. Daß es so einzigartig und verhängnisvoll geworden war, lag an seinem Alter und an der besonderen Stellung seines Zuhörers. Altersmäßig stand er kurz davor, seiner Herkunft zu entwachsen, hinein in einen neuen Entfaltungskreis, frei und allein, und der andere hatte keinen Bezug zu dieser Umgebung. Mit Schulfreunden hatte man kaum Gespräche. Man wechselte Sätze, die Teil der Umgebung waren wie die Schrift auf einem Wandteppich. Und in zehn Jahren, was würde man sich dann noch zu sagen haben? Aber dieser scheinbar beziehungslose Fremde hatte mit seiner Gegenwart ein aufrichtiges Gespräch provoziert, eine Selbstoffenbarung, die Götz auf eine Haltung und eine Persönlichkeit festlegte, nicht bloß in den Augen des Fremden, sondern auch in seinem eigenem Bewußtsein. Nur *ihm* gegenüber konnte diese Persönlichkeit völlig frei existieren; *er* hatte sie ins Leben gerufen.

Was würde passieren, wenn sie weitere solche Gespräche hätten, allein? Wie bei einer Geburt erfüllten die Aussichten Götz mit Furcht und Jubel, mit Liebe und Haß. Warum hatte er ihn nicht in Ruhe gelassen, seine geheimnisvolle, allen Möglichkeiten offene und unbegrenzte Jungfräulichkeit bewahrt und die Entscheidung noch ein wenig hinausgezögert? Sogar auf Fragen wie: »Was denkst Du, Biebo?« »Was willst Du mal werden?« hatte er lange Zeit ziemlich empfindlich reagiert, hatte kindische, schnodderige und nichtssagende Antworten gegeben. Gedacht hatte er – alles und nichts. Er würde alles und nichts sein. Er war hart und männlich, sanft und charmant, ein Bauer, ein Pastor, ein Forscher, Nazi und Nicht-Nazi, glaubte an Gott und wiederum auch nicht. Einst, als er zu jung für Glaubenskrisen und für die schmutzigen Witze der anderen gewesen war, war das ehrlich gewesen, aber jetzt ...

Wie er vor jeder Entwicklung, jeder Geburt zurückschreckte, so schreckte er vielleicht auch vor dieser zurück. Welche Zukunft hätte denn das Kind schon? Müßte es nicht ein Schwächling werden, ungeeignet für die harte Welt, in der es leben mußte, ein unseliger *Mischling*, Ergebnis einer seelischen Rassenschande? Zu anderen Zeiten stellten David Beatons Gewissen oder seine Verzweiflung solche Fragen. Doch was war die Alternative? Wo ihnen kein Widerstand entgegengebracht wurde, konnten die hirnumnebelnde Staatspropaganda, die Hitlerjugend, die Zeitungen und dergleichen hoffen, erfolgreich etwas Verkrüppeltes, eine ›verquere, unnatürliche Qual‹ zu erzeugen, Herz und Verstand in die entgegengesetzten Extreme von Hysterie und Zynismus zu trennen und den sinnlichen, katzenartigen Körper von beiden zu lösen; getragen vom unterschwelligen Gefühl von Unglück und Frustration.

Eine andere, ernstzunehmende Alternative war ein fatalistisch objektiver Götz, der fraglos bald Spengler, Nietzsche – und Schopenhauer lesen und über einen tieferen Sinn nachdenken würde, demzufolge Schweigen Gold und das Gespräch vom Sonntag höchst überflüssig wäre, verglichen mit den tiefschürfenden Gedanken, die dank Ludwig seit dem letzten Jahr seinen Verstand beschäftigten. Aber vielleicht war er überhaupt nicht für das Tiefgründige und das Verborgene geboren? Bei dem Versuch, sich in dieser Tiefe zu halten, glich er vielleicht einem Schwimmer, der versucht, unter Wasser zu bleiben, oder einem Erwachenden, der einen Traum bis zum Schluß weiterträumen möchte.

Ludwig? Mit einem fast schuldbewußten Schrecken merkte Götz, daß mit dem Zauber dieses Namens etwas geschehen war, daß gewisse Gedanken nichts mehr mit ihm zu tun hatten. Er kämpfte gegen diese Vergeßlichkeit an. In seinem gegenwärtigen Geisteszustand fühlte er sich schuldig, weil ihm sein vergangenes Dasein dumm vorkam und, wenn er sich dieses Umstandes überhaupt bewußt war, es bloß so schien, als ob er das Althergebrachte und Vertraute dem schmeichlerischen Zauber des Fremden und Neuartigen opferte – in Märchenbüchern nahm das stets ein böses Ende. Aber einerlei, sie hatten sich auseinander entwickelt. Mit einem vom Vergleich geschärften Blick fielen ihm gewisse Dinge an Ludwig auf – ein Mangel an Anmut, eine Schlichtheit des Gemüts, die scharfe Stimme, das dünner werdende blonde Haar und seine Angewohnheit, es fortwährend glattzustreichen. Aber nichts davon gab ihm das Recht, sich dieses Auseinanderentwickeln einzugestehen. Die Rechtfertigung bot Ludwigs geänderte Haltung in der Kirchenfrage, was vielleicht nicht bloß eine Rechtfertigung dafür war, Ludwig, sondern auch einen Teil seiner selbst aufzugeben, der schwierig und problematisch geworden war.

Es versteht sich, daß Götz in dieser Angelegenheit kein besonders unparteiischer Richter war. Trotzdem kam die Veränderung nicht überraschend. Längst hätte er an Ludwig eine gewisse Verlegenheit, ein gewisses Bemühen bemerken können, sein Interesse und seinen Eifer zu dämpfen. Denn Ludwig – doch der Reihe nach.

8.

Ludwig Kästner war in Ostpreußen an der alten deutsch-russischen Grenze geboren worden. Seine Mutter war Russin, was von Anfang an den Widerstreit in seiner Seele begründet hatte. Wie die anderen Jungen wollte auch er ganz deutsch sein und haßte die Russen nur um so mehr, je weniger es ihm zustand. Die russische Revolution war unbewußt eine Erleichterung für ihn gewesen, denn nun konnte er die Kommunisten hassen. Für den großen Krieg war er zu jung gewesen, aber dennoch hatte er mit sechzehn in Finnland gekämpft. In dieser Zeit starb seine Mutter. Bei seiner Rückkehr – seine persönlichen Empfindungen standen völlig im Widerspruch zu seinen patriotischen – stellte er fest, daß ihn mit seinem Vater, einem großen, dicken Mann, nichts verband außer ein paar körperlichen Ähnlichkeiten, deren er sich schämte. Er weigerte sich, in den Familienbetrieb einzutreten. Alles, bloß das nicht. Er wollte Schauspieler werden, Dichter, Priester. Sie stritten sich heftig, denn der alte Mann war cholerisch und der junge leidenschaftlich. Am Ende verließ Ludwig sein Heim und arbeitete auf einem Bauernhof.

Plötzlich beschloß er, Pastor zu werden, und begann zu studieren. Wie so viele Studenten jener Zeit verdiente er sich seinen Lebensunterhalt mit verschiedenen Nebentätigkeiten in der Universitätsstadt, in der er lebte. Beispielsweise spielte er abends in einem Kaffeehausorchester, und einmal arbeitete er sogar bei der Eisenbahn. Er las übermäßig viel, aber sein Lebensrhythmus ließ echtes Nachdenken nicht zu; das konnte er sich nicht leisten. Körperlich und geistig war er wie im Fieberrausch. Manchmal war er tatsächlich krank. Trotz seiner kräftigen Konstitution behielt seine Gesundheit von seiner Lebensweise in jener Zeit einen wenn auch geringen dauerhaften Schaden zurück.

Äußerlich verbesserten sich seine Umstände, als er von der Universität ein Stipendium erhielt. Aber seine Seele war immer noch unruhig. Besonders quälte ihn seine heftige Neigung zu Jungen und die Erkenntnis, daß sie eine eindeutig körperliche Grundlage hatte. Weder seine Gefühle noch seine Scham darüber vermochte er zu überwinden. Das atemberaubende Tempo seines Lebens hinderte ihn gewissermaßen daran, seine Empfindungen zu klären oder gar einen *modus vivendi* zu finden. Er ließ sie auf sich beruhen. Dieselbe Atemlosigkeit verhinderte, daß aus einer Affäre Ernst wurde. Tagelang konnte ihn ein Gesicht verfolgen, das er im Café oder auf der Straße flüchtig gesehen hatte. Einzig in der Phantasie gab sich das Körperliche unmißverständlich zu erkennen. Tatsächlich glaubte er fast, daß die Phantasien ausbleiben würden, wenn nur das Gesicht dabliebe, war doch das Gesicht immer das der Unschuld selbst und der Sinneseindruck so bar jeglicher Sinnlichkeit. Er glaubte daran, auf keine andere Art besitzen zu wollen, was er platonisch lieben könnte.

Als er einen Ferienjob als *Hauslehrer* für den Sohn eines preußischen Offiziers bekam – ein eigenartig wildes Geschöpf mit einem Gesicht, das ihn bestimmt verfolgen würde –, sah er das zunächst als himmlische Fügung an. Er hatte niemals darüber nachgedacht, was passieren könnte, wenn seine Annahme falsch sein sollte. Er war sich nicht bewußt, daß man demselben Jungen nicht Tag für Tag begegnen konnte wie am ersten Tag und daß das künstlerische Empfinden verlangte, daß jede Begegnung besser als die vorangegangene sein mußte, wenn sie nicht frustrierend flüchtig sein sollte. Es war wie ein Orgelton, der zur Sirene wird. Er konnte nicht schlafen. Die Familie machte sich Sorgen. Er war verzweifelt, war nicht in der Lage, einen Ausweg zu finden, weder vor noch zurück.

»Er war eine seltsame Mischung aus Lächerlichem und Tragischem«, sagte David Beaton später, als er ihn zu beschreiben versuchte, »wie ein Roman oder Schauspiel aus Rußland.« Vor allem zeigte sich diese Mischung in seinem Äußeren. Auf den ersten Blick sah er robust und vergnügt aus, ein wenig unbeholfen und verlegen, wie ein zu großer

Schuljunge. Seine Augen und seine Stimme waren leidenschaftlich und melancholisch, besonders wenn er unterrichtete oder etwas vortrug, aber seine äußere Erscheinung gab dem etwas Plumpes, so daß er in den leidenschaftlichsten Momenten seinem wütenden Vater mehr glich, als er wahrhaben wollte. Und es war gleichermaßen grotesk, wie David Beaton zweifellos gesagt haben würde, daß diese geborene Mischung aus deutschem Romantiker und russischem Roman tatsächlich eine echte Tragödie erlebte. Als seine Liebe und Melancholie den Höhepunkt erreicht hatten, machte der Sohn des preußischen Offiziers alleine eine absolut verrückte Segeltour – sie machten Urlaub an der Ostseeküste – und ertrank.

Dem folgte eine schreckliche Zeit, der schlimmste Sturm in einem stürmischen Dasein, der seinen Höhepunkt – oder besser seinen Tiefpunkt, nicht der Trauer, sondern tiefster Verzweiflung – in den trostlosen Wochen des folgenden Dezember erreichte. Nichts schien real zu sein, am allerwenigsten er selber. Er schien körperlos zu sein, wie aus der Ferne sah er sich mechanisch essen, trinken und arbeiten. Das Gas in der Küche, das Schlafzimmerfenster, die Messer und Stricke, die Busse in den Straßen machten ihm Angst. Er zog das körperliche Ich weg von ihnen, wie eine Mutter ein Kind vom Fenster eines Spielzeugladens, und lief stundenlang durch die Straßen. Am meisten liebte er den Wind und den Regen in seinem Gesicht – so fühlte er sich halbwegs real –, das Kind wurde müde gemacht, damit in der Nacht kein Unheil geschehen konnte. Jeden Morgen wachte er auf, lebte immer noch und konnte nicht sagen, weshalb. Er wollte wirklich nicht mehr leben. Es gab nichts, wofür zu leben sich lohnte.

So ging es weiter, bis nach und nach eine neue, ganz andere Art von Glauben an Gott entstand, anders als der alte einfache Glaube, den weder Lesen noch Leiden bis dahin beschädigt hatten. Es war keine plötzliche Offenbarung, es war, als ob seine Seele in seinen Körper zurückfand, wobei sich aber das Äußerliche verändert hatte, mit ihm verbunden war und ihn unerbittlich zu leben zwang, im eigenen, nicht in seinem Interesse. Reife war alles. Männer müssen ihr Sterben erdulden. Man war ein Werkzeug in der Hand Gottes, persönliches Glück zählte nicht. Kummer, Schmerz und Einsamkeit gehörten dazu.

Er litt weiter, und seine Gedanken wären manchem trübsinnig vorgekommen. Aber er war es gewohnt. Das Unglück mochte in seiner Seele brausen wie der Verkehr in einer belebten Straße – wie den Stadtbewohnern fiel es ihm nicht mehr auf. Er glaubte, was er den Jungen über den durch Zweifel gestählten Glauben sagte. Zweifel, die einst laut in seinen Ohren geklungen hatten, versanken nun in das dauernde Rauschen im Unterbewußten – vielleicht würde das eines Tages zu einem Nervenzusammenbruch führen, jetzt aber noch nicht. Alles war Wasser auf diese sonderbaren Mühlen. Jetzt, wo kein emotionaler Grund mehr bestand, kombinierte sein Verstand alles miteinander. Tolstoi und Dostojewski dienten dazu, die gewagte Verschmelzung von Christus und Nietzsche zu stützen. Er hatte schon immer vermocht, in jedem längeren Buch, das er las, ›etwas‹ zu entdecken. Ihm war die Vorstellung zuwider, daß seine Lesezeit und des Autors Zeit beim Schreiben sowie das ganze Papier völlig verschwendet sein könnten. Die seiner Meinung nach trockene und sterile Politik ignorierte er jedoch, bis er – wie so viele andere, *Wandervögel*, Theosophen, Mitglieder der ›Christlichen Wissenschaft‹ – eine eigene Auslegung des Nationalsozialismus fand, die zu seiner Vorstellung paßte.

Er hatte keine Nachsicht für ›engstirnige‹ Doktrinäre, wie er auch mit denen, die er *Spießbürger* nannte, überaus unnachsichtig war. Und er war sich bewußt, daß seine Vorstellung unorthodox war. Deshalb und aufgrund der Befriedigung und

Sublimation seiner Neigungen wurde er Lehrer und nicht Pastor. Sein Hauptfach war Religion, aber er unterrichtete auch Deutsch. Und wahrscheinlich wurden in seinen Religionsstunden auch Tolstoi oder Dostojewski gelesen.

Er kam gut an. Seine Anziehungskraft, besonders für Jugendliche, war unerklärlich. Vielleicht Carlyle vergleichbar, dachte David Beaton. Er erinnerte einen an Carlyle, zum Beispiel an dessen Beschreibung von Luther: ›ein Junge, in winterlichen Wirbelstürmen aufgezogen, in trostloser Düsternis und Trübsal‹. Er beherrschte denselben Kunstgriff, Negatives zu überaus Positivem umzuformen. »Es scheint absurd«, meinte David Beaton, »daß man einem Zauber überhaupt erliegen konnte, den man so schwach bekämpft hat. Das läßt sich auf vieles anwenden; es sind halt zwei Welten. Und man möchte zurückgehen und es noch einmal versuchen. Auch mit ihm. Man konnte ihn nicht wirklich verdammen, auch sich selber gegenüber nicht, denn sein Unglücklichsein, seine Selbstdisziplin und sein angeborener Mut hielten einen zurück – mich zumindest. Und er konnte reden. Da hatte man von Anfang an schlechte Karten. Man kann nicht sagen, daß er ein Scharlatan war. Ich habe mir immer gesagt, er kann nicht klar denken und ist eine Gefahr für sich und andere. Aber angesichts seines Zaubers wurde selbst Klarheit wertlos, und ich war wie ein Tourist, der einen Wasserfall bemängelt – aber warum müssen ehrliche Menschen auch ein Naturschauspiel aus sich machen.«

Daß er das Leben als großes Problem ansah, das durch Willenskraft bezwungen werden muß, statt als eine Reihe von vernünftigen Entscheidungen, war wirklich ein Schwachpunkt in Ludwigs Persönlichkeit. (Düsternis und Stürme kannte er inzwischen, doch Karte und Kompaß lehnte er ab aus Furcht, zu viel zu spät zu erfahren. Vielleicht – wahrscheinlich – war ein Scheitern ohnehin unausweichlich. Aber man mußte weitermachen.) Wie bei so vielen anderen war das auch seine Haltung der Politik gegenüber, als ob man einer wirtschaftlichen Depression mit den gleichen Mitteln beikommen könnte wie einer geistigen. Seine Selbstunterordnung war die andere, damit in Verbindung stehende Eigenschaft, die beides zu einer fragwürdigen Haltung vereinte. Alle seine Siege waren Siege über sich selbst, seine Kämpfe waren innere Kämpfe. Die Außenseite waren das Leben und Gott, die man akzeptierte. Und der Nationalsozialismus und Hitler? Das war das Problem. Sein Stoizismus ließ sich wie so manche Spielart des römischen Originals soviel von Gott gefallen, daß Gott und Cäsar fast dasselbe für ihn wurden.

Lebensbejahung – eine positive und allumfassende Lebenshaltung – war das Thema seiner leidenschaftlichen Ansprache eines Montagmorgens Mitte November. Leben! Die ausholende Bewegung seiner Arme drückte Verlangen aus: der verspottete Liebhaber beim Versuch, einen Proteus, Puck, alle ungeduldig lauschenden Jungen zu umarmen. Konnte man von ihm erwarten, daß er die Kirchenfrage objektiv auffaßte? Zunächst einmal gab es nichts, was er tun konnte – nichts, was es wert gewesen wäre, getan zu werden, ja nicht einmal ausgesprochen zu werden. Er hatte keine Kanzel. Außerdem konnte man nicht – außer im Geheimen – zwischen völliger Annahme und völliger Ablehnung wählen. Wenn man zu 60 Prozent dafür war, mußte man die 40 Prozent in seiner Brust verbergen oder so wenig wie möglich darüber sprechen. Im günstigsten Falle war man sonst gegen seinen Willen heftigem Widerstand ausgesetzt. Versessenheit würde einen negativ und bruchstückhaft werden lassen wie den guten Stein. Was würde dann aus der Verpflichtung werden, die Jugend zu begeistern und sie mit dem Wunder Gottes zu erfüllen, beziehungsweise mit dem Wunder des Lebens? Denn Ludwig war nicht dogmatisch.

Aber Überzeugungen lodern mächtig auf und verlöschen spurlos. Sie auszusprechen, gibt klare Vorstellungen und kompromittiert den Sprecher, fand Götz. Ludwig hatte sich niemandem gegenüber wirklich offen ausgesprochen, und statt klarer zu werden, wurde die Angelegenheit mehr und mehr vom aufbrausenden Grollen des Unterbewußten übertönt. Überdrüssig und verunsichert von der langen Dauer der Debatte und der verwirrenden Plausibilität der staatlichen Propaganda wußten viele nicht mehr, worum es eigentlich ging. Und Ludwig war mit Leib und Seele Deutscher. Immer mehr und fast ohne es zu bemerken, näherte er sich einer Position, die verdächtig der der ›Deutschen Christen‹ ähnelte. Noch wurde er sich mit Erschrecken der Gefahr bewußt und warnte sich und andere davor, dennoch war sie da.

Seit seiner Konfirmation zu Ostern interessierte sich Götz für Religion, oder vielmehr seit den Stunden, die ihn darauf vorbereitet hatten. Die Zeremonie wurde ihrem Namen gerecht, stärkte sie ihn doch gegen die ersten Stürme, die seine spirituelle Sicherheit erschütterten. Eine Zeitlang hatte er vor bestimmten Büchern, die ihn sehr verunsicherten, Angst, und ein junger Ungläubiger in der Hitlerjugend hatte ihn fast zum Aufschreien gebracht. (Er konnte ja verstehen, daß der Bursche seinen Glauben verloren hatte, aber warum war er darüber so froh und voller Bekehrungseifer, als ginge es um Abnehmen ›in vierzig Tagen‹ wie bei den grinsenden Idioten in der Werbung?) Doch diese Krise der Dünnhäutigkeit ging vorüber, als ob der zugefügte Schmerz neue Hautschichten hätte wachsen lassen. Plötzlich konnte man sich wieder Büchern und Menschen stellen. Die konkreten Widersprüche mit dem Staat halfen – halfen, von Gott wieder zur Erde zurückzukehren, oder brachten *Gott* wieder auf die Erde zurück. Wenn Gott Freiheit bedeutete, dann existierte Gott als Prometheus oder Christus, nicht als Zeus oder Cäsar.

Ludwig und er befanden sich unvermeidlich auf verschiedenen Seiten – zumindest solange Götz so jung war. Ludwig hätte zurecht sagen können, daß Götz noch nicht wisse, was er wolle, daß er bloß mit Vorstellungen spiele. Oder er hätte sagen können, daß nur Junge und Oberflächliche in der Lage waren, einen einzigen Punkt so ernst zu nehmen. Die Tiefschürfenderen, die Reiferen, die Dichter und Priester waren dagegen überwältigt von dem schrecklichen, allumfassenden Geheimnis des Universums. Wenn er ein oder zwei Minuten mit Götz allein war, spielte er stets darauf an, ohne den Jungen dabei anzuschauen, und auf eine gewisse Art melancholisch in Gedanken verloren, die Götz ausweichend vorkam. Er sagte zum Beispiel, man dürfe Politik nicht mit Religion verwechseln. Wahrscheinlich zurecht nahm er an, daß Götzens innerliche spirituelle Krise sich äußerlich in einem politischen Thema manifestierte, daß aus Pastor Niemöller mehr ein Symbol für größere Liberalität als für das Christentum geworden war. Der Junge konnte nicht verhindern, daß der Schalk in seinen Augen den Ernst des Themas Lügen strafte. Natürlich wußte Ludwig, daß er eigensinnig war, ein *Trotzkopf* – und hätte deshalb wissen müssen, daß nichts mehr geeignet war, ihn zum Fanatiker zu machen, als die Vermutung, er widersetze sich um des Widersetzens willen.

Ironischerweise war es gerade die Sorge um Götz, die Ludwig schließlich dazu brachte, ihm offen und ehrlich abzuraten – Sorge, verstärkt durch einen schmerzlichen Schock. In einer anderen Klasse hatte es einen Jungen namens Simon gegeben. Er war einer der Anführer in der Hitlerjugend gewesen und wollte Pastor werden. Im Zuge der Manie des zwangsweisen Erstellens von ›Ahnentafeln‹ war es seinen Eltern vergangenes Jahr unmöglich gewesen, ihm länger zu verbergen, daß er zu einem Viertel Jude war. Er verließ die Hitlerjugend, wurde zum Fanatiker in der Kirchenfrage und quälte – es gab kein anderes Wort dafür – Ludwig jede Stunde damit. Sein Betragen wurde unbeherrscht und unberechenbar. Ohne Vorwarnung schmiß er ein Buch quer durch den Raum und wurde unverschämt, wenn er gerügt wurde. Einige Lehrer meinten, das wäre bloß das Heranwachsen, die *Flegeljahre*. Andere meinten, es läge am gemischten Blut, das sich stets bemerkbar mache. Es überraschte sie nicht, daß Simon plötzlich in ein ›Heim‹ gesteckt wurde.

Aber all das konnte Ludwig Götz natürlich nicht erklären, und deshalb mußte sein Abraten wie eine persönliche Abfuhr wirken. Verletzt und verwirrt hörte Götz auf, nach Minuten des Alleinseins mit Ludwig zu streben. Verletzt und verwirrt lauschte er an jenem Montagmorgen der Ansprache über *Lebensbejahung*, das ›größere‹ innere Opfer und die ›tückische‹ innere Versuchung. Seiner, ja aller Ansicht nach schien Ludwig manchmal mit einer bestürzenden Offenheit, ja Kühnheit zu reden. Wo der Zusammenhang von Denken und Tun zerstört ist, ändern sich die Verhältnisse des menschlichen Verstandes; der Rand des Abgrunds wirkt fern und nebelverhangen, und sie glauben, eine lange und kühne Exkursion gemacht zu haben, wenn sie hingehen und nur mal hinunterschauen.

»*Und dennoch sagen wir – Ja!*« Das war der Höhepunkt. Er war mitreißend. Dennoch, *Jasager* war ein Ausdruck der Verachtung, den die Jungen besonders gerne auf Lehrer anwandten – auf Klinge zum Beispiel. Warum sollte ein *Dennoch-Jasager* etwas Besseres sein? Warum stand Ludwig da, heroisch und triumphierend, wie ein Schwimmer, der gegen eine Woge ankämpft? Hatte er nicht aus der Schwäche eine Tugend gemacht und diese zur Glückseligkeit erhoben? Denn Schwäche war es gewiß, im günstigsten Fall Hilflosigkeit, im schlimmsten Fall Feigheit. Aber Ludwig war kein Feigling. Er hatte in Finnland dem Tod ins Gesicht geschaut, und er würde ihn morgen für das Vaterland sterben. Und dennoch – dennoch spürte Götz, undeutlich, zögernd, eine furchtbare Unaufrichtigkeit darin. Ludwig hatte von dem ›Führer‹ in einem Ton gesprochen, den Götz verabscheute.

Das war zum Teil David Beatons Schuld; denn der hatte Ludwig im Lehrerzimmer mit einer Bemerkung über Niemöller provoziert. ›Er benutzt eine Seele in Not wie eine Art gutes Blatt beim Bridge‹, hatte Ludwig erbost gedacht. Ebenso hatte er auf die Konzentrationslager angespielt, doch das hatte Ludwig, der an ihre Existenz nicht glaubte, viel weniger berührt. Beaton hatte die Bemerkung über Niemöller nicht direkt an Ludwig gerichtet. Sie kannten sich ja kaum. Sie umschlichen sich sozusagen noch im Lehrerzimmer, witterten mit sicherem Instinkt den gleichfalls Leidenden, den Komplizen, den Rivalen. Sie hatten alles und nichts miteinander gemein, so daß sie selbst später, als sie sich ihrer Rivalität und weitgehenden Meinungsverschiedenheit bewußt waren, es nie über sich brachten, sich zu hassen. Das verwirrte beide gleichermaßen, war es doch anscheinend ein Beweis für die Aufrichtigkeit ihrer Gefühle und Ansichten, die eine Verständigung nahelegte, wo doch keine möglich war. Bei Diskussionen wurden sie boshaft und brutal, als ob sie diese doppeldeutige Verbindung zwischen ihnen ein für allemal zerschlagen wollten. Simple Gefühle sind ein Ersatz für komplexere. Es haßte sich leichter, wenn man absolut nicht einer Meinung war.

Aber all das kam später, und außerdem ahnte Götz davon nichts. Er wußte bloß, daß er verwirrt war, Klarheit brauchte, mit jemandem reden mußte. Er wollte jetzt, was er unbewußt im ersten Gespräch getan hatte, aber natürlich war es aussichtslos. Er sprach nie über die Dinge, über die er sprechen wollte. Als er am Ende des Unterrichts vor der Schule auf den Engländer traf, spielte er trotzdem mit dem Gedanken, mit dem Thema fortzufahren. Von diesem Halifax, der sich gerade mit Hitler traf, hieß es zum Beispiel, daß er religiös sei und Interesse an solchen Sachen habe. Aber der Engländer sprach zuerst.

»Komische Ansprache heute morgen.«

Das war nicht der rechte Ausdruck. Götz merkte, wie er sich verhärtete.

»Wie meinen Sie das?«

»Oh, so dramatisch. Aber das sind sie alle – der Direktor und Puchner und so weiter. Man hat eher den Eindruck einer Laienpredigt.«

Die wohlwollende, unbewußte Geringschätzung stachelte Götzens geballten Unmut an.

»Halten Sie in England keine Ansprachen?« fragte er mit beißender Unschuld.

»Doch, natürlich. Aber es ist unmöglich, sich dabei so zu ereifern, sonst rebelliert die Zuhörerschaft. Es ist komisch. Wir sprechen immer davon, daß die Franzosen leicht erregbar sind; den nordischen Menschen hält man für phlegmatisch und – *wortkarg*, das ist das rechte Wort, aber alle diese Reden sind zu pathetisch und dauern zu lang.«

Götz, dem Ludwigs Redekünste an diesem Morgen auch auf die Nerven gegangen waren und der niemals eine von Hitlers Weitschweifigkeiten durchhielt, obgleich er ihre Emotionalität anders als sein Vater nicht verabscheute, war einen Augenblick lang fast bereit nachzugeben. Stattdessen sagte er, während er fast körperlich spürte, wie sich in ihm etwas seltsam krümmte: »Mir ist gar nicht aufgefallen, daß Sie phlegmatisch und wortkarg sind.«

»Das habe ich auch nicht behauptet«, sagte der Engländer, und eine leichte Schärfe schlich sich in seine Stimme, »und dennoch - sogar Klinge sagte neulich, daß mein Unterricht nicht *temperamentvoll* genug wäre. *Mehr Temperament, Herr Kollege, mehr Temperament!*«

»Ach, Klinge«, sagte Götz verächtlich. Er erinnerte sich jetzt daran, bei *Le Bon* gelesen zu haben, daß Engländer weniger empfänglich für Massenansprachen seien; Deutsche wurden dort nicht erwähnt. Einen Augenblick lang war er versucht, dieses Fetzchen Wissen zum besten zu geben, aber sein Herz verschloß sich wieder, und erst sehr viel später entdeckte David Beaton, daß Le Bon eines der ›nie vermuteten‹ Bücher war, die ›dieses alberne deutsche Kind‹ gelesen hatte.

»Und dann«, fuhr der andere fort, »diese Vorliebe fürs Unverständliche, für Wörter wie *Lebensbejahung* –«

»Was ist damit?«

»Oh, es ist nicht bloß ein Wort, es ist eine generelle Sinngebung. Und das nicht bloß, weil ich Ausländer bin. Französisch ist nicht so. Alle diese Leute lieben Keyserling und Spengler –«

»Ich mag Spengler.«

Der Engländer blieb stehen und starrte Götz an.

»Hast Du wirklich Spengler gelesen? Du?« Er lächelte ungläubig.

Sehr ernst und würdevoll erwiderte Götz: »Ja, als ich letzten Sommer krank war, habe ich ihn gelesen.«

»*Mein Gott!*« - er dehnte den Ausruf unangenehm -, »aber erzähl' mir jetzt nicht, daß Du viel davon verstanden hast. Ich jedenfalls nicht.«

Diese Bemerkung sowie das begleitende Lächeln waren zweifellos gedacht, Götz von seinem hohen Roß herunterzuhelfen; der aber ging nicht darauf ein. Er hatte im Spengler bloß geblättert, ihn manchmal faszinierend gefunden, oft unverständlich, aber jetzt war er fest davon überzeugt, den

Untergang des Abendlandes von vorne bis hinten mit großem Genuß durchgelesen zu haben.

»Herr Klinge sagt«, bemerkte er, indem er ihn lächelnd nachahmte, »die Engländer sind sehr praktisch, haben aber kein Talent fürs abstrakte Denken.«

Das war natürlich ein Witz. Natürlich. Wer nahm schon den guten Klinge ernst? Aber Götzens Lächeln war hart, und der andere faßte es nicht als Witz auf.

»Wirklich?« sagte er. »Nun, abstraktes Denken ist nicht jedermanns Sache, und seit ich Deutschland kenne, bin ich zu der Überzeugung gelangt, daß nichts gefährlicher sein kann als ein ganzes Volk, das meint, ›tiefsinnig‹ zu sein und ein Talent für abstraktes Denken zu haben. Die Hälfte davon ist so abstrakt, daß es gar nicht existiert – wie des Kaisers neue Kleider. Deutschlands intellektuelle Heuchelei ist genauso gefährlich wie die Bigotterie in England. Welch ein Unglück für Deutschland, daß Philosophie und Musik als seine Spezialgebiete gelten und die deutsche Dichtung ein bloßes Anhängsel, nicht hinreichend erdverbunden ist. Ich kritisiere nicht die Dichter, aber ich mag nicht, was dabei herauskommt. Jeder muß in die Oper gehen und vorgeben, sie zu mögen. Jeder muß Kant und Nietzsche gelesen haben und vorgeben, sie zu verstehen. Und wie leicht verwechselt man Gefühlsregungen mit Verständnis. Tiefschürfend? Nicht jeder kann tief schürfen, aber jeder Scharlatan kann im Trüben fischen und einen guten Eindruck hinterlassen. Ich weiß nicht, vielleicht bin ich zu oberflächlich –«

Er hatte sich wieder beruhigt und seine Stimme wurde freundlicher, als er – ein wenig nebenbei – den schwer verdaulichen Brocken abmilderte. In Götz tobte ein seltsamer Widerstreit der Gefühle. Wenn er es sich auch nicht eingestand, so war er doch verletzt, wütend und nicht bereit nachzugeben. Aber im tiefsten Innern freute er sich, daß es ihm freistand, oberflächlich zu sein, und daß es Aussicht gab auf eine geistige Existenz fernab vom heiligen Hain und unbeschwert von Wagner, Spengler und Nietzsche.

»Schade, daß Sie uns so sehr verachten«, sagte er, als sie sich trennten. Wieder fühlte er sich, als ob etwas in ihm sich gewaltsam krümmte.

9.

Als er am nächsten Tag einen Aufsatz über das Nietzsche-Thema ›Lebe gefährlich‹ schreiben mußte, kehrte er in Gedanken zu dieser Unterhaltung zurück. Anfangs glaubte er, viel zu sagen zu haben. Hatte er nicht *Zarathustra* und dergleichen gelesen – nun ja, darin geblättert? Aber wie schwierig war es doch, sich zu erinnern und das Gelesene wiederzugeben. Als er angestrengt darüber nachgrübelte, um etwas Unverbrauchtes zu sagen, mindestens einen Gedanken pro Absatz zu haben und dabei Worte wie ›erhaben‹, ›intensiv‹ und ›selbstvergessen‹ wiederholte, fühlte er sich immer mehr wie ein Schwimmer, der versucht, unter Wasser zu bleiben. Noch 45 Meter, noch vier Seiten – ob er es schaffen würde? Uff! Ihm war die Luft ausgegangen, er war wieder an der Oberfläche. Was er geschrieben hatte, war völliger Quatsch. Plötzlich wollte er sich intensiv mit der Fragestellung auseinanderzusetzen, aber jetzt war es zu spät. Es wunderte ihn nicht, daß er den Aufsatz mit dem Kommentar ›dürftig – unklar‹ zurückbekam. Da er sich gerne einbildete, gut in Aufsätzen zu sein, rief dies eine Abneigung gegen Nietzsche hervor, unterstützt von der Erinnerung an die Geringschätzung des Engländers.

Ein Klassenausflug ins Theater, um *Wilhelm Tell* anzuschauen, war ein anderes kulturelles Ereignis in jenen Tagen.

Götzens Reaktion war eher politisch und persönlich als kulturell. Schillers politische Einstellungen waren zur Zeit höchst zweifelhaft: einerseits der berühmte Schwur, der zu ›Ein Volk, ein Reich‹ paßte, andererseits die Sache mit dem Hut, den man grüßen mußte – man konnte sagen, es ähnelte dem deutschen Gruß, besonders auf dem Feldherrnplatz, den manche Menschen mieden. ›Denn er war einer der unseren‹, hatte Goethe gesagt. Aber von wem? Wer machte noch Ansprüche auf ihn geltend? Und wer heute? Das war wie Herr Kerrl, der sagte, daß Christus den Nationalsozialismus nicht verdammt hätte, und das umso eher, wenn man den Bibelforschern mit ihren Zitaten aus der Offenbarung Glauben schenkte. Aber konnte man instinktiv wissen, auf welcher Seite sie standen? Freiheit! ›Freiheit, ein großartiges Wort, wenn es richtig verstanden wird‹. War das von Goethe oder von Nietzsche? Kurt hatte es einmal als Aufsatzthema von Klinge aufbekommen, als der Wind sich zu drehen anfing. Denn Klinge unterrichtete neben Englisch auch Deutsch, und seine desorientierten Aufsatzthemen waren zeitweise so unbeständig wie ein Wetterhahn. Freiheit! Es *war* ein großartiges Wort, jeder benutzte es – die Nazis, die Kommunisten, die Liberalen – und jeder beanspruchte einen Teil davon. War es das? Oder ließ sich die Freiheit stets neue Parolen einfallen, die dann die Tyrannei stets herausfand? Von wem wollte Schiller befreit sein? Von Napoleon – oder war er vorher schon gestorben? Die Nazis beanspruchten ihn ganz gewiß für sich – in der Schulbibliothek gab es ein dickes Buch darüber. Aber Götzens Vater sagte, sie würden nicht wagen, *Don Carlos* aufzuführen, wegen der Stelle über die Gedankenfreiheit. Die Stelle muß ich nachschlagen, dachte Götz.

Die Hauptattraktion des Abends waren die beiden kleinen Söhne des Helden, malerisch zerlumpt, mit rosigen Gliedmaßen, goldgelockt. Sie erweckten in Götz Neid und ließen ihn in ungläubiger Bewunderung Vergangenes beklagen. Sie mußten echt sein, aber solche Jungen sah man auf der Straße nie. Vielleicht lag es an der Kleidung. Doch offenbar betraten sie die Straße nie und lebten in einer eigenen Welt. Aber bestimmt gingen sie in eine Schule für Schauspieler, nicht in eine gewöhnliche. Nun war es zu spät, seine Mutter zu bitten, ihn auf solch eine Schule zu schicken. Ihm traten beinahe Tränen in die Augen über seine verlorene Jugend. Er mochte schön sein, aber nicht mehr auf diese Art, das war vorbei. Sich selber hatte er als Kind nicht gekannt, und jetzt war das Kind tot. Aber er würde diese beiden kennenlernen, er würde irgendwie in ihr Leben treten, er würde sie bis nach Hause verfolgen und sehen, ob sie Vater und Mutter hatten. Aber nachdem er eine Weile vor dem Bühnenausgang herumgelungert hatte, beschämte ihn das Verrückte, das Kindische des Ganzen, und er lief nach Hause, entschlossen, sich dem *Don Carlos* zu widmen. Nachts träumte er von Tell und seinen beiden Söhnen, plötzlich tauchten Ludwig und der Engländer auf, und auf ihn oder seinen Bruder – das etwas verschwommene Ich so vieler Träume – wurde geschossen, der Pfeil traf ihn am Hals – und er wachte auf.

Der Engländer kam nicht mehr in Herrn Klinges Unterricht. Es wäre nicht verwunderlich gewesen, hätte dieser den Stundenplan ändern lassen, um seine Kollegen an dem Nutzen eines ›richtigen Engländers‹ teilhaben zu lassen. Seine eigenen Schüler hatten genug gelernt. Sie hatten gelernt, daß einige von Herrn Klinges Lieblingsausdrücken Engländern ganz unbekannt waren. Was die Aussprache anbelangte, da hatte er sie vor dem Dialekt des Engländers mit dem Hinweis gewarnt, daß er selber sich auf der Insel Wight und in Brighton in der besten britischen Gesellschaft bewegt hatte. Überhaupt schien der Engländer, das Haar in der Suppe eines verallgemeinerten England, zu vergessen, daß das Land Herrn Klinges Eigentum war. Deshalb fragten die Jungen nun mit übertriebener Enttäuschung nach Herrn Beaton und erkundigten sich angelegentlich, ob er krank sei. Nein, sagte Herr Klinge, er ist in einem Lager. »In einem Konzentrationslager, Herr Professor?« Nein, in einem anderen Lager. Das Erziehungsministerium hat ihn dorthin geschickt. Wozu? Er wußte es nicht. Wie lange? Einen Monat? Ah, wie schade.

Aber nun, da er weg *ist*, Herr Professor, finden Sie nicht, daß er komisch ist? Behalten die in England alle ihre Hände in den Taschen? Herr Professor, wir dachten, die Menschen in England kleideten sich gut. Und dieser Dialekt, wo wird der gesprochen? Und was glauben Sie, warum er hergekommen ist? Ist er ein Anhänger Mosleys?

»Über seine politischen Ansichten weiß ich nicht das geringste«, sagte der Herr Professor abweisend und schlug den *Samuel Smiles* auf.

»Biebo weiß Bescheid – Biehl-Bodenhausen weiß Bescheid.«

Das war Lange, natürlich. Nur der konnte so grob sein, und zeitlich hatte er die Opferung des Einen an die Masse ziemlich gut hingekriegt. Eine von Klinges Eigenschaften war Neugier. Seinen Finger im Buch, hielt er mitten in der allgemeinen Aufmerksamkeit inne und sah Götz an.

»Idiot!« fauchte dieser Lange von der Seite an, rot vor Wut. War Klinge nicht beigebracht worden, daß es unhöflich war, jemanden anzustarren? Verzweifelt sagte er: »Wir haben uns bloß einmal auf dem Weg zur Schule miteinander unterhalten!«

Klinge starrte ihn noch immer an. Der Engländer genoß als Neuigkeit eine gewisse merkwürdige Popularität – jüngere Schüler wollten sogar Autogramme von ihm – und Biehl-Bodenhausen war kindisch genug, um stets Aufmerksamkeit erregen zu müssen. Zweifellos hatte er sich Beaton aufgedrängt – natürlich, deshalb hatte Beaton auch nach ihm gefragt, und deshalb wurde er jetzt so schrecklich rot. Nur Gott weiß, was der Mann ihm für Ansichten in den Kopf gesetzt hat, Ansichten, die – wie man aus gewissen Bemerkungen schließen konnte – in Brighton oder auf der Insel Wight nicht vorherrschend waren.

»Ich hoffe«, sagte er, »Du machst Dich mit dieser Neuigkeit nicht wichtig. Du brauchst gar nicht zu grinsen, Lange – ich nehme an, Du steckst da genauso mit drin« – oh, er war gerecht, der Herr Klinge, nahm nicht Partei für Petzer und Schikanierer. »Wenn Du so sehr an englischen Ansichten interessiert bist, solltest Du die *Times* lesen und so gleichzeitig etwas Englisch lernen. Herr Beaton ist vielleicht nicht gerade typisch.«

»Ich war es nicht –«, fing Götz an.

»Nun, ich rede mit euch allen. Persönliches ist interessant, aber irreführend. Herr Beaton ist nur ein Einzelner. Die *Times* –«

»Wird die nicht von Juden gemacht, Herr Professor?«

»Was ist mit dem *News Chronicle*?«

»Was ist mit der *Action*?«

»Das reicht. Schlagt euren *Smiles* auf. . . .«

Nicht typisch? Glaub doch, was Du willst, dachte Götz, glaub doch, was Du willst. Was weißt Du schon von meiner Unterhaltung, von meinem hehren und geheimen Besitztum, wegen dessen ich mich nur vor Idioten wie Dir schäme? Er kam in eine Phase, wo der Engländer bei Abwesenheit ein Held, ein Besitztum war und ein Widersacher, wenn er in der Nähe war. Als er in der folgenden großen Pause die Neugierde jener befriedigte, die etwas Sensationelles und Geheimnisvolles witterten und es in den Ansichten des Engländers zu finden hofften, war er zwischen Diskretion und Prahlerei hin- und hergerissen. Stimmte es beispielsweise, was manche tuschelten, daß er ein *Salonbolschewist* war? Meinte Klinge das? Götz brachte es fertig, das Ausmaß ihrer Bekanntschaft im Unklaren zu lassen, und schwieg verlegen, als sich Lange näherte.

Natürlich sprach Klinge über die Angelegenheit im Lehrerzimmer mit einem Kollegen, und Ludwig bekam es zufällig mit. Deshalb blickte er Götz in der nächsten Religionsstunde mehrmals an, als ob er ihn etwas fragen wollte, sich aber nicht traute, was diesen verlegen machte, ja sogar ärgerte. Wie schwierig doch alles war. Götz wollte nicht schmollen, er wollte bloß seine Würde bewahren und in Ruhe gelassen werden. Doch nach allem, was gewesen war, sah es so aus, als schmollte er. Dieser falsche Eindruck genügte natürlich, alle, beinahe auch Ludwig, zum Schmollen zu bringen, besonders als Götz am Ende der Stunde entfloh, für den Fall, daß Ludwig versuchen sollte, ihn etwas zu fragen.

Die Tage vergingen. Jetzt war es schon Dezember, und bald würde Weihnachten sein. Götz war froh darüber, denn er hatte die Schule so satt wie noch nie, und mehr denn je belastete ihn das Gefühl, daß sich wie jedes Schuljahr Dinge wie Papiere auf einem Schreibtisch angesammelt hatten. Sein Denken glich den Kreisen auf einem Teich, die ein Stein verursacht hat und in die ein zweiter, dritter, vierter Stein geworfen wird, bis die ganze Oberfläche aufgewühlt und unruhig ist, einer Masse unvollständiger und noch nicht bewältigter Reaktionen gleich. Selten hatte Götz Zeit, so wie damals, als wir ihn kennenlernten, ein paar Minuten auf dem Bett zu liegen und etwas zu durchdenken. Darunter litt seine Generation mehr als die Ludwigs. Manchmal kam er nach Hause und wußte, daß ihn im Laufe des Morgens etwas verletzt und etwas anderes gefreut hatte, aber beides war weg, vergessen, ohne durchdacht worden zu sein. Das war ein frustrierendes Gefühl. Es stand zu hoffen, daß man diese beiläufigen Notizen in den Ferien ordnen und korrigieren konnte. In Wahrheit vergaß man sie, was genauso effektiv war.

Auch im Büro des Schuldirektors hatten sich Dinge angesammelt, und auch der war verzweifelt. Er fing an aufzuräumen, und das war indirekt für die *Stürmer*-Episode verantwortlich, die die Rückkehr des Engländers unmittelbar beeinflußte, zumindest was Götz anbelangte.

Die Sache verhielt sich folgendermaßen: Für gewöhnlich ging Götz, obwohl manchmal in Versuchung geführt, schnell an den Schaukästen des *Stürmers* vorbei, die zum Beispiel in der Nähe der Post und des Bahnhofs auf ihn lauerten. Er wich ihnen ebenso instinktiv aus wie Herr Oehme der gesamten Sache, denn sie zeigten wie ein unverschlüsselter Traum das zugrundeliegende Trauma eines Volkes in garstiger Nacktheit. Hastig und in vorauseilendem Gehorsam stimmte er den deftigen Kundgebungen seines Vaters zu, daß der *Stürmer* nur zu einem zu gebrauchen sei – und das war unhygienisch. Dem hätte der Direktor zugestimmt, schließlich war es nicht seine Schuld, daß die Schule jede Woche ein Exemplar bekam. Sie sofort wegzuwerfen, wagte er nicht, da der Hausmeister ein altes Parteimitglied und der Schrecken des Kollegiums war. So bildete sich ein Stapel in einem Schrank in seinem Büro. Dank der Aufräumaktion am Ende des Schuljahres lagen die Zeitungen nun zusammen mit anderen Haufen und Bündeln auf diversen Stühlen in seinem Vorzimmer. Hier entdeckte sie Götz, der eine Nachricht überbringen sollte und ein oder zwei Minuten warten mußte. Sein Blick fiel auf die Schlagzeile des obersten Exemplars: *JUDE VERFÜHRT EINUNDACHTZIG DEUTSCHE JUNGEN – UND MACHT PHOTOGRAPHIEN!*

Aber was hatte der eigentlich gemacht? Was machten diese ›Verführer‹, Röhm, die katholischen Priester und all die anderen? In Götz lag die Neugier im Widerstreit mit der

Furcht, als ob schon das Wissen Verführung war oder ihn als bereits rettungslos Verführten entlarvte. Das Wort ›Verführen‹, gepaart mit Politik und Sex, schien weniger eine einzelne Tat zu benennen als vielmehr eine gewisse innere Verdorbenheit von Jungen, die vielleicht vom Verführer verursacht worden war, vielleicht aber auch nicht. Oft hatte er die absurde Angst, daß man ihn falscher Ansichten wegen als schlecht und innerlich verdorben bezichtigen könnte. Viele Leute, die Witwe, die der ›Christlichen Wissenschaft‹ anhing, und der alte Puchner, schienen anzunehmen, daß man seine Ansichten frei wählen könnte. Götz mochte annehmen, daß der Dämon in ihm sehr mächtig und ebenfalls ein *Trotzkopf* war, denn nichts reizte ihn mehr als der Versuch, etwas zu unterdrücken. Es sah ihm zum Beispiel ähnlich, einem in der Kirche in den Sinn kommen zu lassen, daß auch der Führer sich trotz allem den Hintern selber abwischen mußte.

Er begann zu lesen. War es der Einfluß seines Vaters, daß er sich deshalb gemeiner und bösartiger denn je fühlte und Angst hatte, erwischt zu werden? Der Jude, so schien es, war sehr raffiniert gewesen, fing ein Gespräch an, spendierte dem Jungen einen Kaffee, half ihm bei den Hausaufgaben. ›Manchmal schlich er sich sogar in die nichtsahnende Familie ein.‹ Zuletzt lud er den Jungen ins Hotel auf sein Zimmer ein und machte ihn betrunken. Dann fanden Orgien statt – und es wurden Photographien gemacht. Orgien, mein lieber Götz, Du weißt doch, was Orgien sind? Ja und nein – kann man eine Orgie allein begehen? Und die Jungen waren an Leib und Seele ruiniert. Ach Götz, versuche nicht, ihre irreparable Verstümmelung zu verstehen, die – das versteht sich von selbst – schlimmer ist, viel schlimmer als alles, was der Krieg jemals anrichten könnte.

Er wandte sich erschrocken ab, ihm war schlecht, und viel mehr wußte er immer noch nicht. Das Schlimmste war immer noch unklar, war bloß ein langer Schatten, der nun auf Götzens Tagträume fiel, auf seine Liebe zum eigenen Körper, auf Ludwig und den Engländer. Alles, was sonst eine harmlose Erkältung oder eine flüchtige Gefühlsduselei war, wurde, wenn man gerade etwas darüber gelesen hatte, zum Anzeichen und Symptom für eine Seuche. Und ohne den Rat eines Doktors mußte der Patient selber die Diagnose erstellen.

Die Tür des Büros ging auf. Der Direktor kam heraus, zusammen mit dem Engländer, der seinen Mantel anhatte.

»Nun, wenn es der Vorsteher sagt – Ja, Biehl-Bodenhausen? Du hättest es auf den Tisch legen können – na, ich nehme an, das wußtest Du nicht. Nun gut.«

Der Direktor ging zurück in sein Büro. Gemeinsam verließen die beiden anderen das Vorzimmer. Es war Schulschluß und das Gebäude bereits fast leer.

»Ich muß meinen Mantel holen«, murmelte Götz.

»Ich warte.« Er bestimmte – es war lächerlich –, spielte den Lehrer, während Götz sich schuldig und verwirrt fühlte.

»Ich bin in einem Lager für Lehrer gewesen«, sagte der andere vergnügt, als sie die Schule verließen, »für Englischlehrer. Typen wie Klinge in Sträflingsuniform. Ich weiß immer noch nicht, ob ich Englisch unterrichten oder mir Politik beigebracht werden sollte. Jemand hielt dort eine lange Vorlesung, die uns ›hinter die Kulissen‹ der englischen Politik führte und uns für Spanien, China und Gott weiß was verantwortlich machte. Das war toll. Dann waren die Minderheiten dran, jeden Tag eine andere: Schleswig, Tirol, Schlesien, Memel. . . .«

Götz bemerkte kaum, daß sich die gönnerhafte Schnoddrigkeit wieder einstellte. Er nahm es kaum übel, daß seine Zustimmung als selbstverständlich vorausgesetzt wurde; was hinter dieser Haltung steckte, beschäftigte ihn. Hatte der andere vergessen, wie sie sich zuletzt getrennt hatten? Dachte er, man wäre unsensibel, oder war das alles eine versöhnliche List? Jemand, der trotz geschehener Beleidigung so unschuldig wirken konnte, könnte bei allem unschuldig wirken – oder unschuldig sein?

»Im Januar muß ich in ein anderes Lager«, fuhr der Engländer fort. »Danach komme ich wieder und fahre mit Dir zum Skiausflug – mit Deiner Klasse, meine ich.«

»Mit uns? Ich wußte nicht, daß wir dieses Jahr fahren.«

»Doch, Ihr fahrt mit Kästner, eine Tertia mit Schneider und eine Quarta mit – ich weiß seinen Namen nicht.«

»Verstehe«, sagte Götz und versuchte, all das zu verdauen.

»Über Weihnachten fahre ich nach Wien. Vorher müssen wir noch eine Wanderung machen. Vielleicht besuchst Du mich mal zum Tee.«

Ah, da war's, der spendierte Kaffee, die Hilfe bei der Hausarbeit, der Pferdefuß.

»Ich kann nicht«, sagte er hastig, »meine Mutter sagt, ich muß mehr arbeiten.« Dann, unhöflicher, denn ihm wurde plötzlich bewußt, daß er gewiß das Recht hatte, unhöflich zu sein, fügte er hinzu: »Warum laden Sie nicht Herrn Kästner zum Tee ein?«

»Oh, es ist zwecklos, irgendeinen der Herren Kollegen zum Tee einzuladen. Die haben nie Zeit.«

»Wir sind sehr beschäftigt in Deutschland.«

»Ich weiß. Keine Zeit zum Nachdenken. Die ganze Zeit über in Bewegung. ›Denk an die Bewegung‹.«

Oh, das war lächerlich. Dieser spöttische, neckische Ton, den sie auf ihrem ersten Spaziergang angeschlagen hatten, machte es nun fast unmöglich, Feindseligkeit offen auszusprechen. In diesem Augenblick, als sie an der Straßenecke standen und redeten, kam eine Gruppe Jungen aus der Schule an ihnen vorbei, zwei waren aus seiner Klasse. Sie riefen »Heil Hitler!« mit einer Mischung aus Freundlichkeit und Spott; bei jedem einzelnen war es wohl eher Freundlichkeit, Spott eher in der Gemeinschaft. Der Engländer wurde rot, runzelte die Stirn, lächelte und grüßte nachlässig zurück. Das Gefühl, ausgelacht und zum Narren gehalten worden zu sein, verstärkte Götzens Feindseligkeit sich selbst und dem anderen gegenüber und machte es einfach, diese auch zu äußern.

»Sie machen das nicht gerne«, sagte er spitz.
»Was?«
»Den deutschen Gruß.«
»Man muß mit den Wölfen heulen.«
»Aber es geht Ihnen gegen den Strich.«
»Man gewöhnt sich dran.«
»Aber Sie mögen es nicht.«
Der Engländer runzelte die Stirn. »Warum soll ich das zugeben?«
»Oh, ich weiß nicht. . . . Ich dachte bloß . . .« Plötzlich platzte es aus ihm heraus. »Man kann nicht von Ihnen erwarten, daß Sie es verstehen. . . . Sie denken an die armen Juden und die armen Kommunisten und die schrecklichen Konzentrationslager. . . . Sie sagten, es sind zwei Welten. Nun, das stimmt, und man sollte in seiner eigenen Welt bleiben. Ich möchte nicht nach England, und warum kommen Sie her, wenn Sie Deutschland hassen –?«
»Tu ich nicht. Ich bin wohl gegen Hitler –«
»Ach, das ist dasselbe, und das wissen Sie. Was wollen Sie? Warum lassen Sie mich nicht in Ruhe? Bin ich denn der einzige, den Sie finden konnten, um alles schlechtzumachen? Ist es das, was Sie hören wollen? . . .«
»Was ist los? Ist etwas passiert? Hast Du Angst, ich hätte es jemandem erzählt.«
»Was erzählt? Da gibt es nichts zu erzählen.«
»Nun – das, woran Du denkst.«
»Sie wissen nicht, was ich denke.«

»Nein«, sagte der andere langsam, »nein, das weiß ich nicht. Weißt Du's?«

»Natürlich. Aber Sie haben meine Frage noch nicht beantwortet.«

»Die da lautete?«

Doch die Frage offen und unverhüllt, ohne den Deckmantel eines politischen Zusammenhangs zu stellen, war unmöglich.

»Sie wissen schon.«

»Oh ja, Du hast mich gefragt, was ich will. Klar doch, ich bin ein Spion.«

Er wurde rot und grinste schief, als er das sagte. Flugs war die wieder aufgetauchte Frage vulgär und albern in ein Paar politischer Hosen gesteckt worden, was noch schlimmer war als Nacktheit. Dann schien er es zu bereuen und bereit zu sein, sich der offenbaren Schande ohne Grinsen zu stellen. Er lächelte noch, doch das Lächeln war gefroren. Das Gesicht entschuldigte sich für ein übervolles Herz, wie Lady Macbeth, die für das ›ungebührliche Benehmen‹ ihres Herrn um Verzeihung bittet.

»Nein, ich weiß, was Du meinst. Du meinst, was ich mit Dir vorhabe, was ich von Dir will. Ich mag Dich.«

Das war wie glühendheißes Wasser, das jedes Gefühl betäubte, so daß extreme Kälte und Hitze einerlei waren.

»Aber warum?« hörte Götz sich sagen. »Warum ich? Ich ›mag‹ doch auch nicht Kinder aus der Quinta.«

Nun, da waren freilich die kleinen Tells.

»Ich sehe Dich gerne an«, sagte der andere, rasch und verzweifelt. »Dein Gesicht, Deine Augen. . . . Ich spreche gerne mit Dir. . . .«

»Nein, das geht nicht«, sagte Götz fast unbewußt. »Das geht nicht. Das geht nicht.« Dann lief er weg.

Nein. Das geht nicht, das geht ganz und gar nicht. Da durfte man nicht traurig oder stolz oder froh sein oder sich fragen, ob man unhöflich war – diese Gefühle waren ohne jede Bedeutung. Man mußte wissen, wogegen man war, ohne sich selber im Spiegel anzusehen – denn das war mehr als bedeutungslos, es war böse. Oh, Eitelkeit, Eitelkeit, den Spiegeln war nicht zu entgehen – zwei im Schlafzimmer, einer im Flur, und all die Schaufensterscheiben! Man mußte sich bewußt sein, welche Gefahr im Verzug war, und sich darauf konzentrieren, wenn man überhaupt daran dachte. Bloß – wie sollte man sich auf etwas Imaginäres konzentrieren statt auf das Erfahrene, auf das Ende der Geschichte, statt auf das, was man bereits gelesen hatte? Außerdem, sich das Ende vorzustellen, war entsetzlich, obszön und sogar noch schlimmer als Eitelkeit. Es gab kein Entrinnen, es sei denn, man vergaß, aber das war nicht so einfach, noch nicht einmal, wenn man mit der Hitlerjugend die Wälder ›durchstreifte‹.

»Wie geht's Deinem Engländer in letzter Zeit?« fragte Götzens Vater. Oh je, die Arglosigkeit der Eltern! Oder war möglicherweise die eigene Phantasie schmutzig und auf dem falschen Pfad? Ludwig, die anderen Jungen, man konnte doch nicht alle verdächtigen. Eitelkeit, Eitelkeit, oh Gott, warum hatte er bloß diese Zeitung gesehen?

»Er ist nicht mein Engländer«, gab er gereizt zurück.

»Holla, hat er Dir eine schlechte Note gegeben, oder was?«

Götz suchte verzweifelt nach einem Wink, der seinem Vater helfen würde, ihm zu helfen.

»Er – er wollte mich nicht in Ruhe lassen. Er hat mich für Sonntag zum Tee eingeladen. Ich habe gesagt, ich kann nicht kommen.«

»Nun, das war zu erwarten, nicht wahr? Du hast ihn eingeladen. Du solltest nicht nett sein zu Leuten, wenn Du nicht damit fortfahren willst.«

Sein Vater lächelte, sehr weise, sehr freundlich. Er war natürlich völlig auf dem Holzweg, er ahnte nicht, wie schlecht die heutige Welt war. Doch – wie seltsam, der Engländer lächelte auf die gleiche Weise, es machte einen schwach und glücklich. Er hatte überhaupt keine Ähnlichkeit mit diesem Juden, und außerdem war die Sünde schwarz. Alles war ein lächerlicher Alptraum. Ganz klar. Im Zwiegespräch mit elterlicher Arglosigkeit fiel die Anklage in sich zusammen, zögerte die Erinnerung. Aber, welcher Teufel, welches weibliche Wesen in Götzens Innern wagte es, deswegen enttäuscht zu sein?

»Ich glaube, es wäre eine gute Idee«, sagte seine Mutter, »wenn er Dir während der Ferien Nachhilfestunden geben könnte.«

Nein, wirklich, alles hatte seine Grenzen. »Er fährt nach Wien«, sagte Götz. »Außerdem, ich brauche keine Nachhilfe.«

»Ich dachte, es ist eine gute Gelegenheit –«

»Das denkst aber auch nur Du.«

»Sei nicht ungezogen zu Deiner Mutter.«

»Nun, die Leute würden sich ihre Gedanken darüber machen. Sie tun's ja bereits.«

»Warum? Was?«

»Wir sollen Geheimnisse miteinander haben. Klinge.«

Der Herr Doktor runzelte die Stirn. »Warst du unvorsichtig?«

»Ich – ich glaube, ich war nicht unvorsichtiger als Du.«

Sein Vater lächelte sarkastisch. »Tut mir leid, Götz. Es ist meine Schuld, wirklich. Ich lerne es nicht mehr. Es ist auch egal, was ein alter Mann sagt oder denkt. Aber, schau mal –«

»Ich weiß, ich weiß.« Oh, wie konnte er seinem Vater bloß helfen, ihm zu helfen.

Sein Vater kam zu ihm und strich ihm sanft übers Haar. »Versteh doch Götz, *er* kann nicht wissen, wie vorsichtig man hier sein muß.«

»Wer?«

»Dein Engländer. Ich nehme an, er wird Klinge was gesagt haben –«

»Oh, nein, nicht daß ich wüßte. Aber – nun, die Leute sehen uns zusammen –«

»Ach, dieses verdammte Land! Man wird dafür erschossen, mit dem französischen Botschafter übers Wetter zu reden, und wenn ein Engländer mit einem sechzehnjährigen Jungen spricht, dessen Vater zufällig –«

Nein, um den politischen Deckmantel zu durchschauen, zu dem Götz wieder Zuflucht genommen hatte, war das Urteilsvermögen seines Vaters zu sehr von Politik besessen – hinzu kam noch ein dezenter Anflug egoistischen Verfolgungswahns, denn er hatte, ›gesetzter alter Herr‹, der er war, genug unter kleinlichen Schikanen gelitten. Götz wußte, daß dies ein Schwachpunkt war, dennoch ertappte er sich perverserweise dabei, in seiner Erinnerung die politische Seite jener Unterhaltung zu betonen, die trotz allem nicht nur ein Deckmantel war. Die politischen Gründe für den Bruch, den Streit, was immer es auch war, waren auf alle Fälle greifbar, ob sie nun in der Angst vor den Folgen einer ›Unvorsichtigkeit‹ oder in einer tatsächlichen Meinungsverschiedenheit zu finden waren. Dennoch, damit das Grund genug gewesen wäre, hätte er mehr Furcht oder Widerwillen spüren müssen. Selbst wenn es um seinen Vater ging, begehrte etwas in ihm heftig gegen die Vorstellung auf, daß er vor ›denen‹ Angst hatte. Aber stärkere Abneigung gegen einen englischen *Salonbolschewisten* zu empfinden, hieße sich zu sehr an ›ihren‹ Vorstellungen zu orientieren. Wie frustrierend.

Vor den Weihnachtsferien trafen sie weder in der Klasse noch auf der Straße aufeinander, sahen sich aber mehr als einmal aus der Ferne. Götzens letzter flüchtiger Eindruck war, daß der Engländer während der Zeremonie zum Ferienbeginn mit allen Anzeichen der Aufrichtigkeit *Deutschland, Deutschland über alles* und das Horst-Wessel-Lied sang. Verärgert wandte er sich ab – zuerst wegen des Engländers, dann, als er merkte, daß das ungerecht war, wegen der ganzen blöden Situation, die einen im Ungewissen darüber ließ, was man fühlen sollte.

10.

Einer von Götzens Vorsätzen für die Ferien war, jeden Morgen ein kaltes Bad zu nehmen. Kalte Bäder schienen symbolisch Härte und Reinheit miteinander zu vereinen und waren geeignet, Weichliches und Sinnliches auszutreiben. Doch wenn man danach gerötet vor dem Spiegel stand, war fraglich, ob ihr Nutzen mehr als nur symbolisch war. Aber sie bildeten sozusagen die eine Seite einer Gemütsverfassung, die sich abhärtete und zügelte. Und Götz war ziemlich verstimmt, als seine Mutter mit weiblicher Ignoranz sagte, sie habe noch nie von solch einer Verrücktheit zu dieser Jahreszeit gehört und daß er das Badezimmer übel zurichte, alle Handtücher verbrauche und es deshalb nicht mehr stattfinden dürfe. Damit brachte sie fast den zweiten Entschluß zu Fall, still und umsichtig seiner Pflicht im Haushalt nachzukommen. Oh ja, es war ein ganz schön selbstgefälliges Programm. Was das Lernen betraf, hatte er mehr Erfolg, da er darauf erpicht war, eitlen Gedanken zu entrinnen. Er hatte alle Schauspiele Schillers studiert und auch ein wenig Latein und Englisch.

Auch Weihnachten war nicht mehr das, was es einmal gewesen war. Daß es zunehmend alltäglich wurde, konnte Götz, so sehr er es auch wollte, nicht als bloße Selbsttäuschung auffassen, und fast machte er Hitler dafür verantwortlich, zumindest insofern es ihm unmöglich war zu glauben, daß '33 ein neues und besseres Leben begonnen hätte. Aber immerhin traf sich zu Weihnachten die ganze Familie. Außer den anrückenden Onkeln, Tanten und Vettern, die man das restliche Jahr über nicht sah und auch nicht sehen wollte, waren Götzens Vater und sein älterer Bruder Kurt zu Hause. Kurt hatte über Weihnachten eine Woche Urlaub vom Arbeitsdienst, und Götz freute sich auf ihn. Kurt schrieb die allerkürzesten Briefe, die überhaupt nichts aussagten und zur Formelhaftigkeit neigten. Götzens erwachendes Bewußtsein seiner selbst war dadurch beunruhigt, obwohl er selber auch reichlich dürftige Briefe schrieb – vielleicht wären sie besser gewesen, wenn ihn sein Bruder ermuntert hätte. Er wollte sich jetzt vergewissern, ob sein Bruder noch immer dieselbe Wirklichkeit für ihn besaß, wie früher, als sie noch vereint und nicht in unterschiedliche Richtungen unterwegs waren. Er erinnerte sich, daß Kurt stets ein befremdender Zug von ›großem Bruder‹ eigen war und er ein Schulbeispiel konventioneller Autorität darstellte. Deshalb wollte er ihn wiedersehen. Er wollte auch alles über das Leben im Arbeitsdienst hören, und im Hinterkopf hatte er den Gedanken, daß sein Bruder ihm vielleicht helfen konnte, wo sein Vater versagt hatte.

Aber es war sehr schwierig, Kurt allein zu treffen, und dann fiel es schwer, eine vertrauliche Atmosphäre herzustellen. Alle sagten, Kurt habe sich sehr verändert, sei viel kräftiger und größer geworden. Fast ein Fremder, sagten sie. Für Götz war das ein schlechter Witz. Entsetzt, in Kurt jene männliche Zurückhaltung und Schweigsamkeit anzutreffen, nach der er selber strebte, wollte er es nicht wahrhaben. Er prallte daran ab wie ein Vogel an einer Fensterscheibe. Sicher, sein Bruder war mehr als bloß ein Klassenkamerad. Sie kannten sich schon so lange.

Vielleicht zu lange. Tief in seinem verwirrten Innern begann Götz das Widersprüchliche in der Art, wie seine Familie ihn wahrnahm, zu ahnen. Sie kannten ihn als eine Aufeinanderfolge von Persönlichkeiten, von denen sie den gegenwärtigen, den einzig wahren Götz, nicht trennen konnten. Für sie war er ein Wesen im Werden, er selber sah sich als existierendes Wesen. Für ihn waren seine gegenwärtigen Wünsche und Tränen echt, für seine Familie vermischten sie sich mit dem Wunsch, Autofahrer zu sein, und mit seinen Tränen wegen einer kaputten Puppe. Vielleicht nahm ihn ein neuer Freund besser als seine Familie so wahr, wie er wirklich war, und war vielleicht vertrauter mit ihm als sein Bruder.

›Vertrautheit‹ scheint das beste Wort für das zu sein, was Götz, ohne es zu benennen, im Leben haben wollte, wonach er suchte. Es war das Gegenteil des neuen Einsamkeitsgefühls. Ihn verlangte nach tiefgehender Freundschaft und Menschenkenntnis. Das enttäuschende Treffen mit seinem Bruder zeigte ihm, daß ›Vertrautheit‹, verglichen mit anderen, späteren Erfahrungen, keine Frage der Menge war, der Anzahl der ausgetauschten Worte, der Augenblicke und Erfahrungen. Millionen von Salz- und Zuckerkörnchen können bloß ein Gemisch sein, während ›Vertrautheit‹ eine Verbindung, eine neue Erfahrung der Verschmelzung der einzelnen Elemente war. Natürlich hatte er das meiste mit seinem Bruder gemein, aber nun erschreckte es ihn beinahe, soviel Gemeinsames ohne ›Vertrautheit‹ zu haben, als ob ein Fremder alle deine Briefe gelesen und mißverstanden hätte.

Und irgendwo, noch tiefer in seinem Innern, war es so, als ob ›Vertrautheit‹ körperlich wäre. Die Hände und den Körper seines Bruders kannte er besser als die eines anderen, und sie waren wirklich schön. Aber – eines Tages kam ihm die verstörende Einsicht plötzlich in den Sinn und wurde schnell wieder verdrängt – es gab keine Hände, die er weniger gern spürte, keinen Körper, den er weniger gern ansah. Er konnte davon träumen, in den starken Armen eines jeden beliebigen anderen Mannes zu sterben, aber nicht in denen seines Bruders. Die Vorstellung war fast wie Inzest. Erklärte das sein Gefühl? Oder lag es nicht vielmehr daran, daß sie sich körperlich ebenso wie geistig als wachsende Wesen, Wesen im Werden und nicht als existierende Wesen wahrnahmen; daß die endlos ausgedehnte Zeit sie, anders als Fremde, nicht dazu befähigte, die in diesem Augenblick entstandene Schönheit zu erkennen? Tatsache ist, daß auch aus dieser Richtung ein Teil von Götzens verwirrender Ahnung kam, daß intime Kenntnis ›Vertrautheit‹ unmöglich machte. Dennoch liebten sich die beiden Brüder wie sich selbst. Es war eine gute Mischung, wenn auch keine Verbindung.

Erst am 27. Dezember erreichte Götz die wirklich zauberhafte Weihnachtskarte aus Wien, die einfach mit ›David Beaton‹ unterschrieben war. Die Entfernung und die Zurückhaltung verlieh dem Ganzen unbestreitbar einen gewissen Charme; man konnte sich gefahrlos über eine Eroberung freuen. Trotzdem war er froh, daß er selbst den Briefkasten geleert und niemand sonst die Karte gesehen hatte. Aber die Freude an der Eroberung – oh, es war mehr als das – wollte geteilt sein. Ein überströmendes Glücksgefühl brachte ihn dazu, sanft zu lächeln und ostentativ zu summen und zu pfeifen, als ob er sich gleichzeitig danach sehnte und davor fürchtete, gefragt zu werden, was ihn so glücklich mache. Zugleich mit dem Glücksgefühl wollte er auch das ›Problem‹ zur Sprache bringen, was im Schwall betäubender Wonne einfacher zu sein schien. Er schlenderte ins Schlafzimmer. Kurt zog sich gerade an. Die Karte in seiner Tasche flößte ihm fast den Übermut ein, sie mit einem doppeldeutigen Grinsen einfach hinzuwerfen. Aber sein Bruder sprach als erster. »Erinnerst Du Dich an Eckermann?«

Das war keine Anspielung auf Goethes Gesprächspartner, sondern auf einen Jungen aus Kurts Klasse, der manchmal denselben Zug wie Kurt und Götz genommen hatte. Nahezu unvermeidlich lautete sein Spitzname ›Meckermann‹, denn er war immer gegen alles, war auf eine ganz andere Art als Götz aufsässig, ernst, schnell beleidigt und kleinkrämerisch. Einmal, als er zusammen mit der gesamten Klasse für etwas bestraft wurde, woran er nicht teilgehabt hatte, hatte er sich aus Prinzip geweigert, die Sätze abzuschreiben. Die Strafe wurde verdoppelt und verdreifacht, bis die Sache ein unglaubliches Ausmaß angenommen hatte. Er war es auch, der in Jugendherbergen stets das Essen bemängelte, obwohl er aus einem armen Elternhaus kam. *Intellektuelles Proletariat*, sagten die Lehrer. Zweifellos, er war ›intellektuell‹, aber auf eine Art, die die dem Wort innewohnende Verachtung hinreichend erklärte. Sein Aussehen war wenig einnehmend: ein spitzes Gesicht und schwarze Haare. Götz hatte ihn mit einer Mischung aus Sadismus und Schuldgefühl gehaßt, das sich dadurch steigerte, daß er Haß verabscheute und außer der gegenseitigen Antipathie und der Tatsache, daß der andere ihn verachtete und eifersüchtig auf ihn war, keinen wirklichen Anlaß für dieses konkrete Haßgefühl hatte. Es hieß, Eckermann sei Kommunist, und das machte die Sache nur noch komplizierter. Es irritierte Götz, sich dabei zu ertappen, wie gewünscht auf einen Kommunisten zu reagieren und das Unorthodoxe zu häßlich zu finden, um damit auch nur zu liebäugeln. (Dasselbe galt für so viele Juden.) Götz, der im *Status quo* sozusagen wenigstens Schönheit einsetzen konnte, war so gesehen ein konservativer Rebell und grundsätzlich optimistisch. Eckermann hätte spitzfindig die Frage stellen können, ob Götz seine große Popularität jemals um eines Prinzips willen aufs Spiel setzen würde. Und Götz hätte erwidern können, daß Eckermann gar keine Popularität besaß, die er hätte aufs Spiel setzen können.

»Ja, ich erinnere mich an ihn«, sagte er.

»Er ist in unserem Lager, aber sein Vater setzt Himmel und Hölle in Bewegung, um ihn verlegen zu lassen.«

»Warum?« fragte Götz, wußte die Antwort aber bereits.

»Wir – sie versohlen ihn natürlich –, ganz schön oft. Er hat es so gewollt. Immer schon.«

Bei dieser Vorstellung – harte, rauhe, sonnengebräunte junge Männer aus allen Schichten, der sich windende Hintern des Opfers – durchrieselte Götz ein merkwürdiger Schauder, wie ihn gewisse Beschreibungen in Büchern verursacht hatten, eine Art Verlangen, liebevoll und nicht haßerfüllt geschlagen und doch wieder nicht geschlagen zu werden. Ja, er glaubte an ein ideales Schlagen von der richtigen Person am richtigen Ort, was in der grausamen Wirklichkeit aber nie der Fall war. Dem Ideal würde er zustimmen, keinem anderen. (Er erinnerte sich mit dem Widerwillen eines Künsters an die ärgerliche Unwirksamkeit der wenigen und lange zurückliegenden Hiebe, die sein Hosenboden von seiner Mutter empfangen hatte.) Vielleicht hatte er im Hinterkopf, daß er von Kurts Eröffnung schockiert sein sollte. Als Zeuge wäre er es vielleicht gewesen, aber abgesehen von seinen Gefühlen für Eckermann, die seltsame Trennung von abstraktem und tatsächlichem Schlagen machte es ihm unmöglich, überhaupt irgendeine Erschütterung zu empfinden. Wunsch und Angst mischten sich, als er fragte:

»Was ist mit Dir? Haben sie – ich meine –?«

»Oh, ich komme mit ihnen klar. Ich schreibe ihre Liebesbriefe«, sagte Kurt und sah sich im Spiegel mit einem Ausdruck kalter Genugtuung an, die nichts von dem Gefühl hatte, wenn ›Götz‹ auf ›Biebo‹ blickte. Nein, es gab kein Gefühl – kein offenes und eingestandenes Gefühl – in keiner von Kurts Beziehungen. Der gefühlvolle Götz fühlte sich persönlich abgeschreckt. Er wußte, er würde sein Problem nie mit Kurt besprechen können. Die Antwort, ob prüde oder zynisch, wäre zu einfach oder zu kalt; für Kurt besaß die Hälfte oder gar alle widerstreitenden Elemente, Liebe, Angst, Unwille, richtig oder falsch, keine Bedeutung. Nein, er kannte seinen Bruder nicht und fragte sich gequält, ob es da etwas zu wissen gab oder ob Kurt trotz allem so ›gewöhnlich‹ war wie die meisten in der Schule. Gewöhnlich oder normal – denn jetzt, vermischt mit Reue, Stolz und Neugier, fragte sich Götz, ob er irgendwie ›außergewöhnlich‹ wäre, mit tieferen, heftigeren Leidenschaften – er mochte das Wort ›Leidenschaften‹ –, die allmählich in ihm erwachten und die die anderen niemals erleben würden. Er fragte sich – obwohl er es nicht so nannte –, ob in ihrer eifrigen Niedertracht mehr dumpfe Gleichgültigkeit steckte als in seiner zitternden, bebenden, allzu entflammbaren Scheu. Aber was war mit Kurt? Gab es ›jemand‹ in seinem Leben? Er ist sehr eitel, dachte Götz ernst und spürte, daß Kurts Eitelkeit viel schlimmer war als seine, vielleicht weil sie selbstgenügsam war und ihrem Besitzer keinen Wunsch nach Liebe einflößte.

Sogar was das Aussehen anbetraf, war der Unterschied zwischen den beiden Brüdern auffallend. Wenn Götz einem Teddybär ähnelte, wirkte Kurt mit seinem dunklen, seidigen Haar und dem auf Engländer mongolisch wirkenden, undefinierbaren und typisch deutschen Schnitt der Augen eher katzenhaft. Manchem mochte seine spröde Schönheit bemerkenswerter erscheinen als der vordergründige Charme seines jüngeren Bruders. Götzens kleiner Mund stand oft erwartungsvoll halb offen, wohingegen Kurts Mund breiter war und besonders in letzter Zeit lakonisch zu schnalzen pflegte – er hatte die Angewohnheit entwickelt, Gefühle offenbar auf halbem Wege zu unterdrücken. Das hatte etwas Geheimnisvolles an sich, und einige Lehrer waren der Ansicht, daß in ihm mehr stecke als in Götz. Doch die meisten sagten, daß der jüngere Bruder trotz seiner hoffnungslos ›unsteten‹ Art zweifellos klüger sei.

Aber war Kurt wirklich ein gefestigter, starker Charakter? Er mochte weniger Befangenheit als Götz mitbekommen haben, aber zugleich war deutlich, daß etwas in ihm erschreckt worden und untergetaucht war. Das konnte daran liegen, daß er politische Ereignisse wie die Röhm-Affäre in einem reiferen Alter als Götz mitbekommen hatte. Vielleicht ließ ihn irgendein Schock in seinem sexuellen und emotionalen Werdegang emotional nie so reif werden, wie es Götz vielleicht noch sein würde. Vielleicht paßte er auch nur sein gesamtes Dasein in instinktivem Selbstschutz den Zeiten an, wozu Götz entweder zu halsstarrig oder zu unschuldig war. Dennoch, hinter seiner Selbstsicherheit, seiner Härte mit sich selbst und anderen, seiner völligen Gefühllosigkeit, von einem frostigen Narzißmus einmal abgesehen, spürte man immer noch das verängstigte Kind.

Götz bewunderte seine Stärke, obwohl sie bestürzt machte und abstieß. Es war wie die Bewunderung des Demokraten für den Faschismus, für die Fassade von Harmonie, in die sich die Verachtung für die Sterilität des Ganzen mischte, Verachtung und Zweifel. Kurt ging mit der inneren Opposition autoritär um. Das fiel nicht auf, und ein Psychoanalytiker hätte gesagt, daß es sich schließlich in passivem Widerstand und in Sabotage äußern würde. Götz besaß andererseits die Gefährlichkeit von Dichtern. Platon, der Urheber der Analogie von Mensch und Staat und selbst autoritär, beargwöhnte zurecht die anarchistische Demokratie eines Dichterverstandes, der alles um seiner selbst willen toleriert, sogar die antidemokratischen Elemente einer tyrannischen Liebe oder eines tyrannischen Ästhetizismus, was jeder Art von Autorität entgegenwirkt. . . .

Aber es ist unergiebig, über eine Wesensart wie der Kurts zu grübeln. Man prallt wie Götz an der Fensterscheibe ab. Warum, zum Beispiel, hatte er plötzlich den unglücklichen Eckermann erwähnt? Götz wußte es nicht, aber es blockte seine Vertraulichkeit ab, die Karte blieb in der Tasche.

Nur einmal, am Morgen seiner Abfahrt, gab Kurt wirklich etwas von sich preis. Seufzend und mit verstörtem Gesichtsausdruck, als ob er sich selber damit abfand, etwas nicht zu verstehen, sagte er: »Man hat es wirklich gut. Wenn man sich daran gewöhnt hat, will man überhaupt nichts anderes mehr. Bloß manchmal hat man ein seltsames Gefühl, als ob man etwas vergißt und sich wünscht, eine einzige Stunde Zeit zu haben, es zu finden – zu regeln – ich weiß nicht. Doch wenn man mal eine Stunde frei hat, merkt man, daß es nur so ein Gefühl war. Tatsächlich weiß man manchmal nicht, was man mit seiner Freizeit anfangen soll. Man denkt, man schreibt einen langen Brief, und merkt dann, daß man überhaupt nicht schreiben will. Nein, ich kann nicht sagen, was ich eigentlich meine.«

»Ich glaube, ich kenne das«, sagte Götz schnell, »aus den Lagern und Jugendherbergen – ich meine, wenn wir alle zusammen wegfahren. Wir fahren nächsten Monat nach Hohenfelsen.«

Das war alles. Kurt fuhr ab und ließ eine neue Einsamkeit zurück.

Außer der Weihnachtskarte kam noch eine Einladung von Fritz Wolf zu einem Abschiedsabend. Herr Wolf, ein jüdischer Bankier, war vor zehn Jahren Patient bei Götzens Vater gewesen und offenbar völlig wiederhergestellt. Die Familie war überaus dankbar, und Götz und Kurt waren oft zum Spielen mit Fritz, dem einzigen Sohn, eingeladen worden. Er war in Götzens Klasse, und deshalb war es nur natürlich, daß Götz häufiger zu Besuch war. Manchmal machten sie ihre

Hausaufgaben zusammen bei Fritz. Und nun war Herr Wolf in die Schweiz emigriert, und seine Frau und sein Sohn sollten ihm im neuen Jahr folgen. Deshalb der Abschiedsabend.

Götz, der Juden nicht mochte, mochte Fritz, nicht nur weil er mit seinem blonden Haar und seinen blauen Augen nicht sehr jüdisch aussah, sondern auch weil er ihn nicht in Verlegenheit brachte. Er zeigte weder Selbstmitleid noch unwürdige Unterwürfigkeit. Auch kränkte er Götz nicht wie der dicke, dumme Marx mit einer wahrhaft plumpem Tumbheit. Sein Betragen wies einzig eine winzige Spur höhnischen Humors auf, die alles Mitgefühl des feinfühligen Rebellen in Götz weckte. Tatsächlich war er sowohl bei den Jungen als auch bei den Lehrern sehr beliebt. Er erzeugte ein angenehm warmes, nicht zu heißes Mitgefühl wie das Mitgefühl für eine Krankheit, die nicht widerlich, auffällig oder tödlich ist – und sie waren ihm dankbar, daß er, ohne allzusehr zu schockieren, bewies, daß dieser Nerv noch nicht tot war. Er war ebenso etwas für den Verstand wie fürs Herz. Er war der nette Jude, die unvermeidliche Ausnahme, der die unsinnige Regel gerade durch das Nichtvorhandensein des Vorurteils bewies.

Für Götz war Fritz nicht auf diese Art ›nützlich‹, er rechtfertigte mit dieser Ausnahme vielmehr den Widerstand gegen eine Regel, die seinem Vater zufolge Unsinn war. Obwohl das Vorurteil wissenschaftlich angeblich nicht haltbar war, schloß er sich dem Vorurteil an und hatte stärker als bei irgendeinem seiner anderen ›Standpunkte‹ ein Gefühl der Perversität. Nichts konnte an der Tatsache etwas ändern, daß er Fritz mochte, aber insgesamt geriet das jetzt mit anderen Beweggründen völlig durcheinander. Hinter Götzens Loyalität steckte vielleicht mehr Stolz als Liebe, mehr Selbstachtung als Mitgefühl. Aber zum Stolz als Wächter des Gewissens und

Bewahrer der Tugend ist zu sagen: er bewacht und bewahrt, obwohl das Ergebnis manchmal ein wenig nach Metall schmeckt. Er selbst war schon zu alt, zu kompliziert, als daß seine Loyalität eine unmittelbar kindliche Regung, eine *Selbstverständlichkeit* gewesen wäre. Doch unverbrauchte christliche Tugenden verdarben schnell in der Atmosphäre jener Tage.

Es war peinlich, als Mama Wolf so einen Wirbel um ihn machte und ihn zu einer Art Unschuldsengel stilisierte, der aus Herzensgüte und Zuneigung gekommen sei. Er hatte keine Zuneigung für sie. Sie war schrecklich, sie machte, daß er sich schuldig, verärgert und verlegen fühlte. Und ganz im Gegensatz zu Fritz zerfloß sie so sehr vor Selbstmitleid, daß es Götzens arischen Sadismus weckte. »Schrecklich, schrecklich«, wiederholte sie, »die Stadt verlassen zu müssen, in der man sein ganzen Leben zugebracht hat und wo man so glücklich war.« In ihren Augen standen Tränen.

Götz fand es nicht schrecklich. Sie war reich, das Haus war prächtig und von einem gewissen fremdartigen Luxus, der ihn empörte. Es stimmte, sie konnten nicht ihr ganzes Geld mitnehmen, aber dennoch – Mama Wolfs Vorstellungen von Elend fand er ein wenig lachhaft. Götz kam nicht umhin zu denken, daß es Leuten wie ihr nicht schaden könnte zu lernen, wie gewöhnliche Menschen – zum Beispiel Götzens Eltern – zu leben.

Sie erzählte Geschichten von den Plagen verschiedener Bekannter, nicht um sich zu trösten, sondern um ihren Tränen neue Nahrung zu liefern. Es waren Erzählungen über die Emigration, nicht über Konzentrationslager. »Landwirtschaft in Palästina. . . . Und er hatte so einen schönen Hutladen.« Das beeindruckte Götz keineswegs, er fand Landwirtschaft viel interessanter als Hutläden.

»Laß uns in mein Zimmer gehen«, sagte Fritz plötzlich, als sie zum zweiten Mal davon zu reden begann. Sie gingen. Das

Zimmer war bereits fast leer, ein Geigenkasten und ein Klavier fielen ins Auge.

»Spiel was für mich«, bat Götz, um das Schweigen zu beenden.

»Ja, Du magst Musik, nicht wahr?« sagte Fritz lächelnd zu Götz, der nicht ganz ohne Freude errötete. Alles war plötzlich selbstverständlich, denn Fritz behandelte ›Biebo‹, wie alle ihn behandelten. Man mußte nicht an mehr Zuneigung glauben als da war; sie war groß genug, um den Besuch zu rechtfertigen.

Fritz spielte. Er war der beste Musiker in der Schule. Er spielte ein wenig Liszt, zum einen, weil er für dessen Extravaganz eine verschämte Vorliebe hegte, zum anderen, um das Kind mit Feuerwerken zu amüsieren, und auch um ein wenig anzugeben.

»*Donnerwetter!*« sagte Götz mit aufrichtiger Bewunderung. »Ich wünschte, ich könnte so spielen.« Er wünschte sich wirklich häufig, ihm stünde dieses Ausdrucksmittel für machtvolle, jedoch undefinierbare Gefühle zur Verfügung.

Fritz spielte noch etwas – etwas Heiteres von Mozart und ein wenig Bach, in Götzens Kopf wechselten sich angenehme Gedanken ab. Es war gut gewählt. Sie waren beide glücklich.

»Ich nehme an, für meine Mutter ist es anders«, sagte Fritz plötzlich, als er zu spielen aufgehört hatte. »In ihrem Alter muß es viel schlimmer sein als in meinem.«

Mama Wolfs Kummer war Götz vollkommen gleichgültig, aber daß er Fritz nie wiedersehen würde, machte ihn traurig. »Du mußt mir schreiben«, sagte er.

Fritz lächelte, nickte und hämmerte auf dem Klavier, um seine Gefühle abzureagieren. Er war sich so sicher gewesen, daß es ihm nichts ausmachen würde, und nun hatte ihn dieser Abend mit Götz wie seine Mutter empfinden lassen.

Diese Traurigkeit prägte den restlichen Abend und verfolgte Götz auf dem gesamten Heimweg, untrennbar vermischt mit dem hartnäckigen Gefühl, daß Mama Wolf nicht einmal ahnte, wie gut sie es hatte.

11.

»Ich schreibe diesen sehr persönlichen Brief aus Wien, wo ich mich für kurze Zeit frei genug fühle, um mich ernsthaft ein wenig zu analysieren.

Ich gebe zu, Deine Antwort auf meinen letzten Brief hat mich irritiert. Du scheinst mir zu unterstellen, ich täte absichtlich etwas Leichtsinniges und Idiotisches, wo es mir doch völlig ›unabsichtlich‹ vorkommt. Vielleicht ist es meine Schuld. Ich habe geschrieben, als ob ich in einem großartigen Vergnügen schwelgen würde und schockieren wollte – ich nehme an, ich wollte so versuchen, Vernunft, Willenskraft und Humor walten zu lassen und die Leidenschaft im Zaum zu halten. Etwas durch aufrichtige Beschreibung und ironische Bemerkungen zu bewältigen und eine Geschichte zu eigenen Ungunsten zu erzählen, war und ist, glaube ich, einer der Hauptgründe für's Schreiben. Auf diese Weise bekommt der Erzähler ein wenig von dem zurück, was der Leidende gibt. Es nimmt die Kritik vorweg und bändigt den Wahnsinn.

Du hast Dich natürlich nicht verstellt. Du bist dagegen – und erweckst so in mir überhaupt erst Widerspruchsgeist. Ich habe gebeichtet, um die Absolution zu erhalten und die Genehmigung, auf meine verrückte Art weiterzumachen. Ich wollte wahrscheinlich ein bißchen Mitgefühl, nicht sachlichen Rat. Mir war das nicht bewußt, als ich es schrieb, aber jetzt ist es mir klar.

Das klingt, als ob ich verrückt sein will, als ob ich vorsätzlich eine interessante Erfahrung suchen würde. Ich nehme an, die Niederschrift bringt es mit sich, daß es so klingt; ich kann kaum eingestehen, daß ich hoffnungslos der Leidenschaft verfallen bin. Gott, wie lächerlich doch all die Phrasen sind, die man in dieser Situation gebraucht, wie dumm all das Gerede ist, wo man doch ganz einfach sagen sollte: ›Ich bin verliebt‹. Daß die Leidenschaft so unorthodox ist, beweist allein schon ihre Echtheit. Nicht ein Schwarm verkupplungssüchtiger Tanten hat mich beschwatzt und zu einer unaufrichtigen Affäre verleitet, nein, es ist einfach passiert – zum erstenmal und ziemlich überwältigend.

Natürlich beruhen Deine Einwände nicht auf irgendeiner pseudo-moralischen Basis. Du würdest mir mit denselben Argumenten des gesunden Menschenverstandes auch eine verheiratete Frau oder eine Prinzessin ausreden. Doch trotz Deiner Toleranz und Großmütigkeit, glaube ich, kommst Du nicht dagegen an zu denken – ein klein wenig zumindest –, daß diese unorthodoxe Leidenschaft Absicht sei. Und meine Art und Weise, darüber zu schreiben, verstärkt diesen Eindruck noch. Aber wie soll ich Deiner Meinung nach sonst darüber reden? Nun, ich versuche diesmal, ernster zu sein.

Du fragst, was mit Renate ist. Die Frage kann ich Dir jetzt beantworten. Ich kam hierher, um eine Antwort zu finden. Und gerade nach dem Streit mit dem Jungen – der Teufel soll das arme Kind holen! – glaube ich, daß ich wirklich hierher kam, um es zu klären. Ich wollte sie und ihr Geschlecht nicht als eine vom Ehrgefühl diktierte Pflicht ansehen, als einen guten und gesunden Haferschleim, der einem widerstrebenden Kind aufgezwungen wird, das doch lieber Süßes will. Ich kam hierher mit der unklaren Vorstellung, daß ich vielleicht feststellen würde, in sie verliebt zu sein, hatte sie doch schon mit vierzehn Jahren Verlangen und Zärtlichkeit in mir geweckt.

Daß diese Gefühle matt und schwach waren, verglichen mit dem, was ich in den letzten beiden Monaten kennengelernt habe – das, so dachte ich, könnte die Folge von etwas Neuem in mir sein, irgendeine plötzliche Reife. Und sie würde sich auch verändert haben. Oh, das kommt in jedem Roman vor. ›Sie war noch ein Kind gewesen, aber jetzt wurde ihm bewußt, daß sie eine Frau war.‹

Das ist sie jetzt, und das ihrem Geschlecht eigene Bewußtsein zerstört meiner Ansicht nach all ihre Einfachheit. Selbstsüchtig und so sicher, gut auszusehen – aber ich werde nicht damit fortfahren. Kann ein Mann, der zwei Augen im Kopf hat, sie so schön finden wie Götz? Aber über solche Dinge kann man nicht streiten. . . .

Ich nehme an, daß ich, als ich diesmal nach Deutschland ging, mich selbst für einen Amateurjournalisten hielt. Ich würde alles über das Dritte Reich herausfinden und was die Menschen dort denken, sagen und essen. Und ich würde sie bekehren. Ich würde viel arbeiten, neue Ansichten von Klassik und Romantik entwickeln. Aber ich forsche nicht und ich schreibe nicht. Alan hätte jetzt schon herausgefunden, daß die Hälfte der Bevölkerung Kommunisten sind – auf dem Rückweg von Rußland hat er das in Hamburg in vier Stunden geschafft, ziemlich flottes Tempo. Ich führe wirre Diskussionen und habe Kontakte, die ich nicht nutze. Auf alle Fälle war es wohl ein Fehler zu glauben, daß es eine Menge von Fakten gibt, die man bloß säuberlich auflisten muß, oder eine Menge schlüssiger Argumente – suche Wahrheit und biete Wahrheit. Doch das trifft für mich nicht zu. Dieser verdammte Junge bringt mein Leben völlig durcheinander. Absonderlicherweise halte ich alle meine Termine für ihn frei. Am Donnerstag in die Oper? Ja, vielleicht, ich könnte – wer weiß? – an diesem Abend mit ihm in die Oper gehen oder zu ihm nach Hause eingeladen werden. Ich zögere. Und ob ich gehe oder nicht oder bloß trübsinnig in einem Café sitze, macht keinen Unterschied. Es quält mich. Es geht bloß darum, die Zeit von elf Uhr heute bis neun Uhr am nächsten Morgen zu überbrücken wie die Dunkelheit zwischen zwei Fixsternen, die das Tageslicht gewöhnlicher Zeiten und eines normalen Daseins ersetzt.

Also komme ich nicht voran damit, die Wahrheit über Deutschland zu erfahren und Deutschland die Wahrheit zu sagen. Ich spüre sowieso, daß ich für diese Art von Journalismus nicht geschaffen bin. Wenn ich überhaupt etwas herausbekomme, wird es bloß die Wahrheit über und für ein menschliches Wesen sein, denn diese merkwürdige Leidenschaft gibt mir in diesem einen Falle den Willen, wissen zu wollen und zu bekehren. Das Ganze hat seine intellektuelle Seite – eine intensive Neugier, was seinen Verstand anbelangt, und ein intensives Verlangen, ihn zu erobern. Und es ist seltsam, wie dieser lehrerhafte Intellekt manchmal auftaucht und alle anderen Gefühle unterdrückt und ihren Aussichten gefährlich wird. Darum ging es in einem kleinen Streit, den wir hatten.

Alan würde zweifelsohne fragen, wozu zum Teufel ich überhaupt jemanden bekehren wolle – ich, der ich in dieser verwirrenden Atmosphäre, in der es kaum Tatsachen gibt, jeden Tag weniger weiß, was ich glauben soll. Doch es gibt eine Sache, an die ich glaube. Ich glaube an Tatsachen und ich glaube an Logik – deshalb machen mich ungeheuerliche Unwahrheiten oder Debatten rasend. Und ich glaube an Toleranz und Gerechtigkeit und dergleichen. Aber ich komme aus dem Tritt, wenn die Wirtschaft ins Spiel kommt. Ich war niemals wirklich davon überzeugt, daß der Kapitalismus die Wurzel all unseres Übels ist. Aber ich begreife, daß in Deutschland dem Verstand der Menschen etwas angetan wird; dagegen schreit alles in mir auf.

Ich fürchte, Alan wäre mit keinem meiner Nazigegner einverstanden. Gewiß nicht mit dem Vater des Jungen, der von einer Wiedereinsetzung der Hohenzollern durch die Armee zu träumen scheint und glaubt, daß wir nichts gegen einem geläuterten Karl II. von Hohenzollern haben könnten, wenn er bereit ist, nicht wieder auf Beutezug zu gehen. Er möchte die Welt vor 1914 zurück haben. Der Krieg ist in seinen Augen nicht die logische Folge dieser Welt, sondern ein fürchterlicher Unfall – für den er, möchte ich sagen, den Kaiser ebenso wenig verantwortlich macht, wie es Alan tun würde. Seine Haltung zu den Nazis ist ziemlich frei heraus. Sie sind Pack, und Hitler ist ein Verrückter (Du merkst, ich schreibe aus Österreich.) Eine interessante psychologische Frage ist, warum er das erkennt und seine Frau nicht. Vielleicht sollte ich hinzufügen, daß er hin und wieder in eine schwermütig-philosophische Stimmung mit Spenglerschen Anwandlungen verfällt, so daß dann Hitler bloß ein Anzeichen für den Untergang des Abendlandes ist. Aber er verharrt nicht lange in diesem Zustand. Er fängt an, sich Sorgen zu machen über die Zukunft seiner Kinder.

Jetzt, nachdem ich eindeutig abgeblitzt bin, habe ich vor, seinem Sohn eine Weihnachtskarte zu schicken. Tut mir leid, das ist kaum die Gelassenheit von Gefühl und Verstand, die ich Deiner Meinung nach entwickeln sollte. . . .«

12.

Das neunzehnhundertachtunddreißigste Jahr des Herrn und das sechste Hitlers nahm seinen Anfang. Götzens guter Vorsatz war, unausgesprochen, nichts mit Sex und Politik zu tun haben zu wollen. Das wollte unser junger Hippolytos ignorieren; man kann sich das gutmütige Gelächter der verantwortlichen Gottheiten dazu vorstellen. Er würde ein Mittelding von Mönch und vorbildlichem Schüler werden und fing an, eifriger denn je zu lesen – Schiller, Wilhelm Raabe, Bücher über Geschichte, alles, was alt und abgelegen war. Es war zweifelsohne Eskapismus, die letzte Flucht in die Unreife. Er versuchte, die Zeitung nicht zur Kenntnis zu nehmen, oder näherte sich ihr heimlich und behutsam, nahm nur die Schlagzeilen in den Blick, als hoffte er, den Käse schnappen und der Falle entgehen zu können. Doch diese Fluchtversuche steigerten bloß das Bewußtsein, dem er entfliehen wollte; er war wie ein Mann auf einer Insel, der dem Meer zu entrinnen versucht. Und egal, wie alt und abgelegen seine Lektüre auch war, sogar da waren Sex und Politik, Politik und Sex eingedrungen und lagen auf der Lauer.

Existierte die Parallele zwischen Politik und Sex nur für Götz, entsprechend seinem Alter und seinen Umständen, oder ist diese orgiastische Politik ein Zeichen unserer Zeit, des Dritten Reiches, und so saisonbedingt wie Sex – so daß sich jedes Frühjahr die Phantasie der ganzen Welt leichtfertig Gedanken über einen Krieg macht? Noch sollte es keinen Krieg geben, aber die heranreifende Rastlosigkeit im Frühling wurde jedes Jahr spürbarer. Und dieses Jahr begann es früh, so daß der arme Götz ebenfalls früh gegen eine dräuende Atmosphäre von Sex und Politik, von Liebe und Krieg, ankämpfen mußte. Im Februar begann, was die Vergewaltigung Österreichs genannt wird, was wirklich ein weiterer Anschlag auf unser aller – nicht bloß auf Götzens – Unschuld war, eine weitere Korrumpierung durch obszöne Politik, die uns dem Krieg in die Arme trieb. Und die letzte Januarwoche mußte Götz in der Jugendherberge im Gebirge verbringen, weit weg von der Politik, aber in der Nähe von Ludwig und dem Engländer.

Dieses Ereignis – das, anders als die politischen, absehbar war – ließ ihn bei seiner Rückkehr in die Schule schmerzlich, doch nicht erschüttert erkennen, daß andere Menschen es unmöglich machten, der eigenen Vergangenheit und dem Charakter, auf den man festgelegt war, zu entkommen. Man konnte nicht mit der Aufschrift ›von jetzt an Mönch und vorbildlicher Schüler‹ herumlaufen, und deshalb ging die Außenwelt ebenso unsanft mit seinem Vorsatz um wie seine Mutter, die noch nicht einmal das geistige kalte Bad erkannte, das er sich selber verordnet hatte. Und der Verräter in ihm nahm an der Verschwörung teil. Für ihn waren alle kalten Bäder Vorbereitung auf Wärme, war alle Keuschheit im Grunde ein Luxus, den sich die Laszivität leistet, ebenso wie die Bescheidenheit der Luxus ist, den sich der Stolz gönnt. Und in der Tat freute er sich auf das Wochenende im Gebirge ebenso sehr wie er sich davor fürchtete, als ob dort etwas geschehen müsse.

Das Scheitern dieses Vorsatzes machte Götz zum erstenmal die Macht der Masse bewußt, brachte ihn gewissermaßen mit etwas Verdorbenem in Verbindung. Später, wenn man tiefer drinsteckte, kam das Gefühl auf, das Kurt in Zusammenhang mit dem Arbeitsdienst erwähnt hatte. Als sich die drei Klassen am Bahnhof zur Abreise zum Skiausflug versammelten, war es das erste Mal da, und deutlich wurde Götz sich dessen bewußt, als der Engländer mit seinen geliehenen Skiern erschien und die Versammlung – absichtlich? – mit »*Grüß Gott!*« begrüßte. Sie sahen sich kaum an; beide waren übervorsichtig. Und beiden war bewußt, daß es überhaupt keine Begegnung war, daß keiner von ihnen hier allein und unabhängig war.

Als der kleine Zug langsam die Berge hinauffuhr und der Schnee immer höher lag und es auch noch stärker als in der Stadt zu schneien anfing, fühlte er sich, als führe er in eine andere Welt, in eine arktische Zone, die weder Meer noch Land war. Unter dem Schnee könnten Gras und Hecken sein, aber man konnte es sich nicht recht vorstellen; ebensowenig ahnte man, wie diese Dörfer im Sommer aussahen. Jetzt erschienen sie fast wie verlassen, denn auf den versunkenen Feldern gab es nichts zu tun, und die Leute hatten keine Lust, sich auf die steilen, glatten Straßen hinauszuwagen. Und die gedämpften Geräusche steigerten das Gefühl von Isolation. Im Zug und dann auf dem gut drei Kilometer langen Fußmarsch vom Bahnhof bis zur Jugendherberge – wenn solch eine Bummelei und Anstrengung überhaupt Fußmarsch genannt werden konnte – schien die Gruppe von vier Lehrern und sechzig Jungen wie eine Schiffsmannschaft auf langer Reise eingesperrt und vom Rest der Welt vergessen zu sein.

Die Masse war entscheidend. Da war sie, im übertragenen Sinn oder tatsächlich, um das Feuer versammelt, und man konnte sich ihr nicht entziehen. Wenn man schon so weit drinnen war, mußte man noch tiefer eindringen; man strebte auf das Feuer zu, den Mittelpunkt des Ganzen, auf den Typen mit der Ziehharmonika oder was auch immer. Manchmal veränderte sich alles sehr schnell und man mußte sich ranhalten, um nicht zum Außenseiter zu werden wie bei der ›Reise nach Jerusalem‹. Und natürlich war er ›Biebo‹ – oder vielmehr das, was davon übrig war –, spielte eine Rolle und opferte der tyrannischen Menge das letzte bißchen Selbstrespekt. Egal zu welchem Witz oder Thema, stets mußte ein Beitrag geleistet werden. Man versuchte sogar, selbst Mittelpunkt der Masse zu werden, nur um nicht übersehen zu werden. Und manchmal zeitigte das dann um so heftigere Reaktionen.

Wie Götz spielte auch der Engländer eine Rolle, war oft der Mittelpunkt der Masse und erzählte vielleicht irgendeine Geschichte über das Lager, wo die Lehrer wie Sträflinge herumliefen. Er war jetzt für alle die große Neuigkeit, das

Baby, der Clown, was er zuvor allein für Götz gewesen war. Er übersah Götz so vollkommen, daß man fast hätte vermuten können, er und die anderen Jungen bestünden darauf, daß er Allgemeingut war und nicht Götzens alleiniger Besitz. Natürlich war das ein falscher Eindruck, denn nichts war weniger wünschenswert, als vor den anderen besonders auf Götz zu achten. Und Götzens Verhalten gab ihm kein Recht, irritiert zu sein; aber trotzdem war er es. Wie er auf diesen entsetzlichen Spitznamen ›Mister‹ reagierte! Das öffentliche Aufsehen, das sein Herumkaspern auf den Skiern erregte! (Nur dem Aufsehen vergleichbar, das Götz vor zwei Jahren als Anfänger erregt hatte. In der Sporthalle ärgerten solche Sachen Herrn Wagner immer.)

Götz war kein guter Skifahrer, springen konnte er überhaupt nicht. Aber das war auch nicht nötig. Manchmal übten sie auf den einfachen Abfahrten in der Nähe des Herberge. Meistens machten sie Exkursionen zu den ausgestorbenen Dörfern ringsumher, jede Klasse für sich, und vielleicht kam man dabei an einer Schanze vorbei, einer abgeschnittenen hölzernen Konstruktion, an der die kühneren und besseren Skifahrer sich und die anderen eine halbe Stunde lang vergnügten. Die Tage waren ganz angenehm, da der Verstand mit einer Vielzahl von Sinneseindrücken beschäftigt war. Soeben war man auf dem geraden Weg, stapfte mühsam durch den gleißenden Schnee, behielt die Skier im Blick, wie sie sich gegenseitig wie feindliche Kanus oder Wikingerschiffe überholten – ein faszinierendes Schauspiel, wie losgelöst von einem –, und man fragte sich, ob sie wohl jemals stehenbleiben würden. Aber das taten sie natürlich nicht; sie blieben im Takt – links, rechts, links, rechts. Es war nicht wirklich ein Stapfen, sondern eher ein Mittelding aus Stapfen und Gleiten, es wirkte träge, weil man den Fuß nicht hob, aber es ermüdete den ganzen Körper sehr und war ein Genuß – so

machte Wandern Spaß. Vor und hinter einem war jemand
– höchstwahrscheinlich Scott und Amundsen –, der Weg war
endlos, der Verstand betäubt, und man konnte dem Rhythmus – links, rechts, links, rechts – nicht entkommen. Bis man
plötzlich in einem Dorf anhielt und ein wenig rastete,
während man auf die anderen wartete. Oh, genußvolle Pause,
immer noch in Fesseln wie ein Pferd im Harnisch! (Vielleicht
war es gerade dieses Gefesseltsein, das einen so ungewöhnlich
vollständig zum Gefangenen des Körperlichen und der Masse
machte.) Nun stiegen sie hoch, hoben die langen Füße,
frohlockten vor Anstrengung und sahen mit der Genugtuung
eines Brustschwimmers die auf diese Weise erzeugten Abdrucke. Götzens Männlichkeit hatte stets eine heimliche
Freude daran, wenn seine Füße eine Zeitlang von Fußballschuhen oder ähnlichem beschwert waren und polterten
– zweifelsohne ein Überbleibsel von Ahnen in Rüstungen –,
und hier hatte man Skischuhe mit Skiern daran, ein Paradies
für Polterer! Aber hinterher, nach soviel Plackerei und
Hartnäckigkeit, war man so leicht wie Luft. Kopf an Kopf
schnellten die beiden ›Kanus‹ an den Fichten und Kiefern
rechts und links vorbei (begriffsstutzige Zuschauer, die nicht
erwachten, ehe alles vorbei war) und die Abhänge hinunter.
Die nicht so steilen Abhänge waren am besten, man sauste
hinab und prallte sanft auf. Natürlich konnte man immer
noch mit seinem Hintern bremsen, sogar erstaunlich gut, und
man lernte dessen bequeme Effektivität zu schätzen.

So ging jeder in körperlicher Anstrengung und in der
Masse auf, jede Minute wurde gewissermaßen den anderen
geopfert, sie war nicht wider Willen verplempert worden und
doch – nun, wie Taschengeld, das in eine Sparbüchse kam. In
gewissem Sinne besaß man es, es nützte einem aber erst später
– vielleicht in der Erinnerung –, wenn es nicht mehr dasselbe
war. Man könnte sogar sagen, daß Götz sich niemals wohler

gefühlt hatte, denn ›man fühlt sich wohl‹ klingt oft paradox, da man das ›man‹ beim Genuß vergißt und ›man‹ dann bloß die Erinnerung oder die Vorfreude genießen kann. Aber hier ließ der Ausschluß des ›man‹ in Ermangelung einer stillen Stunde lange auf sich warten und war so umfassend, daß das Gefühl, von dem Kurt gesprochen hatte, sehr stark wurde. In einem gut durchorganisierten Dasein wurde etwas gewissermaßen vergessen, denn wenn man auch nur einen Augenblick auf einer Wiese kampierte, wurde man sofort in die eine oder andere Gruppe delegiert oder man ging von sich aus dahin.

Tagsüber war das Aufgehen in körperlicher Betätigung und in der Masse also nicht unangenehm. Aber die langen Abende, die um vier begannen, in der Masse eingekeilt, unfähig selbständig zu denken oder zu fühlen, hinterließen einen viel bedrückenderen Eindruck. Zwar konnte man in den Schlafsaal gehen, aber dort war es kalt, und schnell trieb es einen zurück in die Wärme der beiden großen Räume unten – zwanzig Mann paßten in den kleineren, wo sich Götzens Klasse mit Ludwig und dem Engländer aufhielt, vierzig in den anderen. Banjos wurden gekitzelt, Ziehharmonikas erklangen, es wurden deftige Lieder gesungen und Karten gespielt. Witze wurden gerissen, man balgte sich, und das Zentrum der Masse wechselte, man ›wand sich durch Labyrinthe aus Wärme und Klang‹. Nach dem Abendessen, manchmal auch davor, las Ludwig voller Leidenschaft aus dem vorgeschriebenen Roman *Das Dorf an der Grenze* – alles über den Kampf der Sudeten. Götz saß in seiner Ecke in der Nähe des Ofens und war wie immer müde und schläfrig, manchmal schloß er die Augen, aber Ludwigs auf- und niedergehende Stimme war wie die Flagge draußen, wie etwas, das im Wind flatterte und sowohl den Schlaf als auch das Ich vertrieb.

Das Innere des Zirkels, der Gruppe wurde von einem Dreieck der offenkundigen Hauptpersonen gebildet: Ludwig, der Engländer und Götz. Nicht nur Götz sah das so, es war eine Tatsache, die mehr und mehr deutlich wurde. Die beiden Männer waren ganz klar Hauptpersonen in einer Truppe von Jungen, obwohl der schmächtig gebaute Engländer anders als der stämmige Ludwig in seinem Skianzug nur schwer von den Jungen zu unterscheiden war. Und was er mit Götz gemein hatte, war in etwa so deutlich wie die Gemeinsamkeiten mit Ludwig. ›Biebo‹ und ›Mister‹ waren Nebenpersonen, die höchstens die ihnen zugewiesenen Rollen spielten. Es wurde immer klarer, daß die Masse entschlossen zu sein schien, sie altersmäßig ebenso wie von der Fähigkeit zum Skifahren her zu den unteren Eckpunkten des Dreiecks zu machen und Ludwig den stolzen und einsamen Platz an der Spitze zuzuweisen – sein Skifahren war einer der Gründe für seine Popularität.

Lange schon war ihre Gleichartigkeit oder vielmehr eine andere, weniger faßbare Ähnlichkeit Teil von Ludwigs komplexer Qual geworden. *Wer das Tiefste gedacht, liebt das Lebendigste* – war insgeheim eines seiner Lieblingszitate. Für Ludwig besaß nicht nur Götz, sondern auch der Engländer eine Lebendigkeit, die seinen Neid weckte, ihn aber gleichzeitig auch anzog. Dabei handelte es sich wohl um eine Illusion, denn sicherlich waren beide nicht die am stärksten vom Instinkt gelenkten und am wenigsten intellektuellen Wesen weit und breit. Dennoch schien es Ludwig, daß der ›lebendige‹ Instinkt der wahre Beherrscher der englischen Seele sei, der eine strenge, unsichtbare Kontrolle über den ›tödlichen‹ Verstand ausübe. Optimismus, Heuchelei und Selbstsicherheit waren nur verschiedene Aspekte derselben Sache. In letzter Konsequenz nahmen die Engländer das Denken sehr gelassen. (Das tat Götz sicherlich auch. Er konnte nicht lange unter Wasser bleiben.) Wenn sie doch bloß die Gedanken in Ruhe ließen und nicht alles mit ihrer Oberflächlichkeit durcheinanderbrächten! Der Engländer machte sich zum Beispiel mit Politik unbeliebt wie ein Kind, das versucht, mit Ansichten Erwachsener zu prunken. Jemand anderer als Ludwig hätte wohl gesagt, daß das zu einem Teil daran lag, daß der Engländer, egal wie ernst das Thema auch war, stets zu versuchen schien, nicht zu ernst zu wirken, um nicht seinen Jugendbonus einzubüßen. Und zum anderen lag es daran, daß sein Deutsch bei schwierigen Themen bemühter, nachgeahmter und unsicherer war – wie die Sprache eines Kindes. Schwierig zu sagen, wie ernst die Jungen seine seltenen Äußerungen zu ernsten Themen nahmen.

Ludwig hatte den Engländer mit gemischten Gefühlen eingeladen, sie diese Woche zu begleiten. Neugier, Trotz, Großzügigkeit und Neigung spielten bei dieser Einladung ebenso eine Rolle wie die Hoffnung, daß etwas geschehen würde – die alte Hoffnung auf einen Höhepunkt, denn seit dem Sohn des preußischen Offiziers hatte ihn niemand so berührt wie Götz. Natürlich konnte dieser Höhepunkt nicht körperlich sein, aber um so mehr schien irgendein entscheidender Sieg in einem geistigen Kampf vonnöten zu sein.

Alle Klassen schliefen im selben Raum in dreißig Doppelstockbetten. Götzens Klasse, Ludwig und der Engländer gingen als erste für eine Viertelstunde in den Waschraum, bevor die nächste Klasse drankam, und so weiter. Götz war immer der letzte, und so wurde gewitzelt, daß er, das Baby, das sich eher zusammen mit der zweiten Klasse wusch als mit seiner eigenen, wohl noch in der Quarta, bei den Allerjüngsten landen werde. Er war natürlich eine privilegierte Person, aber er mißbrauchte sein Privileg nicht und brachte Ludwig nicht in Verlegenheit, dessen Aufgabe es war, die Schüler zum Aufstehen zu bewegen. Doch nicht die Extra-Minuten hielten ihn im Bett, bis die anderen weg waren. Für den Waschraum wechselte man aus dem Schlafanzug in die Skihose, und er haßte es, sich zusammen mit den anderen umzuziehen, besonders in Gegenwart des Engländers. Götz wollte weder, daß der Engländer ihn so sah, noch wollte er ihn so sehen. War es Prüderie oder ästhetische Abscheu, die ihn allein schon den Anblick der anderen in Schlafanzugjacken verabscheuen ließ? Etwas in ihm raunte, daß völlige Nacktheit oder bloß ein Hemd besser wären als diese hastige, häßliche Sache, die den an sich schönen Vorgang des Umziehens durch sinnlose Scham vergeudete. Also kroch er unter seine Decke, und hinter all dem Witzeln der anderen war das prickelnde Wissen darum, daß er ›scheu‹ war. Doch wie wirkungsvoll war dann der Auftritt im Waschraum! Sein schlanker, gebräunter Körper in den ausgebeulten Hosen ließ entfernt an etwas Orientalisch-Romantisches denken, aber der komische kleine Knopf vorne erinnerte mehr denn je auch an einen Teddybär! Lange zeigte eines Tages plötzlich darauf und sagte: »Quiekst du, wenn ich darauf drücke?« – woraufhin Götz rot wurde und wütend seine Skihosen höher zog. Niemals hatte er so deutlich gespürt, wie unmöglich es war, ›Biebo‹ – nun suspekter denn je – zu entkommen, und die zweideutige Scheu, die ihn von den anderen fernhielt, schien eine raffinierte Sinnlichkeit zu sein.

Im Waschraum wurde oft gebalgt, mit Wasser gespritzt und Hiebe auf Rücken verteilt, wobei das Ziel war, jeden einzelnen Finger dem Leib des Opfers einzuprägen. Ludwig machte mit und teilte ebenso gut aus, wie er einsteckte. Auch hierbei hatten der Engländer und Götz etwas gemein, man durfte ihnen nicht wehtun, bei ihnen wurde bloß so getan als ob. Das ist richtig, dachte Ludwig, was den Engländer angeht, er ist ein Gast. Und Götz, fügte er im Stillen mit einer melancholischen Freude über diese Entdeckung hinzu, für die Jungen ist auch Götz ein Gast, als ob er aus England käme. Deshalb kann er lange im Bett bleiben und darf ihm nicht wehgetan werden. Aber das wird nicht ewig so gehen. Wenn er erwartet, in dieser Welt immer wie ein Gast behandelt zu werden, wird er Schwierigkeiten bekommen. Er muß erwachsen werden. Aber wie? Dieser Gedanke war wie ein plötzlicher Zahnschmerz, der auf der Wange Gänsehaut verursacht, und er war froh, daß seine Aufmerksamkeit von der Notwendigkeit abgelenkt wurde, einem rüpelhaften Jugendlichen einen Klaps auf den Kopf zu geben.

Zumindest teilweise war ein Ergebnis von Götzens gutem Vorsatz, daß sein Interesse an der Kirchenfrage nachließ. Die war so bedrückend und verwirrend politisch. Aber diese scheinbare Annäherung ihrer Standpunkte brachte Ludwig keinen Vorteil, ebenso wenig nützten ihm Götzens plötzliche Anfälle von Prüderie, die ihn manchmal heftig zusammenzucken ließen, wenn Ludwig väterlich seine Hand auf Götzens nackte Schulter oder Haar legte. Gewissermaßen war Ludwig mit diesem Zusammenzucken, dieser eindeutigen Zurückweisung von Körperlichem einverstanden; dennoch nahm er es übel und wurde eifersüchtig, nicht weil der Engländer etwa mit solchen Freiheiten durchkam, sondern weil dieser es gar nicht erst versuchte und sich so nie eine Blöße gab. Natürlich hätte er sich das auch gar nicht herausnehmen können, da er nicht wie Ludwig seit langem mit den Jungen vertraut war – für ihn war es keine selbstauferlegte Beschränkung. Obwohl, selbstauferlegt oder nicht, schrecklich war, wie angestrengt er Götz aus dem Wege ging und ihn gleichzeitig mit den Augen verschlang. Wenn Ludwigs unbeholfene, halbherzige Zärtlichkeiten auch Niederlagen waren, so wirkten sie wie Wolken, die an der Sonne vorüberziehen, während Davids Selbstbeschränkung wie eine Glasscheibe war, durch die die Sonne nur um so heftiger brennt. Er wird erster sein, dachte Ludwig – ohne eigentlich zu wissen, was er fürchtete –, seine Glut wird den Jungen vor mir entflammen.

Obwohl Götz und der Engländer eine Rolle spielten, Geiseln der Masse waren, nicht wirklich da waren und sich nicht begegneten, bestand unterschwellig eine wirklich große Nähe wie in einer Liebesbeziehung zwischen Schauspielern, die sich nur auf der Bühne sehen. Wenn sie sich in den Kulissen trafen – vor allem morgens auf der Treppe, wenn Götz spät herunterkam und der Engländer bereits zurückkehrte –, entstand stets ein angespanntes Schweigen, ein gemurmeltes »Guten Morgen«, das, genau wie Ludwig befürchtete, stärker als jedes Anfassen wie eine Berührung wirkte. Es schien, als ob etwas geschehen mußte, irgendeine Veränderung erreicht werden mußte.

Also beobachtete Ludwig die beiden, die mehr und mehr agierten, sich aus dem Weg gingen und sich dennoch, wie es ihm schien, immer näherkamen. Ironischerweise veranlaßte ihn die Tyrannei der Masse, das noch zu befördern. Auch er behandelte sie größtenteils – beim unpolitischen Teil – wie Kinder und Narren, wie von der Disziplin befreite Gäste, denen mehr Freiheiten zugestanden werden. Und dann war da noch seine stillschweigende Übereinkunft mit dem Rivalen und das Verlangen, es irgendwie zur Sprache zu bringen. Die komplexe Situation schien sich seiner Kontrolle zu entziehen und in alle möglichen Richtungen auszuufern. Er spürte, daß er seine Autorität geltend machen mußte. Etwas mußte getan werden.

13.

Aber was konnte getan werden?

Sie hatten oft kurze Streitgespräche, die wie leichte Schauer vorübergingen. Zum Beispiel über Gedichte. Ludwig gab seiner Bewunderung für Byrons *Manfred* Ausdruck, der die »verborgensten seelischen Leidenschaften ungeheuer erregt«. Der Engländer sagte, er bevorzuge den Byron des *Don Juan*, verborgene Leidenschaften zu erregen, sei ihm gleichgültig. Dann gab er irgendwann seine Hochschätzung für Heine kund – für einen Mann, sagte Ludwig, der nie aufrichtige Gefühle zulasse und die eigenen tiefsten Gefühle verspottet habe. Der Engländer sagte, gerade das gefalle ihm.

»Sie glauben, es wird *not done*«, sagte Ludwig, »seine Gefühle ernstzunehmen.« Er sagte die Worte *not done* auf Englisch und brachte damit zum Ausdruck, daß für ihn diese Haltung etwas typisch Englisches war. Seltsamerweise pflichtete der Engländer solchen Anspielungen immer bei. Er sagte etwas von ›Selbstironie‹ – und wand sich, dachte Götz, genauso heraus wie Klinge.

»Mir scheint es«, sagte Ludwig, »daß einem englischen Gentleman beigebracht wird, Angst vor seinen Gefühlen zu haben und sich ihrer zu schämen.«

»Vielleicht.« Schau, da war der englische Gentleman, kalt, korrekt und typisch – sogar für Götz, der es besser hätte wissen sollen –, und der Himmel wußte, inwiefern er eine Rolle spielte.

»Aber warum?« rief Ludwig ungestüm, »warum sollte man sich seiner Gefühle schämen?«

»Vielleicht«, sagte der andere, plötzlich weniger typisch, »ist Ironie eine Form der Rache.«

Und damit hatte dieser kurze Schauer ein Ende. . . .

Götz haßte solches Aufeinandertreffen. Er haßte es, den Engländer vor anderen etwas aussprechen zu hören, was er bisher alleine gehört hatte. Und diese besondere Meinungsverschiedenheit bei dem Thema ›Gefühl‹ weckte schmerzliche Erinnerungen – um so mehr, als Götz immer stärker der Seite des Engländers zuneigte. Mehr und mehr erschien ihm Ludwigs Emotionalität irgendwie falsch.

Jeder Tag begann mit einer fünfminütigen Prozedur vor der Herberge. Man nahm in einer Reihe Aufstellung und stand in der Eiseskälte da, während die Fahne von zwei älteren Jungen quietschend aufgezogen wurde und Ludwig aus einen Buch die Parole für den Tag vorlas und dann »Heil Hitler« sagte. Jeden Abend wurde die Fahne mit einer anderen Parole wieder eingeholt. »Wir glauben«, verkündete Ludwig über den Schnee hinweg, »wir wissen, ohne nachdenken zu müssen, daß das Leben immer im Recht ist; das Leben erschafft immer neue Situationen, läßt neue Feinde auftauchen und bürdet uns neue Aufgaben und Prüfungen auf. ... Heil Hitler!« Götz runzelte die Stirn und wunderte sich, wagte aber noch nicht, eine unabhängige Meinung zu haben.

So wurde es Sonntag, der dreizehnte Januar. Montag nachmittag sollten sie heimfahren. Sie sollten sich am Sonntagnachmittag die jährliche Ansprache des Führers anhören, die aber abgesagt wurde, ohne daß jemand wußte, warum. Eine unausgesprochene Vermutung bedrückte alle. Vielleicht einzig wegen der Anwesenheit eines Ausländers verlas Ludwig eine kurze Botschaft vor den Jungen. Götz wollte nicht zuhören. Er vermied es zuzuhören, wenn sie über Politik sprachen und nicht miteinander diskutierten. Aber an diesem Abend ließ es sich nicht vermeiden. Der Sturm brach los.

Es fing nach dem Abendessen an. Ein Junge hatte eine Frage über Spanien gestellt, und ein kleiner Kreis bildete sich um den Engländer, als der seine absolute Unparteilichkeit in dieser Sache erklärte, herausfordernd selbstgefällig und mit der Hochachtung des Kenners für ein Kunstwerk. Zumindest schien das Ludwig so. Aber hinter diesem unbewußt und unfreiwillig ›offiziellen‹ Engländer verbarg sich erkennbar ein ›inoffizieller‹ mit Sympathien für die spanische Regierung. Ja, dachte Ludwig, mit derselben ekelerregenden, gewissenhaften Toleranz einer ›demokratisch-progressiven-und-so-weiter‹ Regierung. Es war völlig klar, daß Demokratie und Bolschewismus dasselbe waren. Und dann hörte er den Engländer gleichermaßen herausfordernd selbstgefällig sagen, daß er jemanden gekannt habe, der in der Internationalen Brigade zu Tode gekommen sei. Genauso sprach er über Niemöller und über Konzentrationslager. Er benutzte menschliches Leiden und Sterben als Karten in einem Spiel, in einem Spiel des Gewissens. Diesmal haßte er ihn beinahe schon. Er drängte sich in die Gruppe, in der Götz mittendrin, nahe beim Ofen, festsaß.

Der Engländer sprach jetzt vom Bolschewismus, sagte, daß das Wort als Schreckgespenst gebraucht werde. »Dabei hat es gar keine bestimmte Bedeutung, ganz so wie Diphtherie oder Tod.« Er war sich nicht sicher, ob er etwas ›zur Rechtfertigung‹ des Kommunismus sagen sollte.

»Was sind Sie?« fragte Ludwig plötzlich, überrascht von dem harten Klang seiner Stimme.

»Was ich bin?«

»Ja, politisch, meine ich.«

Der Engländer sah aus, als ob allein schon die Frage taktlos wäre – nach allem was er gesagt hatte!

»Ich bin kein Politiker. Aber ich nehme an, ich sollte mich einen Liberalen nennen.«

»Schon wie Sie es sagen, ist reinster Liberalismus. Unter gewissen Umständen, wenn es unvermeidlich wäre, würden Sie sich ohne Überzeugung als egal was bezeichnen, auch wenn Sie wüßten, daß es in Wirklichkeit gar nicht existiert.«

Der Engländer wurde rot. Die Jungen lachten, waren plötzlich auf Ludwigs Seite. Niemals war wendige, kompromißbereite Heuchelei stärker bloßgestellt worden. Aber es ist ungerecht, dachte Götz, der sich sehr unwohl und geistig wie körperlich in die Enge getrieben fühlte. Es ist ungerecht. Aber er konnte er nicht im Geringsten sagen, wieso und weshalb.

»Politischer Liberalismus mag tot sein. Ich bin kein Politiker, doch die liberale Geisteshaltung –«

»Was ist das? Das ist der Luxus, keine Haltung, keine Überzeugung zu haben. Da mag noch etwas ›zur Rechtfertigung‹ des verzweifelten Mannes, der mir die Kehle aufschlitzen will, zu sagen sein –«

»Will er das wirklich? Es ist unsere Pflicht, sich dessen zu vergewissern, nicht wahr?«

Die Diskussion schwebte auf den Flügeln der Analogie ins Abstrakte. Ludwig schlug instinktiv diesen Weg ein, da er sich mit spirituellen, nicht mit konkreten Gegensätzen beschäftigen wollte – dem Gegensatz, wenn man so mag, zwischen sich und dem anderen, nicht zwischen Kommunismus und Nationalsozialismus. Und der Engländer ließ ihn gewähren, teils weil er wußte, daß die Diskussion bald auf Grund laufen würde, wenn sie an Tatsachen festhielten, wenn zum Beispiel Ludwig sagen würde: »Sie wissen nicht, was Bolschewismus ist, denn sie waren '33 nicht hier.« Da endeten so viele Diskussionen.

»Vergewissern!« wiederholte Ludwig. »Das ist der Liberale, wie er leibt und lebt. Wie Hamlet verlangen sie hundertprozentige Gewißheit, bevor sie handeln. Im Leben gibt es das nicht.«

»Ich gebe Ihnen recht«, sagte der Engländer, Ludwig ein wenig atemlos folgend und offensichtlich verwirrt, Skepsis zu finden, wo er fanatische Gewißheit erwartet hatte, »ich gebe Ihnen recht; aber meine Skepsis –«

»– ist eine Ausflucht, nicht zu handeln.«

»Ihre ist eine Ausflucht, nicht nachzudenken.«

»Es ist wichtiger zu handeln als nachzudenken«, sagte Ludwig und steuerte zielstrebig auf ein vertrautes Terrain zu. »Leben ist nicht Gedanke, sondern Tat. Eine bestimmte akademische und geistige Skepsis verneint das Leben. Das ist der Geist des Liberalismus. Es gibt eine tragische Skepsis, die die Unwägbarkeiten des Lebens akzeptiert – das heißt, die das Leben akzeptiert. Das ist der konservative Geist. Die nationalsozialistische Revolution ist eine konservative Revolution, eine Revolution des uneingeschränkten, bedingungslosen Lebens gegen tausendundeine Bedingung und Einschränkung liberalen Denkens.«

Der letzte Satz klingt wie ein Zitat, dachte Götz. Er war eines. Der Engländer sah jetzt beinahe benommen aus.

»Ich bin nicht sicher, ob ich verstehe, was das heißt«, sagte er langsam, »es klingt, als ob Ihre Hochachtung vor dem Leben auch eine Entschuldigung dafür sein könnte, nicht zu handeln, eine Entschuldigung für den Führer, wenn er darin versagt, das Elend abzuschaffen, und eine Entschuldigung für seine Anhänger, die alles, was der Führer tut, als Teil des Lebens akzeptieren und ihn damit zu einem Gott machen.«

Ein Treffer, dachte Götz, ein klarer Treffer. Woher soll man wissen, ob Akzeptanz Mut ist und nicht Feigheit? Er sah Ludwig an, wollte wissen, wie leicht oder schwer ihm die Antwort fallen würde. Aber Ludwig hatte den Schwachpunkt des Satzes sofort entdeckt, und ohne auf den Rest zu achten, stürzte er sich darauf.

»Man kann das Elend nicht abschaffen! Das ist ein liberalistischer Traum. Medizin schafft den Tod nicht ab, ebensowenig wie Regierungen die Armut loswerden oder der Völkerbund den Krieg ausrottet.«

»Auf den Tod haben wir keinen Einfluß, aber auf Krieg und Armut.«

»Wie Sie meinen.«

»Sie wollen sich ja noch nicht einmal mit diesen Ansichten befassen.«

»Nein«, sagte Ludwig, mit grimmigen, gequälten Triumph. »Ich glaube nicht an ihr ›Glück‹, ihre liberalistische Befriedigung der größtmöglichen Menge. Sie degradieren das Leben, wenn Sie Glück zu seinem Endzweck erklären, genau – genau wie die Liebe, das größte Erlebnis im Leben, erniedrigt wird, wenn man sagt, daß sie den Liebenden glücklich machen und ihn wie ein gutes Essen sättigen soll. Was hat Liebe mit Befriedigung zu tun? Ihr wahrer, höchster Sinn kann vielleicht nur durch Entsagung, Selbstbezwingung erreicht werden. Man hört nicht auf zu lieben oder verdammt seine Liebe als sinnlos oder verflucht Gott, bloß weil sie nicht der Vorstellung vom Glück entspricht. Man hört nicht auf zu leben, bloß weil das Leben weit von einem solchen Ziel entfernt ist. Ich – ich weiß das aus Erfahrung. Leben oder lieben ist nicht leicht, so hat Gott das nicht gewollt.«

Als das Wort ›Liebe‹ zu erstenmal fiel, machte Götzens Herz einen Satz und raste dann, bis Ludwig geendet hatte, jede neuerliche Erwähnung des Wortes war wie ein Peitschenknall und das einzige, was er noch vernahm. Der ganze Raum wurde unwirklich. Mehr denn je war es eine eigene Welt, ein Boot aus Wärme und Licht auf einem Meer von Schnee und Dunkelheit. Solche Dinge konnten hier vorkommen. Hier, in der Nähe des Ofens, war es unerträglich heiß. Aber warum sollte er annehmen, *er* wäre gemeint? Ludwig war in seinen Predigtton verfallen, zu dem Wörter wie ›Liebe‹, ›Leidenschaft‹ und ›Leben‹ gehörten, und die anderen Jungen akzeptierten sie wie in einem Schauspiel oder Roman, obwohl sie sie niemals selber gebrauchten. Aber Götz wagte nicht aufzublicken, wußte er doch, daß Lange irgendwo in der Gruppe stand. Er spürte, daß seine Wangen glühten, und bedeckte sie mit den Händen und stützte die Ellbogen auf den Tisch. Wie heiß es war!

»Sie glauben«, setzte Ludwig nach, »daß Gott niemals Begierden, Gelüste gegeben hätte, wenn er nicht gewollt hätte, daß wir sie befriedigen?«

»Ich hatte nicht vor, Gott ins Spiel zu bringen«, sagte der Engländer unbehaglich. Natürlich, dachte Ludwig, natürlich, als ob es taktlos wäre!

»Genau«, antwortete er laut. »Sie verlangen, daß Gott sich ebensowenig einmischt wie der Staat. Sie möchten mit Gott feilschen, ihn nur unter ihren Bedingungen zulassen und ihm sagen: ›Wenn Du mir weh tust, existierst Du nicht.‹ Sie haben Angst vor Gott und vor den Dingen, die von ihm ausgehen – Zeit, Raum, die tiefsten Gefühle der eigenen Seele. Sie sind eine – Unannehmlichkeit.«

Er legte seine ganze Verachtung in das letzte Wort.

»Mein Gott, Sie sind eine Unannehmlichkeit!« seufzte der andere boshaft sachlich und nahm die Rolle an, die Ludwig ihm so verächtlich zugewiesen hatte. »Aber ich sehe nicht ein, warum wir es noch schlimmer machen sollten.«

In dem schnellen Schlagabtausch entstand eine Pause, als ob sich die Redner, nachdem sie einander um all diese Ecken gejagt hatten, fragten, was sie in dieser Seitenstraße machten.

»Haben Sie Platon gelesen?« fragte Ludwig plötzlich.

Der Engländer lächelte breit, grinste fast. Götz fragte sich warum, dann dachte er an das Adjektiv ›platonisch‹, was immer es auch heißen mochte, und verbarg sein Gesicht noch mehr.

»Ich meine seinen *Staat*«, sagte Ludwig.

»Habe ich gelesen.«

»Erinnern Sie sich an den demokratischen Menschen, der alle Begierden und Gelüste gleich behandelt und allen das Recht auf ›Glück‹, auf Befriedigung zuspricht?«

Götz ließ seine Hände auf den Tisch und seinen Kopf auf die Hände fallen, als ob er todmüde wäre oder gespannt zuhörte oder vor dem Geschützfeuer auf dem Schlachtfeld in Deckung ging. Deshalb verpaßte er den nächsten Satz und stellte fest, daß die Diskussion wieder zum Anfang zurückgekehrt war. In der Tat war sie wie viele solcher Diskussionen, war wie ein Labyrinth auf der Rätselseite einer Kinderzeitschrift, wo der Leser falschen Fährten folgt und immer wieder zum Anfang zurückkehrt.

»Ich erwähnte, daß sich etwas sagen ließe, um den Kommunismus zu rechtfertigen. In Rußland würde ich wahrscheinlich sagen, daß man etwas sagen könnte, um den Nationalsozialismus zu rechtfertigen. Aber das, glaube ich, liegt daran, daß der Unterschied zwischen beiden, um den beide Seiten solch ein Aufhebens machen, sich mir irgendwie entzieht. Was ich als liberaler Individualist daran kritisiere, können beide nicht aneinander kritisieren. Wenn Liberalismus und Kommunismus in einen Topf geworfen werden, scheint es mir genauso möglich, Kommunismus und Nationalsozialismus in einen Topf zu werfen.«

Über dieses Paradox lächelten einige und blickten Ludwig an, der deutlich, aber dennoch ausweichend darauf eingehen sollte. Es ließe sich auf Tatsachen wie Lebensstandard, Einwohnerzahlen und Verteilung von Reichtum und Macht hinweisen, aber niemand, noch nicht einmal der Engländer, kannte die Tatsachen. In diesen Untiefen konnte die Diskussion nicht bleiben und machte kehrt. Der großzügige Heißwasserhahn der Abstraktion wurde wieder aufgedreht, und Dampfschwaden ließen die Spiegel beschlagen. Aber das Bewußtsein, daß der tatsächliche Gegensatz nicht recht mit dem geistigen übereinstimmte, verriet sich deutlich in der störrischen Ablehnung, mit der Ludwig antwortete.

»Bolschewismus«, sagte er, sein Kinn vorstreckend, »ist die logische Folge des Liberalismus mit seinen falschen, materialistischen Begriffen von Freiheit und Glück und seiner gleichermaßen falschen Gleichmacherei. Die liberalistische Vorstellung von Freiheit als Flucht vor Verpflichtungen und Verantwortung und von Glück als einer Vorstadtvilla in gleicher

Größe für jeden führt die Menschheit in die Moskauer Sackgasse.«

»Und der Nationalsozialismus?« Ah, er blies kräftig auf den Spiegel! Ja, dachte Götz, was ist mit dem Nationalsozialismus? Er mußte der Diskussion zuhören, seine Konzentration durfte nicht nachlassen. Und er sah vorsichtig auf, als ob er sich hinter einer Hecke vor Reitern versteckt hätte, die ihn verfolgten, und nun sicher gehen wollte, daß sie an ihm vorbeigeritten waren und nicht wiederkommen würden.

»Nationalsozialismus«, fing Ludwig an – was das für ein Zungenbrecher war! – »Nationalsozialismus ist ein Bruch mit der ganzen materialistischen Unaufrichtigkeit des neunzehnten Jahrhunderts, dem Zeitalter der Maschine, der Masse und des ökonomischen Menschen. Dieses Zeitalter diente der Dreifaltigkeit von Materialismus, Rationalismus und Individualismus. Es entthronte das große Unbegreifliche, welches die Menschen Schicksal oder Gott nennen, und errichtete eigene Götzen: Verstand, Materie, Ich. Es ließ nur Materielles und Rationales zu, und seine Begriffe von Freiheit und Leben waren dementsprechend falsch. Es vergaß die große Wahrheit, daß der, der sein Leben rettet, es verliert, daß es ein größeres, mächtigeres Dasein gibt als das auf ein paar Jahrzehnte begrenzte menschliche Erdenleben, daß der Mensch Teil von etwas Größerem ist. Der Materialismus hat verhindert, einen Begriff von Freiheit zu akzeptieren, der im Tod den Höhepunkt, den höchsten Ausdruck von Leben gesehen hätte.«

Ah, was für ein großartiges Bad, was für ein schöner Dampf!

»Aber«, entgegnete der Engländer, »sind denn Männer, die sich Liberale genannt haben, nie für die Freiheit gestorben?«

»Ihr Freund, der in Spanien gestorben ist, hat sich vielleicht Materialist genannt, aber war er wirklich einer?«

»Sie meinen«, fragte der Engländer langsam, nun weniger aggressiv und eher erkundend, »Sie meinen, daß es ein Widerspruch in sich ist, wenn ein Materialist für eine Sache stirbt, wie materialistisch er sich die Sache auch vorgestellt hat?«

»Ja. Sie können beschließen zu sterben, um die Bäuche ihrer verhungernden Kinder zu füllen, Sie können aber nicht beschließen zu sterben, um ihren eigenen Bauch zu füllen. In einer materialistischen, individualistischen Weltanschauung ist kein Platz für selbstzerstörerische Liebe, die einen Menschen dazu bringt, sein Leben für einen Freund zu opfern. Ihre sogenannten Materialisten und Liberalen gehorchten tieferen, verborgeneren Mächten, als sich ihre seichte Weltanschauung jemals eingestand.«

Ah, Tod im Dschungel auf dem Altar in der Wildnis! ›Kein Mensch kennt eine größere Liebe‹ – Götz kannte keine schöneren Worte. Aber er verbarg sein Gesicht wieder, als ob die Häscher auf der Suche nach ihm zurückkehrten.

»Was ist Selbstmord?« hörte er die plötzlich körperlose Stimme des Engländers fragen.

»Selbstmord ist das genaue Gegenteil des Todes für eine Sache. Der eine unterstützt, der andere verleugnet.«

Die Diskussion schien im Nirgendwo festzustecken. Dann kehrte sie zurück zu einer der Kreuzungen im Labyrinth.

»Sie sagen, Glück ist kein Lebenszweck. Was aber sonst?«

»Das Leben selber – das reichhaltigere Leben, wie Christus sagt –, das Leben in all seiner Intensität mit Höhen und Tiefen, Abgründen und Gefahren, Unglück und Größe. Hitler hat einmal gesagt, daß bloß die Seichtheit eines *spießbürgerlichen* Verstandes im Mittelweg den Weg zum Himmel hat sehen können. Ohne Unglück, ohne Elend kann es keine Größe geben. Hunger und Haß haben größere Dinge entstehen lassen als Wohlergehen und Zufriedenheit.«

Christus und Hitler in einem Atemzug! Soweit war es also schon mit Ludwig gekommen! Nein, dachte Götz, diese Vorliebe werde ich niemals teilen.

»Was verstehen sie unter Größe?« fragte der Engländer unbewußt sokratisch. Aber Nietzsche hatte Sokrates und Ludwig hatte Nietzsche gelesen.

»Ah, das fragt ein liberalistisches Verständnis immer«, rief er, »das fragt eine Welt, die Instinkt durch Intellekt ersetzt hat, in der alle Dinge gleich sind, wo der Frühstückskaffee genauso wichtig ist wie alle unergründlichen und verborgenen Geheimnisse der Seele –«

»Ohne Frühstückskaffee, wie Sie das nennen, oder ohne etwas sogar noch Solideres und ohne eine substantielle Sichtweise ist es unmöglich, überhaupt an unergründliche Leidenschaften oder sonst etwas denken zu können. Ohne das kann man weder Literatur noch Kunst noch Musik genießen. So gesehen kommt erst der Frühstückskaffee, und darüber können Sie nicht die Nase rümpfen. Aber natürlich sind die anderen Dinge Elemente individueller menschlicher Glückseligkeit, die Sie als unfein und lächerlich erscheinen lassen wollen, indem Sie sie als ›Frühstückskaffee‹ bezeichnen.«

Ludwig machte eine Geste der Ungeduld.

»Wir messen die ganze Zeit mit verschiedenen Maßen«, rief er. »Verglichen mit Ihnen denke ich in riesenhaften Begriffen. Ich sage das nicht, um mich wichtig zu machen. Es ist eine Tatsache. Sie denken an etwas, was das Glück des Individuums genannt wird. Sie machen Einwände, wenn ich das als Frühstückskaffee bezeichne. Sie sagen, es handle sich möglicherweise um Liebe oder Musik oder um ein Gemälde, und daß ich den Liberalismus mißdeute, wenn ich ihn auf dieses materialistische Niveau stelle. Aber für den Liberalismus *sind* Musik und Liebe und Kunst auf dem selben Niveau wie der Frühstückskaffee. Man genießt es. Mein Gott, was für eine *spießbürgerliche* Vorstellung!«

»Sie versuchen«, fuhr er fort, »diese Dinge in ihrer westlichen, rationalistischen, materialistischen Welt zu zähmen. Sie versuchen, Liebe und Musik und Kunst zu besitzen, anstatt von ihnen besessen zu sein. Auf diese Art können Sie nicht schöpferisch werden, selbst wenn Sie ›genießen‹. Das ist der Unterschied zwischen unfruchtbarer Zivilisation und schaffender Kultur. . . . Ach, Ihre westliche Welt, sie – raubt dem Leben Dimensionen!«

Dem Engländer war schon vorher aufgefallen, wie oft Ludwig – und andere – das Wort *westlich* voller Feinseligkeit und Verachtung aussprachen. Auch hatte er die seltsame Vermischung von mittelalterlicher Atmosphäre und moderner Technik in Deutschland wahrgenommen – und als Illusion abgetan. Nun schien es ihm, als ob diese Atmosphäre von den Menschen selber geschaffen worden war, als ob sie wehmütig der Zeit nachtrauerten, da man in den nördlichen Wäldern scheinbar dabei war, eine eigene Kultur zu erschaffen, eine neue Tiefgründigkeit mit unklaren und unnennbaren Dimensionen. Aber Rom erhob sich von den Toten, entriß ihnen ihre Kultur, gab ihr Formen, zähmte sie – verdarb sie. Die Kinder der Wälder sahen, wie die Erwachsenen, die Erben Roms von Britannien bis Brindisi, eine korrekte, schrecklich falsche Oberflächlichkeit aus ihrer unartikulierten Tiefgründigkeit machten, und waren wie Kinder verletzt, böse und eingeschnappt. Sie fragten sich, ob die wahre Sache vor der endgültigen Zerstörung Roms jemals stattfände. . . . Aber plötzlich verschwand die Vorstellung wieder und schien wieder bloße Illusion zu sein. Er sagte sich, daß er nicht an bestimmte Volkscharaktere glaube. Er widerstand der einschläfernden Wirkung der Illusion, denn das war sie tatsächlich, sie ließ Menschen die ihnen zugeschriebenen Rollen spielen und wurde träumerisch zur Wirklichkeit.

»Man sagt, daß der Nationalsozialismus ein Widerspruch in sich sei, da Sozialismus international sein muß.« Er suchte immer noch nach einem entscheidenden Argument, um die Mauer zu überwinden, die ihm Ludwigs letzter Ausbruch vor die Nase gesetzt hatte, ohne zu bemerken, daß sie absolut keine Berührungspunkte hatten.

»Sie stellen sich Sozialismus in marxistischen, materialistischen Begriffen vor. Unser Sozialismus ist kein Sozialismus des Bauches, sondern des Geistes. In der Volksgemeinschaft findet er eine neue Harmonie, die dem erbärmlichen Mißklang von Millionen von Individuen entgegentritt, die auf der Suche nach dem sogenannten Glück ihren eigenen Weg gehen. Alle Schöpfung strebt nach Einheit. Nicht weil sich jeder als ein Aktionär in einer Art universeller Aktiengesellschaft mit Aussicht auf Dividenden versteht, sondern aus dem instinktiven Verlangen heraus, aus der Verschiedenheit und dem Mißklang der Dinge eine Harmonie zu bilden. Dieses Verlangen ist zu ständigen Rückschlägen und Frustrationen verdammt. Das ist gerade die Tragödie der Menschheit, die es zu akzeptieren gilt. Es kann nicht die Rede sein von ewigem Frieden oder von der Abschaffung des Krieges. Es kann nicht die Rede sein vom Ersetzen der unerschöpflichen und fruchtbaren Unterschiede und Konflikte des Lebens durch einen künstlichen Internationalismus mit künstlicher Sprache – Esperanto oder wie es Ihnen beliebt –«

»Warum sollte Internationalismus«, fragte der Engländer, immer noch unter dem Einfluß seines Nachdenkens über Volkscharaktere, »künstlicher sein als der gegenwärtige Nationalismus? Und, was die Sprache anbelangt, vielleicht wird einmal eine der existierenden ›natürlichen‹ Sprachen universell werden –«

»Englisch zum Beispiel?« lachte Ludwig, und der Engländer wurde rot. »Nein. Letzten Endes werden die Menschen gegen eine Vereinheitlichung rebellieren, die über den gewissen Punkt hinausgeht, wo das Leben ärmer statt reichhaltiger zu werden droht. Sprachen sind genau die Art von wunderbaren und erbarmungslosen Hindernissen auf unserem Weg –«

Dann sprach Ludwig wieder von der Notwendigkeit des Kampfes, der, wie er sagte, die protestantische Lebenseinstellung sei im Gegensatz zur katholischen, die ihr gelobtes Land in der Bekehrung anderer sehe. Er sprach von der Flucht aus dem gelobten Land, vor dem Glück, aus ›schönen neuen Welten‹, die heutzutage weltweit zu beobachten sei. Er sagte, das sei ein Aufstand des Instinkts gegen den Intellekt, der Poesie gegen die Psychoanalyse. Denn Dichter waren schon immer Verschwörer gegen das Glück und den Stillstand. Ob das nicht, fragte er mit kummervollem Stolz, fast eine Definition des Dichters wäre: ein Mensch, zu stolz zum Glücklichsein? (Vielleicht würden eines Tages, nach seinem Tod, seine Gedichte wie *Eros – An einen Jungen – An denselben – An einen anderen* und all das Übrige veröffentlicht werden.) Er griff die Vulgarisierung, die Amerikanisierung des Lebens an, die Großstadt und alle anderen modernen und unnatürlichen Sachen. Geschminkte Frauen zum Beispiel. Frauen sollten ebenso wie Kinder und Tiere, laut Nietzsche, Geschöpfe des Instinkts, der Natur und der Unschuld sein. Oder – anders gesagt – *Wer das Tiefste gedacht, liebt das Lebendigste*. War das nicht eine der tiefgründigsten Wahrheiten überhaupt?

Dann kam irgendwie wieder die Wahrheit ins Gespräch, und plötzlich waren sie wieder am Beginn des Labyrinths, und Ludwig verbreitete sich erneut über die Skepsis der Instinkte.

»Ich akzeptiere, daß alle Wahrheit relativ ist«, sagte er, »ebenso wie ich die Unvermeidbarkeit allen Kampfes akzeptiere und die ewige Niederlage des menschlichen Strebens nach Einheit. Aber ich leugne nicht den diesem Verlangen zugrundeliegenden Instinkt, auch versuche ich nicht, ihm in jedem Falle entgegenzuarbeiten. Der Mensch muß an etwas Absolutes glauben, oder er betrügt sich selbst, seine innersten Instinkte. Aber dieser unser Glaube, unsere Gewißheit, unser Stolz – oh, es gibt kein Wort dafür, es steckt in uns, fernab vom Verstand, der die Worte schafft –, die Überzeugung genügt, und angesichts dieser Überzeugung ist die Wahrheit ohne Bedeutung. Wir wissen, daß es im menschlichen Denken nur Wahrscheinlichkeiten gibt, kleinere und größere Irrtümer. Wir sind demütiger geworden, weil wir die Grenzen des menschlichen Verstandes erkannt haben; aber wir sind auch stolzer geworden, weil die Wirklichkeit hinzugewonnen hat, was die Wahrheit eingebüßt hat. Und die Wirklichkeit stellt des Menschen Stolz, sein Unglück wieder her.«

»Wirklichkeit?«

»Ach, ja, das Tatsächliche, die Wirklichkeit – es gibt kein Wort dafür. Aber der Unterschied zwischen Wirklichkeit und Wahrheit ist der gleiche wie zwischen Instinkt und Intellekt. Es ist eine nationalsozialistische Unterscheidung, die vielleicht auf der Theorie Nietzsches beruhen mag, die aber erst jetzt empfunden und verstanden wird.«

»Ich verstehe.«

»Wir – wir lieben die Wirklichkeit, wir akzeptieren und befürworten ein Leben, das eigenen Gesetzen folgt, ohne nach der Wahrheit zu fragen. Wirklichkeit – Wirklichkeit ist ein gewaltiges Wechselspiel der Kräfte und Leidenschaften dieser Welt, der Kampf des Willens mit dem Schicksal, mit Ereignissen, Bewegungen – Dingen, die der natürliche Mensch nicht ohne Grund schätzt. Wir müssen nicht verstehen, sondern handeln. Die Antworten, die wir auf unsere Fragen bekommen, sind trotz allem rein subjektiv, und wir sind nicht wegen der Antworten hier. Wir sind hier, um etwas zu bewirken, um Entscheidungen zustandezubringen. Einer unserer Schriftsteller hat gesagt: ›Nicht Erkenntnis ist unser Ziel, sondern Effektivität‹. Deshalb sind wir Wahrheiten gegenüber skeptisch, die sich nicht als Wirkungen, Tatsachen, Mächte erweisen.«

Wirkungen! Tatsachen!! Mächte!!! War dieses Crescendo Musik, Philosophie oder Politik? Einerlei, dachte der Engländer, es ist alles große Oper. Was für eine schöne Sprache und wie gefährlich! Es sollte mich nicht wundern, wenn die Großbuchstaben für Substantive etwas damit zu tun haben. Man hört sie ebenso wie man sie sieht. Sie geben ihnen Klasse. Den guten alten Familien wie ›Mann‹ und ›Haus‹ mißgönnt man es nicht, aber in diesem neuen Adel gibt es einige verdächtige Kerle, Adjektive und Verben, die geradewegs in den Hochadel reiner Substantivität aufgestiegen sind. . . .

Wirkungen! Tatsachen!! Mächte!!! Leben, Tod, Leidenschaft, Deutschland, Gott. . . . Götz hatte ein Gefühl, als ob Wogen an die Küste brandeten. Man spürte die Woge in sich aufsteigen und hin zum unerreichbaren Mond streben, zum goldenen Schweigen, zur vollkommenen Kugel – und stets verebbte die Woge wieder und ließ feuchten Sand zurück. Er fragte sich ernüchtert, ob Ansichten für das Leben auch nur den geringsten Unterschied bedeuteten. Man faßte Entschlüsse – kalte Bäder, Kommunismus, Nationalsozialismus –, aber das Leben war stets dasselbe, blieb Sand, der jeden Morgen durchtränkt war von Ansichten, die tagsüber abebbten, auch nach gelegentlichen Hochwassern blieb es Sand mit verebbten Ansichten, die ihn feucht und ungemütlich machten.

Dieser Skeptizismus, was Ansichten anbetraf, entfernte sein Denken einen weiteren Schritt weg von Ludwig und den tiefen, dunklen Wäldern und führte es einen Schritt hin zu der ›Oberflächlichkeit‹ des Engländers. Ludwig griff den Intellekt an, der Engländer verteidigte ihn – das war ganz einfach das verwirrend Paradoxe und Unaufrichtige der ganzen Diskussion. Ludwig war theoretisch und behandelte Ansichten mit tödlichen Ernst, der Engländer war praktischer, empiristischer und vielleicht instinktiver. Daß sich dieser Umstand wie auch die Hälfte aller nationalsozialistischen Tatsachen, die über seinen Horizont gingen, sich in den Dampfwolken der Theorie verloren, lag hauptsächlich an Ludwig.

»Sicherlich«, sagte der Engländer langsam, »zerstört das jede Grundlage für eine Diskussion oder ein Verständnis. Allein intellektuelle Prozesse sind verständlich, nur ihre Ergebnisse – Wahrheiten, nicht Wirklichkeiten – sind mitteilbar.«

»Na und? Das erkenne ich auch an.« Aber er sprach mit einer Spur kindlichen Trotzes, als ob er sich seiner Unvernunft bewußt wäre.

»Tun Sie das? Tun Sie das? ... Sie können es nicht. Sie können im zwanzigsten Jahrhundert keinen Mythos schaffen und dann an ihn glauben. Sie können als Intellektueller nicht zurück zum Instinkt, genauso wenig wie sie wieder Kind werden können. Die ganze Vorstellung, die Faszination existiert nur für einen Intellektuellen und Erwachsenen.«

Ludwig zuckte zusammen.

»Ich persönlich kann vielleicht nicht zurück«, sagte er, »aber das Individuum zählt nicht. Unsere Zivilisation –«

»Wie kann sie ihr Gedächtnis auslöschen? Nicht ohne Zerstörung, vor der Sie selber zurückschrecken. Und dasselbe gilt für Ihre anderen Ansichten. Ihre konservative Revolution bedeutet, die Großstadt Stein für Stein niederzureißen, um zu Steppe und Wäldern zurückzukehren. Tatsache ist, Ihr Ringen mit dem Kommunismus ist nicht zerstörerisch genug. Doch das ist alles Theorie. Praktisch –«

Ja, dachte Götz, nun kommen wir auf den Punkt, alles waren bloß Ansichten.

»Ich wollte sagen«, begann der Sprecher nach einer Pause, »daß es praktisch paradox ist, eine Verleumdung, die strengstens zurückgewiesen werden muß, daß der Nationalsozialismus in der Praxis zahm, *spießbürgerlich*, materialistisch, ›westlich‹ ist, und daß Glück, Frieden und Wohlstand – Brot und Spiele – sein Programm sind. Aber das sehe ich jetzt anders. Ich würde sagen, es gibt zwei Seiten, es zu sehen, zwei Stimmen – Ihre und die andere. Ich denke nicht, daß die andere Stimme bloß die westliche Welt betrügen soll. Ich glaube, der Widerspruch liegt tiefer. Es ist nicht Militarismus, es ist ein deutlicherer Fatalismus als bei jeder anderen Nation. Ihr wollt den Krieg fast so sehr, wie Ihr Frieden wollt, das wißt Ihr. Ihr singt ›Wir werden weiter marschieren, wenn alles in Scherben fällt. Heute gehört uns Deutschland, morgen die ganze Welt!‹ – und während Ihr singt, glaubt Ihr an jedes Wort, besonders an die Welten, die in Scherben fallen. Ihr wollt sterben und Ihr wollt nicht sterben, zerstören und nicht zerstören. In der Praxis bleibt Ihr da stecken, wo der Kommunismus steckenblieb. Die Großstadt ist noch da, die amerikanischen Filme sind noch da, die Oberflächlichkeit, die Werbung sind noch da. In Wirklichkeit habt Ihr mehr Oberflächlichkeit, mehr Werbung denn je im Staat –«

»Ich gestehe, so sieht es momentan für Sie aus. Aber dazu habe ich etwas zu sagen. Glauben Sie mir, es gibt Kräfte in Deutschlands Untergrund, starke Kräfte – der Zerstörung, wenn Sie so wollen, aber auch der Neugeburt, nicht nur für uns, sondern für ganz Europa. Hitler ist vielleicht bloß der Anfang. Und für uns mag die Rückkehr zum Instinkt unmöglich sein, Sie sagen es, aber eine neue Generation wird entstehen –«

»Ist das ein Traum oder ein Alptraum?«

»Es kann wahr werden.«

Er stand da, rot von der Hitze des Raumes und von seinem eigenen Trotz, grotesk und tragisch, der Reiter einer halbherzigen, unfertigen Apokalypse auf dem Pferd Langeweile und Unglück, ein atemloser Tod und eine lahme Zerstörung, unser aller Idol und Feind.

Ist es typisch deutsch, fragte sich der Engländer in Gedanken, sich Alpträume auszudenken und vom Untergang bestätigt zu werden? Zum Beispiel Spengler mit seiner Vorstellung vom Ende der Kultur und der Wiederkehr eines byzantinischen Chaos, der empfiehlt, keine Gedichte mehr zu schreiben und keine Musik mehr zu komponieren, da das Zeitverschwendung sei. Wenn man seinem Rat folgen würde, wäre die Kultur wirklich am Ende. Dann waren da die Rassentheoretiker, die einem sagten, daß es biologisch unmöglich sei, den Abgrund zwischen Juden und Deutschen zu überbrücken. Nun, ob biologisch oder nicht – sie würden schon dafür sorgen, daß es bald unmöglich wäre. Und selbst Marx war ziemlich deutsch, wenn er sich aufs Prophezeien verlegte und sagte, daß soziale Gerechtigkeit nur mit Gewalt durchgesetzt werden könne. Wenn nur genug Leute daran glaubten, würde es auch nicht anders kommen. So würden der Klassen- und der Rassenkampf das Ende der Kultur und das byzantinische Chaos mit sich bringen. Die Vergeblichkeit allen Ringens und all die anderen Alpträume würden wahr werden – und englische Empiriker und Optimisten würden vergeblich ihre Wahrheit in Abrede stellen.

»Wo wir gerade von Träumen reden«, sagte er laut, »ich denke, es ist Zeit, ins Bett zu gehen.«

Das traf zu. Die Gruppe löste sie auf.

»Wer hat gewonnen?« fragte Lange, als er im vollen Flur auf Götz traf.

»Warum fragst Du mich das?« murmelte Götz.

»Nun, Du solltest es wissen. Wie rot deine Ohren sind!«
Er kniff in eines hinein. Götz ruckte seinen Kopf weg, wie ein Pferd, das Fliegen abschüttelt.

14.

Während der Diskussion war Götz immer müder geworden, aber als er im Bett lag, konnte er nicht einschlafen. Vielleicht hielten ihn nicht unbedingt seine Gedanken wach, aber als die Zeit verging und er nicht schlafen konnte, waren seine Gedanken zwangsläufig aktiv. Langes Bemerkung hatte eine Menge von Gefühlen geweckt, die irgendwie von der zweiten Hälfte der Diskussion eingeschläfert worden waren, Gefühle, die um den Eindruck, den Verdacht kreisten, selbst gewissermaßen Gegenstand des ganzen Streits und der Diskussion gewesen zu sein. Er überdachte noch einmal alles. Es schien, als ob Ludwig ihn nur ansehen und vielleicht hin und wieder sein Haar berühren wollte, und daß er seinen Rivalen beschuldigte, mehr zu wollen, ihn, Götz, ›genießen‹ zu wollen. Aber er erinnerte sich nicht genau, und je intensiver er grübelte, desto mehr zerbröckelten die Fundstücke schon beim Versuch einer Ausgrabung, bis plötzlich alles bloße Täuschung zu sein schien, Ergebnis eines fiebernden und verdorbenen Verstandes. Eitelkeit, Eitelkeit, man mußte doch verrückt sein vor Eitelkeit, um solche Gemeinplätze auf sich zu beziehen.

Dann kehrte plötzlich die Gewißheit zurück, daß sie um ihn gekämpft hatten, wenn auch bloß um den Besitz seines Geistes. Menschen waren so, überließen einen nie sich selber. Er erinnerte sich an die Witwe von der ›Christlichen Wissenschaft‹. Er erinnerte sich auch an einen lächerlichen Vorfall in seiner Kindheit. Er war sieben Jahre alt und ging noch zur

Dorfschule. Karl Fischer und Peter Koch waren seine Freunde
– komisch, daß er gerade jetzt an sie denken mußte! Sie
wollten ihn jeder für sich allein, keiner duldete den anderen.
Eines Tages hatte ihn Peter auf dem Weg zur Schule aufgefordert, *sein* Freund zu sein, und er hatte einem lächerlichen
Plan zugestimmt: Götz sollte Karl schlagen, wenn der kommen und auf der von den Dreien am Vortag geschlossenen
Freundschaft bestehen sollte. »Aber nicht unter die Gürtellinie«, sagte Peter, der Götz gegenüber unerträglich erwachsen
tat. Nun, Karl kam auf Götz zugelaufen, nur um völlig
unvorbereitet einen einigermaßen schwachen Hieb in den
Bauch zu erhalten. »Ich habe Dir doch gesagt«, sagte Peter
hart, »nicht unter die Gürtellinie.« Wie lächerlich und
peinlich! Man müßte den Mut haben, diesen Leuten zu sagen,
daß man sich selber gehörte. Dann waren da die beiden
Lehrer. ...

Fast war er bei diesen wenig aufregenden Erinnerungen
eingeschlafen, als ihn ein Geräusch aus dem Dösen riß. Es
kam aus der Ecke, wo der Engländer schlief. Ja, jemand stand
auf. Sein Herz raste, jetzt war er hellwach, er verkroch sich
weiter unter die Decke. Er hörte, wie Schritte sich verstohlen
über den Boden bewegten und näherkamen. Was würde nun
geschehen, oh, was würde geschehen? Und was sollte er tun?
Es wäre schrecklich, alle im Zimmer zu wecken. Schrecklich,
wo doch alles auf dem Spiel stand. Wo das Schlimmste geschehen konnte, wenn er es nicht tat. Nun, vielleicht nicht gerade
das Schlimmste, aber – da stieß etwas gegen sein Bett. Jetzt,
jetzt –

Die Minuten vergingen unter großer Anspannung, die seltsamen Geräusche blieben. Dann wurde Götz klar, daß die
Geräusche von Leuten herrührten, die sich im Schlaf umdrehten, vom Wind, von Mäusen. Als ihm das bewußt wurde,
schämte er sich der Überspannt- und Verdorbenheit seines

Vorstellungsvermögens, doppelt schämte er sich des winzigen Gefühls von Enttäuschung. Oh Gott, was für ein verdorbenes kleines Geschöpf er doch war! Seine Stirn glühte. Er fieberte fast. Wenn er bloß behaupten könnte, wirklich Fieber zu haben, wirklich krank zu sein! Aber sein Körper war gnadenlos gesund, war ein Deich, der nicht brechen und das Land im Wasser untergehen lassen würde.

Er stand auf und ging vor Kälte zitternd zu dem mit Läden verschlossenen Fenster. Warum? Oh, man kann eine Menge von Gründen haben, vernünftige und verrückte, schöne und schlechte. Es war so langweilig, schlaflos dazuliegen; genauso gut konnte man umherwandern. Auch war der Laden lose und machte Krach. Man konnte sich so auch erkälten und Fieber bekommen. Und wenn man wie ein mitleiderregender kleiner Geist bei schwacher Beleuchtung dastand, würde vielleicht jemand aufwachen, herkommen und flüstern: ›Was ist los? Was machst Du? Was hast Du für ein Problem?‹ Und dann könnte man alles, alles sagen.

Er erinnerte sich an ein Schauspiel, daß er letztes Jahr im Theater gesehen hatte. Es ging um eine Frau, von der angenommen wurde, sie wäre eine Hexe, aber in Wirklichkeit handelte es sich um eine Art von Telepathie oder Fernhypnose. Sie hatte auf der Bühne gestanden und sich den jungen Mann, den sie unrechtmäßig liebte und der über ihr schlief, herbeigesehnt, und langsam, langsam, schlafwandelnd kam er. Götz hatte sich gefragt, ob da etwas dran war, und es zu Hause und in der Schule ausprobiert. Er hatte sich zum Beispiel bemüht, Klinge dazu zu bringen, einen bestimmten Jungen bei der Übersetzung dranzunehmen. Es war wohl reiner Zufall, wenn es klappte, und als Klinge zweimal in Folge ihn, Götz, drangenommen hatte, gab er seine dilettantische Beschäftigung mit dem Okkulten auf. Aber nun kam er darauf zurück. Das heißt, er wußte nicht genau, ob er zu

Gott betete oder Telepathie anwendete, er stand bloß da, kniff die Augen zusammen, bis die Stirn wehtat, ballte seine Fäuste und versuchte seinen gesamten Körper und seinen Verstand zum elektrischen Sender eines einzigen Gedankens, eines ausschließlichen Wunsches zu machen – daß jemand kommen sollte.

Es kam jemand. Im Schlaf stand vielleicht der Sklave von Götzens Willen aus seinem Bett auf. Nun fing er an, langsam, langsam den Raum zu durchqueren. Aber was konnte man mit einem Schlafwandler machen, man durfte ihn ja nicht ansprechen, er war so furchtbar wie ein aus der Hölle beschworener Teufel. Und genau das machte er – er beschwor Teufel herauf, wirklicher als die von Faust, in sich selber und in anderen. Verschwinde wieder, verschwinde, ich habe Dich nicht gerufen. ... Da war niemand. Es war die gleiche Illusion wie vorhin. Er kroch ins Bett zurück, erschöpft und kalt, und versuchte aufrichtig – um Vergebung zu beten.

Er war böse, verdorben, verdammt. Was machte es, daß er körperlich unschuldig war, unschuldig in den Augen der Menschen? Sein Gewissen, das mehr wußte oder unerbittlicher war als die Menschen, verurteilte ihn. Und in gewisser Weise war er stolz auf diese Strenge und in seiner Scham fast selbstgerecht. Zugleich fand er es ein wenig ungerecht von den Menschen, mit großer Nachsicht zu seiner Verdammnis beigetragen zu haben. Im Tumult seiner Gefühle griffen sowohl das anklagende Gewissen als auch die verteidigende Selbstachtung die falschen und unlogischen Maßstäbe der Menschen an. Das Gewissen sagte, körperliche Unschuld sei bedeutungslos, wenn der Geist eine kleine Hure ist und weibisch und degeneriert um Aufmerksamkeiten buhlt; darüber hinaus, sagte das Gewissen, könne die körperliche Unschuld noch die Sünden der Grausamkeit und des Egoismus zu denen der Eitelkeit und der Wollust hinzufügen.

Armer Ludwig! War es nicht ein Verbrechen, ihn so zu quälen, so viel scherzend und lächelnd zu versprechen und nichts zu geben? Die verteidigende Selbstachtung entgegnete, es seien die falschen und unlogischen Unterscheidungen der Menschen, die diesen armen Jungen verdorben und irregeführt hätten. Ludwig, *Der Stürmer* und die anderen Jungen hatten den Geist verdorben, weil sie den Körper bevorzugt hatten. Sie überrannten den Geist, annektierten ihn, sie zogen eine monströse Grenze genau um den Körper herum und rechneten es sich zum Verdienst an, sie nicht zu überschreiten. Aber er war verdammt, da gab es keinen Zweifel.

Alle, alle waren verdammt. In dem Maße wie sein Unglück in den schäbigen, leeren Elendsstunden nach Mitternacht größer wurde, gab es das Problem, welches ihn zuerst beschäftigt hatte, nicht mehr. Natürlich hatten sie über ihn gesprochen, natürlich begehrten sie ihn. Darin bestand ihre Verderbtheit, die seine darin, es zur Kenntnis zu nehmen. Alle, alle waren verdorben, nicht bloß er allein. Es war keine Hilfe, keine Entschuldigung, kein Trost, eine vollkommen normale, beschmutzte Existenz zu sein. Das Gewissen war immer noch unerbittlich, auch wenn es alles verdammen mußte.

Als sich jetzt dieser allumfassende Schmutz mit den dunklen Untertönen von Ludwigs Rede mischte, verschlang ihn das blanke Entsetzen völlig, wirbelte um ihn herum und erwischte ihn auf einer Sandbank zwischen einem ödem gelobten Land und einer Welt voller Unglück und Krieg. Natürlich würde es Krieg geben. Natürlich würde es das Unglück immer geben, immer die sterbenden Patienten im Wartezimmer seines Vaters, die auf einmal zehnmal realer waren als vorher. Es fiel schwer, die Dinge jetzt, mitten in der Nacht, nicht so zu sehen, es fiel schwer, Ludwigs düstere Sicht nicht zu akzeptieren, als Tatsache zu akzeptieren. Aber niemals würde er sie in Ludwigs Sinne ›akzeptieren‹. Niemals würde er sich in dieser Kloake suhlen, ›schwarz‹ ›weiß‹ nennen und eines dieser stoischen Kunststücke anwenden. Niemals würde er sich ›gleichschalten‹ lassen, auch wenn alles, selbst Gott, ins System integriert werden und nichts mehr draußen sein sollte, keine einfache, optimistische Demokratie, nirgends. Eher würde er sich umbringen.

Aber morgen, dachte er, als der Schlaf anfing, die schreckliche Vorstellung zu verwischen, morgen kann alles anders sein. Sein Geist entzog sich ein wenig dem überwucherten Grund, der ihn gefangenhielt, und man konnte sehen, daß seine lebhafte Natur bereit war, sobald als möglich an die Oberfläche zu schnellen. Er gehörte nicht dort unten hin, brauchte keine tiefgründige Philosophie. Er wollte vielmehr einen Anstoß. Wie tief, wie wahr auch immer, warum sollte er vor seiner Zeit ertrinken? Und so schlief er ein. Wer immer auch das Streitgespräch für sich entschieden hatte, Ludwig hatte doppelt verloren – verdammt zur Düsternis oder *deswegen* verdammt.

Götz schien kaum geschlafen zu haben, als ihn die Bewegung um ihn herum wachrüttelte.

»Hallo!« sagte Obst unbeholfen zärtlich, als er einen ersten Blick auf die blinzelnden blauen Augen erhaschte. »Du hast die letzte halbe Stunde ja ganz schön vom Leder gezogen.«

»Ja«, rief ein anderer Junge, »worum ging's, Biebo? Ich habe was von Kommunismus aufgeschnappt, aber es war schrecklich wirr –«

Er grinste sie verschlafen an, lächelte ›charmant‹ – verräterische Miene, die blaß, fiebernd, angespannt sein sollte und nichts dergleichen war. Und sie begriffen natürlich gar nichts. Daß er im Schlaf gesprochen hatte, gereichte ihm nicht zum Schaden; es war bloß ein Spaß, eine Gelegenheit für Streiche und Frotzeleien. Nebenbei, langsam waren selbst die dunkelsten nächtlichen Abgründe schon ein wenig unwirklich geworden. Das Dasein war düster, sehr düster, aber auch wieder nicht ganz so düster – oder vielleicht betrachtete er es jetzt ein wenig mehr aus der Ferne. Als Ludwig und der Engländer im Waschraum und beim Frühstück miteinander Witze machten und lachten, schien die letzte Nacht insgesamt seltsam fern.

Doch das Gewissen war noch da, unbeugsam, verdammend, und drängte ihn zu fanatischer Reinheit und Unabhängigkeit. Hatte nicht sein Lächeln beim Erwachen gezeigt, wie leicht die Welt einen korrumpierte und davon abhielt, man selbst, ›Götz‹ statt ›Biebo‹ zu sein? Der Stimmungswechsel, die halbe Rückkehr zum Normalen, ersehnt und erfleht kurz vor dem Einschlafen, kam ihm jetzt wie ein Frevel vor. Welch ein Hohn, daß das Leben kaleidoskopartig und relativ war, um Mitternacht schwarz und mittags weiß. Besser wäre es schwarz wie die Hölle und dafür beständig, dann könnte man sich damit abplagen, es analysieren und bewältigen. Wenn die Wahrheit am überwucherten Meeresgrund liegt, muß man sie dort erschlagen oder sich von ihr erschlagen lassen, damit sie nicht auf der Lauer liegt und einen später unerwartet anfällt. Was hatte der Engländer auf ihrer ersten Wanderung noch gesagt über ein Problem, das dann doch bloß Kleinkram ist? Das verstand er jetzt besser.

Er war müde, verwirrt und wußte nicht, was er wollte, außer daß er allein sein wollte. Deshalb stahl er sich vor den anderen ins Freie hinaus. Auf seinen Skiern fühlte er sich reiner und stärker – es war wie ein kaltes Bad. Einem Panzer gleich brauste er grimmig und einsam das zerfurchte Feld vor der Herberge hinunter, bevor die anderen aus dem Verschlag, in dem die Skier aufbewahrt und angelegt wurden, hervorgekommen waren. Oft war er eher der letzte als der erste, und aus dieser Entfernung konnte niemand erkennen, daß er der schwarze Punkt war. Als die anderen unten ankamen, war er schon in den Wald hochgestiegen, ganz oben auf den Hang, an dem sie gewöhnlich übten.

Dort hielt er inne, froh, alle abgeschüttelt zu haben. Als sie über die weiße Fläche ausschwärmten, ähnelten sie Fliegen auf einer Tischdecke. In seiner Phantasie entstand fast die kindische Vorstellung von einer wilden Verfolgungsjagd über die weiten Ebenen Alaskas. Er atmete die kalte Luft tief ein und war auf eine lächerliche Weise beinahe glücklich. Es wäre wunderbar, direkt von hier oben runterzufahren, wenn man es nur könnte! Die meisten Jungen seiner Klasse konnten es, er aber nahm immer den langen Umweg entlang der Hügelseite – den Weg, auf dem er hinaufgestiegen war. Aber das war zu langsam für jemand, der fliehen wollte. Da stand er und sah hinab. . . .

Einige aus seiner Klasse gesellten sich zu ihm. Sie waren den langen Weg hinauf gekommen, wollten aber nun direkt über die scharfe Kante, wo die Neigung sich abrupt änderte, runterfahren. Sie waren überrascht, ihn so allein dastehen zu sehen. Seine Teilnahmslosigkeit amüsierte sie. »Fährst Du mit runter?« fragten sie.

Das war natürlich ein Scherz. Er hätte nett darüber lächeln sollen. Er sah zu, wie einer nach dem anderen losfuhr, langsam an Geschwindigkeit gewann und plötzlich über die Kante verschwand. Warum sollte er anders sein? Warum sollten alle – er und die anderen – den Anschein aufrecht erhalten, daß er anders wäre? Wenn Köhler es konnte, konnte er es auch. . . .

Sehr vorsichtig stieß er sich ab, dann wurde ihm klar, daß nun keine Hilfe mehr möglich war. Er verlor die Nerven, kam an die Kante, beugte sich nicht weit genug vor, machte eine Art Purzelbaum, schlug auf den harten, gefrorenen Boden auf und kugelte den Hang hinunter.

»Hallo!« sagte der Engländer, der gerade unten ankam, »da hat sich jemand weh getan.«

15.

Herr Schneider war als erster zur Stelle – das heißt, als erster Lehrer. Das war vielleicht auch gut so, da Effektivität in solchen Fällen nützlicher ist als Mitgefühl. »Gehirnerschütterung«, sagte er, »ganz sicher, was sonst.« Bett, Decken, Wärmflasche, die Stirn reiben, den Arzt anrufen, den Vater anrufen, die anderen Jungen beschäftigen – all das wurde, hauptsächlich vom Herbergsvater und seiner Frau, erledigt, während Ludwig sich aufgeregt und mit weißem Gesicht im Hintergrund hielt und der Engländer ängstlich auf dem Flur wartete.

Für gewöhnlich, heißt es in den Lehrbüchern unter der Überschrift ›Gehirnerschütterung‹, wird es als ein Zeichen der Besserung betrachtet, wenn bei Rückkehr des Bewußtseins Erbrechen einsetzt.

»Ihm ist übel«, sagte Ludwig, als er auf den Engländer zutrat und ihm die Hand auf die Schulter legte. Später, als er darüber lachen konnte, behauptete dieser, er habe sich wie ein Ehemann gefühlt, dem die Krankenschwester mitteilt, es sei ›ein Junge‹. Aber ein solcher Vergleich kam ihm damals nicht in den Sinn. Er neigte dazu, sich die Ereignisse zurechtzustutzen.

»Ist das ein gutes Zeichen?« fragte er in Wirklichkeit.

»Schneider sagt, ja. Und er ist nahezu wieder bei Bewußtsein.«

»Hat er sich noch irgendwo anders verletzt?«

»Schneider glaubt, nein.«

»Sein Gesicht ist nicht verletzt?«

»Nein, überhaupt nicht.«

Doppelt erleichtert lächelten beide. Er war unversehrt – und plötzlich konnte man über ihn sprechen.

»*Er ist sehr schön*«, sagte Ludwig einfach.

»*Ja, sehr schön.*«

»*Man muß ihn direkt lieben.*«
»*Ja.*«
Dem schien nichts hinzuzufügen zu sein. Wenigstens einer von beiden hatte plötzlich den Eindruck, daß entweder dieser Moment oder der Abend zuvor unwirklich sein mußte. Er dachte, ganz wie Götz kurz vor seinem Unfall, daß das Leben irgendwie beständiger sein sollte. Es war zuviel Enttäuschung damit verbunden, und nichts war von Dauer, weder der Zusammenprall des letzten Abends noch die gegenwärtige Freundlichkeit. Es hatte weder Sinn noch Folgen. . . .

»Sein Vater hofft, um sechs hier zu sein«, sagte Ludwig. »Ich nehme an, Schneider sollte besser bei ihm bleiben. Jemand muß es tun, und er – er scheint etwas davon zu verstehen –«

»Das würde ich von mir auch gerne behaupten, aber –«

»Ich auch. Das muß der Doktor sein, der dort kommt.«

Wenn der unbewußte Wunsch, ›Biebo‹ und dem, was andere Leute aus ihm gemacht hatten, zu entkommen, Götz zu dem Unfall gedrängt hatte, war ihm ein Strich durch die Rechnung gemacht worden. Es war eher wie ein ›Biebo‹-Tagtraum, der wahr wurde – natürlich auf die falsche Weise und zur falschen Zeit. Er wurde von allem bemuttert, von der Frau des Herbergsvaters, die ihn einen »hübschen Jungen« nannte, bis hin zum Doktor. Der hatte zur Befriedigung seines beruflichen Ehrgeizes einige Schnittwunden und Abschürfungen gefunden und stimmte mit Herrn Schneider darin überein, daß der Junge bald wieder in Ordnung sein werde, aber ein oder zwei Tage im Bett bleiben sollte. »Diese Woche keine Schule«, versicherte er lächelnd seinem ernsten Patienten.

Die nächste Stunde dachte Götz an nichts Bestimmtes außer an den Schmerz in seinem Kopf. Aber dann hörte der auf und später, alleine im Bett, während die anderen unten zum letztenmal aßen, fühlte er sich, als wäre er wirklich etwas entronnen – vielleicht der Masse. Andererseits schämte er sich ein wenig und war wütend und enttäuscht, daß sein Unfall unten bereits so etwas wie ein Spaß war. Das hatte ihm das Lächeln des Doktors verraten. »Warum um alles in Welt hast Du das gemacht?« würde es heißen. Er konnte immer noch nicht sagen, was er wirklich gewollt hatte. Alles in allem war er eigentlich nicht sehr erpicht darauf, sich umzubringen.

Er war sofort in Verteidigungshaltung, als es an die Tür klopfte. Es war der Engländer.

»Wie geht es Dir?« Er lächelte, und die leichthin gesprochenen Worte suggerierten dem überempfindlichen Götz, daß auch er den Unfall als Spaß ansah.

»Mir geht es gut«, antwortete er fast mürrisch.

»Tut der Kopf noch weh?«

»Nein.«

»Ich – ich wollte Lebewohl sagen. Es sieht so aus, als ob ich wieder in England sein werde, bevor Du hier wegfährst.«

Ja, natürlich, er ging nach Hause. Götz hatte das gewußt und vergessen, und nun tauchte es als ein neuer Schrecken des Lebens aus der Versenkung auf und trat vor ihn hin, der Schrecken von Zeit und Raum. Es ging nicht um seine persönlichen Gefühle für diesen Mann; aber auf seiner Gegenwart basierte eine ganze Gefühlswelt, übertrieben und überreizt, wenn man so will, was in dieser Herberge auf die Spitze getrieben worden war. Und nun wurde der Pfropfen entfernt. Er hatte das Gefühl, ihn so lange wie möglich dabehalten zu müssen, als ob er, wenn er ginge, die Wände mitnehmen und Götz in entsetzlichen Unendlichkeiten dem Schicksal preisgeben würde. Was für unmögliche Gefühle das doch waren! Sie waren der eigenen Persönlichkeit zuwider, und so widerstand man ihnen, doch man schreckte auch davor zurück, es zu sagen, und verfiel ins andere Extrem der Kälte.

»Das ist sehr nett von Ihnen«, sagte er und war selbst überrascht, wie sarkastisch das klang.
»Ich möchte Dich nicht anstrengen –«
»Mir geht es gut.«
»Aber – ich wollte Lebewohl sagen, um die Angelegenheit richtig zu beenden, sie in Ordnung zu bringen.«
»Welche Angelegenheit?«
»Nun, die zwischen uns.«
»Ich glaube, es ist besser, Sie lassen es.«
»Aber ich habe das Gefühl, ein Durcheinander angerichtet zu haben. Irgendwie ist das wohl immer so. Solche Angelegenheiten haben nicht wie ein Roman eine richtige Struktur. Aber es bekommt eher eine Struktur, wenn man es nicht in einem Mißklang enden läßt. Ich möchte ein Ende, selbst wenn es bloß ein Lebewohl ist.«
Na also, leben Sie wohl.
Der Engländer runzelte die Stirn.
»Vielleicht will ich bloß sagen, daß ich den bestmöglichen Eindruck hinterlassen möchte. Ich weiß nicht, was Du von mir hältst. Ich würde es Dir nicht übelnehmen, wenn Du annimmst – nun, hier oben spielt man natürlich eine Rolle. Aber was ich Dir unter vier Augen gesagt habe, hat, glaube ich, etwas damit zu tun, im Ausland zu sein und eine fremde Sprache zu sprechen. Ich höre mich wirklich selber nicht Deutsch sprechen. Da besteht eine romantische Ungewißheit darüber, wie die Worte genau aufgefaßt werden, was für ein Aufsehen sie erregen. ... Und dann fühlt man sich im Ausland so von der Verantwortung befreit. ... Aber das hat vielleicht nichts damit zu tun. In England ist mir so etwas nie passiert – zumindest nicht so –, ich weiß nicht, was ich sagen, wie ich mich verhalten soll, wenn es – aber vielleicht konnte das mit einem englischen Jungen gar nicht passieren – vielleicht haben Heimweh und Geheimnis etwas damit zu tun.

Ich höre *Dich* auch nicht, wie es ein Deutscher tut – kritisch. Du scheinst auf einem Gebiet Experte zu sein, das für mich fast peinigend schwer ist. . . . Aber wenn ich Dich so ansehe, sind alle diese Erklärungen falsch und überflüssig. Und im Grunde, Kästner –«

Er zögerte. Er hatte angestrengt gesprochen, sprunghaft, mit Pausen und Ausbrüchen und dabei die ganze Zeit aus dem Fenster geschaut. Das Licht im Zimmer war schmutziggelb; diese Farbe hatten scheinbar Wände und Decke, Laken und Kissen. Man wollte sich die Augen reiben, um klar sehen zu können. In Wirklichkeit blendete vielleicht bloß der Schnee draußen und ließ alle anderen Weißtöne verschwinden.

»*Was ist mit Kästner?*« fragte Götz automatisch, fast ohne zu wissen, daß er etwas sagte.

Der andere drehte sich plötzlich kühn lächelnd um.

»Nun, es gibt einen Punkt, in dem wir übereinstimmen.«

Götz starrte zur Decke. Dies war sowieso das Ende. Fürchte dich nicht mehr vor der Glut. . . . Etwas Sinnliches und Düsteres könnte dadurch vielleicht zwanghaft gefühlsduselig werden.

»Er würde sagen, daß mich Zeit und Raum null und nichtig machen. Leb wohl. Gute Besserung.«

Sie schüttelten sich die Hände. Es war überstanden. Beide waren unbeholfen und unsicher. Der Engländer ging hinaus. Götz konnte ihn die Treppe hinabsteigen hören, und dann verlor sich das Geräusch, wie ein Taucher im Meer, im allgemeinen Krach der Abreise, denn die erste Gruppe brach zum Bahnhof auf.

So, es war vorbei. Und der Schmerz, den Götz empfand, war so rein und unschuldig wie der erste Trennungsschmerz, an den er sich erinnern konnte – damals, als ein großzügiger und freundlicher Onkel nach Südamerika gegangen war. In dieser Sehnsucht drückte sich kein enttäuschtes körperliches Verlangen, keine verpaßte Gelegenheit aus. Sie stand in keiner Beziehung zu der garstigen nächtlichen Erregung und zu der jüngst kennengelernten allgemeinen Verderbtheit des Daseins. Sie gehörte eher zu der entgegengesetzten Lehre, der zufolge Tod – Tod durch Sterben oder Tod durch Trennung – rein war wie Schnee. Daß sie sich niemals wiedersehen würden, war traurig, bewahrte aber – was er vergangene Nacht nicht erkannt hatte – die Schönheit wie ein winziges vom Schmutz gereinigtes Körnchen Gold, glänzend, so glänzend, aber verdammt winzig. Nun konnte man insgeheim von ›Liebe‹ sprechen, und sie war unzweideutig, vollkommen, tot.

War diese Stimmung der anderen vorzuziehen? Er wußte es nicht. Egal wie, sie kriegten einen doch. Er war, so schien es, zu anspruchsvoll gewesen, um sich am nächtlichen trüben Strom zu laben, hatte dann mit dessen Unbeständigkeit gehadert, wirkte er doch bei Sonnenschein weniger schmutzig, und nun – nun schien die selbstgefällige Gottheit sittlicher Sagen die Gewässer zu unbeweglichem und unzugänglichem Eis gefrieren zu lassen, so daß man mit einer seltsamen prüdeästhetischen Befriedigung und völlig ohne inneren Hader Durst litt. An die Stelle des Haders waren eine schreckliche, unterschwellige Angst, eine körperliche Schwäche und eine völlige Verzweiflung und Leere getreten.

Lange Zeit schien er einfach bloß dazuliegen, fast wünschte er sich, es würde jemand kommen und diesen neuen, reinen Kummer bemitleiden und verstehen. Halbherzig und ohne große Überzeugung erging er sich in Tagträumen, in denen sie sich wiedertrafen, nicht unter glücklichen Umständen, sondern auf einem romantischen Schlachtfeld, und sich zu spät erkannten – vielleicht im Argonner Wald oder in Flandern (Namen, die er von den seltsam nostalgischen Liedern der Hitlerjugend her kannte).

Es dauerte nicht lange, dann kam Ludwig. Auch er war unbeholfen und verlegen, litt aber im Vergleich zu seinem Rivalen unter dem schlichten Nachteil, physisch anwesend zu sein. Für jemanden von Götzens widersprüchlicher Denkart hat der Abwesende fast immer recht. Der Abwesende hatte jetzt den Vorteil einer neuen, körperlosen Reinheit, während Ludwig das Gefühl schmerzlich kontrollierter Körperlichkeit sehr stark werden ließ, als er Götzens Stirne befühlte und das Haar glattstrich, bis der Junge sich mit einem leichten Stirnrunzeln abwendete.

»Das war ein seltsames Gespräch, letzte Nacht«, sagte Ludwig nach einer Weile und ging genau wie der andere ans Fenster. Auch er, so schien es, wollte einen Abschluß, etwas Definitives. Er sollte es nicht bekommen.

»Ich fand es sehr interessant«, sagte Götz. Er sprach mit einer kalten, ruhigen, erwachsenen Stimme und mit einer Spur von Widerstand, welche Ludwig stärker traf, als sie seinen Rivalen oder die Mutter des Jungen getroffen hätte. Jener hatte sie von Anfang an kennengelernt, diese erst kürzlich. Sie war, wie Ludwig, eigentlich gewohnt, Götz ganz selbstverständlich als Kind zu betrachten. Er hätte Ludwig warnen müssen, ihn nicht zu sehr zu bedrängen.

»Ja«, sagte er, »interessant, wie ein Engländer über solche Dinge denkt.«

Götz verstand den versteckten Hinweis, daß Deutsche anders denken sollten, ignorierte ihn aber.

»Glauben Sie, er war typisch?« fragte er.

»Ja – natürlich intelligenter als die meisten, aber typisch.«

»Ich hatte den Eindruck, gegen Ende redete er besser.«

»Er redete ziemlich gut.«

»Ja.«

»Glaubst Du, daß er manchmal im Recht war?«

Wie unerträglich das war! Trotz allem gehörte man sich selbst.

»Ich weiß nicht. Ja - vielleicht.«

»Von seinem Standpunkt aus hat er natürlich in gewisser Weise recht. Als Engländer *muß* er das alles sagen und glauben. Es ist die Rolle, die er zu spielen hat. Wir Deutsche müssen anders denken. Unsere Rolle ist tragischer, objektiver, fatalistischer, wir erkennen deutlich den Standpunkt der anderen und sehen in ihm einen wesentlichen Teil des Schauspiels, aber wir wissen, daß wir ihn nicht einnehmen können. Bis zu einem gewissen Grad steckt der Konflikt in uns selbst -«

Er hörte auf. Er war verwirrt und unsicher wie an keinem Punkt des heftigen Streitgesprächs vom Vorabend. Sein Gegner hätte gesagt, Schuld an seiner Verwirrung sei, daß er zugleich objektiv und fanatisch sein wolle. Er selber spürte, daß Götz vermocht hatte, was die Argumente des Engländers niemals vermocht hätten, nämlich ihn zu einem unaufrichtigen Entgegenkommen zu bewegen.

»Mein Vater«, sagte Götz, »meint, das liegt daran, daß wir soviel slawisches Blut haben -«

Hatte Ludwig zugehört? Er brauchte lange Zeit für seine Erwiderung.

»Was sagt Dein Vater über slawisches Blut?«

»Er sagt, Slawenblut ist Sklavenblut. Er sagt, einige von uns denken russischer, andere westlicher -«

Die Bemerkung war ohne Hintergedanken, denn Götz wußte nichts von Ludwigs russischer Mutter. Aber für Ludwig war es eine jener gezielten Beleidigungen, die es fast unmöglich machten, an Zufall zu glauben. Und Götzens Ton suggerierte Feindseligkeit und Unverschämtheit. Außerdem hatte er darauf angespielt, daß er ebenso englisch war wie Ludwig russisch. Dennoch wußte Ludwig, daß er unschuldig war - ja, das war gerade das Teuflische daran -, schrecklich, unnahbar unschuldig, er wollte nicht beleidigen, sondern

Konversation pflegen. Er wußte, was er empfinden würde, wenn er sich umdrehen und ihn dort liegen sehen würde, und dennoch drehte er sich um, fast als wäre es ein Vergnügen. Ah, da war es – das heftige Verlangen, ihn zu verletzen, ihm jedes Kleidungsstück vom Leib zu reißen und die bloße Haut zu schlagen – oh, nicht um die Beleidigung zu ahnden, sondern um die durch sie nahegelegte Gleichgültigkeit zu beseitigen. Die Beleidigung glich einem Windstoß, der plötzlich eine Tür auf- oder zustößt, aber wenn man sie erreichte, war die Tür stets zu. Früher hatte er bei viel geringeren Anlässen das Verlangen verspürt, die Tür einzureißen, manchmal sogar schon, wenn der Junge bloß aus dem Blick geriet. Hinter dieser Tür war das Leben, die Jugend, war alles, was er vermißte. Alles wird zu unserem Besitz geschaffen. So herzen wir das gleichgültige Baby oder ein Kätzchen, und die Wilden hüllen sich in die Felle junger und schöner Tiere, um dadurch Jugend und Schönheit zu erlangen. Dieses Verlangen war in Ludwig stark ausgeprägt, war sogar schon von der unbelebten Natur hervorgerufen wurden, besonders von Seen und Strömen, in welche er gerne eingetaucht wäre, bloß – wie es sogar ihm selbst schien – um zu besitzen und an der indifferenten Schönheit, am Leben teilzuhaben.

Er war leicht erregbar und konnte es nicht gut verbergen. Sein Gesicht wurde rot und Götz, der sehen konnte, wie er um Selbstbeherrschung rang, war erschrocken. Er konnte die Wahrheit nur erahnen und annehmen, daß er Ludwig mit dem Hinweis, daß sein Denken slawisch sei, wütend gemacht hatte.

»Aber manchmal«, fuhr er hastig fort, »scheint er überhaupt nicht an Rassen zu glauben, sondern daran, daß Tradition und Erziehung und – und so weiter uns zu Deutschen oder Engländern macht oder –«

Es würde Ludwigs Selbstbeherrschung wenig gerecht werden, zu behaupten, daß diese Bemerkung einen Ausbruch abgewandt hätte, aber er griff bereitwillig nach der günstigen Gelegenheit, die doch bloß von Furcht hervorgerufen worden war.

»Ich glaube, das stimmt«, sagte er. »*Boden* ist tatsächlich wichtiger als *Blut*. Persönlich – persönlich denke ich, daß die Leute zuviel Wert auf eine so simple biologische Tatsache wie Rasse legen.« Na schön, dachte Götz, beschrei es bloß nicht. »Die fremde Abstammung der meisten Juden und Franzosen oder Engländer unterscheidet sie von uns.«

»Ja«, sagte Götz nachgiebig – und Ludwig hätte sich fragen sollen, wohin es mit ihm gekommen war.

Was Götz jetzt durchmachte – oder durchmachen würde, sobald man ihn seinen Gedanken überließ –, war ironischerweise ein Zustand, der den Monaten der Verzweiflung, die einen solch tiefen Eindruck auf Ludwigs Seele gemacht hatten, nicht unähnlich war. Aber für ihn war es bloß eine Stimmung – darauf bestand der gesunde Menschenverstand –, kein permanenter Charakterzug. Solange es dauerte, stand er jedenfalls noch mehr zwischen den beiden, die mehr denn je um ihn kämpften – und der Einfluß seines Vaters machte sich ebenso bemerkbar. Wo Trennung und Tod so manifest waren, wer konnte da den Krieg leugnen (und wer das romantische Schlachtfeld)? Andererseits, wenn man sie hatte, konnte man Freiheit oder Demokratie, oder wie immer man es auch nannte, langweilig, seicht und materialistisch finden. Als Objekt hoffnungslosen Verlangens und vergeblichen Kampfes – Kampf fast um des Kampfes willen – hatte es aber mehr für sich. Ein Deutscher mit ›westlichem‹ Verstand zu sein – durch diese Pose wurde die ganze deutsche Vorliebe für Tragödie und Schicksal sicherlich befriedigt. . . .

»Nun, ich muß los«, sagte Ludwig nach langem Schweigen.

16.

Götz war es gewohnt, daß sein Vater bekümmert und zerstreut war, aber niemals hatte er so geistesabwesend gewirkt wie an den beiden Tagen, die sie zusammen in der Herberge verbrachten. Einer Trostlosigkeit, wie sie Götz empfand, war nicht mit Kleinigkeiten wie einer Sonne, die hinter einer Wolke zum Vorschein kommt, abzuhelfen. Doch als Linderung war so etwas durchaus wichtig, und das eigene Empfinden sprach in einer solchen Stimmung stärker darauf an. Das gleiche galt für die Gegenwart seines Vaters. Er erwartete keineswegs, daß sein Vater oder jemand anderer sein Problem lösen würde, genauso wenig wie er erwartete, daß die zuweilen strahlende Sonne draußen Eis und Schnee zum Schmelzen bringen würde. Aber es quälte ihn, daß die Zuneigung seines Vaters bloß sporadisch aus den Wolken der Zerstreutheit hervorkam und ziemlich plötzlich wieder verschwand, während er noch lächelte, das Haar seines Sohnes streichelte und die Antwort auf eine Frage nicht hörte.

Es war womöglich seine Gesundheit, über die er sich derzeit mehr Sorgen machte als sonst – Götz fand, daß er nicht besonders gut aussah –, aber bald wurde klar, daß ihn die politische Situation beunruhigte. Die Biehl-Bodenhausens waren eine alteingesessene Familie und hatten gute Beziehungen zu konservativen Militärkreisen. Da er in einer Garnisonsstadt lebte, konnte der Herr Doktor diese Kontakte pflegen, und hin und wieder lud er einen älteren Offizier zum Essen ein – seltener jüngere, denn die hatten für seinen Geschmack zuviel vom neuen Geist an sich; nur seiner Frau zuliebe, die tief im Herzen langsam schwarz sah für Gisela, wurden sie überhaupt eingeladen. Diese Kreise wurden von den Vorkommnissen der letzten Woche, deren Auswirkung immer noch umstritten war, aufgestört und hatten mit ihm darüber gesprochen. Natürlich war hier oben niemand, mit dem er über solche Dinge reden konnte, dennoch war er manchmal versucht, seinen Sohn ins Vertrauen zu ziehen, und fing ein Gespräch an, bloß um es gleich wieder abzubrechen. »Besitzen die denn gar keinen Anstand mehr?« sprach er zum Beispiel, in Gedanken versunken, und Götz fragte sich, ob von ihm eine Antwort erwartet wurde.

Obwohl er bislang zu jung für den harten Pessimismus seines Vaters gewesen war, hätte man jetzt wohl von ihm erwarten können, ihn besser zu verstehen. Aber im Moment hatte er keine Geduld für Politik, noch nicht einmal in dem Teil seines Verstandes, der bereits über Aufbegehren nachdachte. Wenn die Jugend spürt, daß sie die unmittelbaren Ereignisse nicht beeinflussen kann, ist sie oft solcherart ungeduldig; sie hat keine Zeit dafür, ist vielmehr mit Dingen beschäftigt, die so naheliegen wie das Ich oder so weit weg sind wie die Ewigkeit. Götz war gegenwärtig in einer solchen Stimmung. Seine eigene Stellung in Zeit und Raum war ihm wichtiger als alle politischen Ereignisse, die ihm seltsam unwirklich und uninteressant vorkamen. Er war überrascht, daß der Pessimismus seines Vaters so einseitig politisch war, daß er die Entlassung einiger Generäle vor dem Hintergrund von Tod und Abschied oder schaurig-schönen Schlachtfeldern nicht im richtigen Verhältnis betrachtete. Für ihn war es fast schon ein Ereignis der Geschichte, einer Geschichte der bösen, verrückten, sich stets wiederholenden Welt, des Römischen Reiches oder der Französischen Revolution, und er kam sich älter vor als sein Vater und hatte ein gewisses väterliches Mitleid mit ihm.

Er brachte vielem in der Welt der Erwachsenen diese gönnerhafte Haltung entgegen, denn gerade in Deutschland machte man sich in jenen Tagen verrückt mit aufgeregten Spekulationen, vor und auch nach dem Vorkommnis. Seit dem Rheinland war wirklich nichts mehr passiert. Jetzt wich endlich der träge Winter, ein undefinierbarer Hauch von Frühling lag in der Luft, in der Politik und anderswo. Der Fluß, der durch die Stadt floß, schwoll an; der Fortgang der europäischen Katastrophe machte einen Satz nach vorn. »Eine gründliche Säuberung!« sagte der Doktor halb zu sich selbst, während er aus dem Zugfenster sah. »Eine gründliche Säuberung! Blomberg, Fritsch ... müssen noch nicht einmal erschossen werden wie der alte Schleicher – so weit ist es gekommen ..., und von Neurath – Gott weiß, wann der das letzte Mal wirklich etwas zu sagen hatte. Aber Ribbentrop ..., Handlungsreisender in Sekt ..., hat den anderen Kerl vergiften müssen, um nach London zu kommen ..., er steckt hinter der Niemöller-Sache. Alles hängt miteinander zusammen. Die Generäle haben Niemöller beschützt. Ribbentrop war aus der Kirche ausgetreten, bevor er nach England ging, wollte aber wieder eintreten, weil die Engländer so etwas mögen, und er ging zu Niemöller. Niemöller hat ihn gefragt, ob er glaube, daß Christus Gottes Sohn sei. Er sagte: ›Oh, kommen Sie, Sie erwarten doch nicht, daß ich das glaube.‹ Da hat Niemöller gesagt: ›Nun, dann können Sie auch nicht erwarten, in meine Kirche aufgenommen zu werden.‹ Das hat er ihm nie vergeben. ... Was für ein Pack! ... Wie geht's Deinem Engländer?«

»Der ist nach Hause gefahren.«

»Höchste Zeit. Ich hätte ihn bitten sollen, Dich mitzunehmen. ...«

Als sie zu Hause ankamen, war Götz empfindlich, was seinen Unfall anbetraf, und es wurde dadurch nicht besser, daß Gisela ihn, in Reaktion auf den ersten Schrecken, fast wie einen unfähigen Tölpel behandelte. Eine besondere Heimsuchung des Erwachsenwerdens ist es, sich wie ein Philosoph zu fühlen und wie ein Kind auszusehen. Alle – sogar sein

Vater – fanden, daß er schlecht gelaunt war. Sie sahen darin die schlechte Laune eines Babys, das Zähne bekommt; er selbst fühlte sich wie ein aufgegebener Mann, der beim Kartenspiel betrogen wird. Alles war so bedeutungslos, und die Leute bestanden auf – Verbformen, sauberen Kragen, Gott weiß was.

Seine Mutter war beim Thema Politik besonders nervtötend. Sie war von Natur aus vollkommen unpolitisch, und die meisten ihrer Bemerkungen bestanden darin, etwas ›schrecklich‹ zu finden. Es war zum Beispiel schrecklich, wie sich die Kommunisten in Spanien aufführten – Priester mit Benzin zu übergießen und so weiter – und wie die ausländische Presse über Deutschland herfiel. Ihr war undeutlich bewußt, daß ihr Gatte diesen Feststellungen nicht zustimmte, aber die Probleme verwirrten sie, und sie neigte dazu, seine Ansichten als einen nicht zu ernstzunehmenden männlichen Widerspruch abzutun. Sie hoffte bloß, daß er sich wegen solcher Nichtigkeiten nicht in Schwierigkeiten bringen würde. Für ihre Einstellung zur allgemeinen Außen- und Innenpolitik des Führers machte es keinen Unterschied, daß sie das Regime, wo immer es ihr eigenes Leben tangierte, verabscheute. Vor allem verabscheute sie es, weil es ihr die Söhne wegnahm – was den beiden oder zumindest Götz sehr eigennützig vorkam. Sie wiederum fand es unglaublich, daß er mit ihr weder hinsichtlich der Außenpolitik des Führers übereinstimmte noch darin, daß die Hitlerjugend wirklich weniger Zeit in Anspruch nehmen könnte.

Gisela und er hatten immer wenig Nachsicht für die politischen Ansichten ihrer Mutter gehabt, aber jetzt ging Götz mit einer solch widerspenstigen Wildheit auf sie los, daß er die Unterstützung seiner schockierten Schwester einbüßte. Sie spürte aber, daß es einen tieferen, allgemeineren Grund für seine Reizbarkeit geben mußte, und nach ein oder zwei Ausbrüchen versuchte sie ihn herauszubekommen. Aber Götz konnte nicht über Zeit, Raum, Tod und den großen Schrecken sprechen; denn gerade wenn man über sie sprach, schienen sie kaum zu existieren, obwohl sie in jeden Winkel des Verstandes zurückfluteten, sobald man allein war.

So blieb es Gisela überlassen, schulische Probleme zu vermuten, während Götz und seine Mutter weiterstritten. Sie stritten darüber, daß sich die Engländer und die Franzosen anmaßten, Unterseeboote ›unbekannter Nationalität‹ im spanischen Meer sofort zu versenken. Sie stritten über Blombergs Hochzeit – »als ob«, sagte Götz »das irgend etwas damit zu tun hat!« –, über die ›schreckliche‹ internationale Presse und schließlich über Österreich.

Wie so oft war es auch im Falle Österreichs schwierig, genau zu sagen, worum der Streit ging; denn beide stimmten darin überein, keine sensationelle Entwicklung zu erwarten. Für Götz war die ganze in den deutschen Zeitungen dargestellte Welt der Politik nicht nur ohne jede Bedeutung, sondern vollkommen falsch. Wenn er überhaupt Interesse daran hatte, war er mit sensationellen Entwicklungen nicht einverstanden, solange er nicht alt genug war, daran teilzuhaben. Er wollte, daß die Geschichte stillstand, bis er soweit war. Andererseits glaubte seine Mutter den Dingen aufs Wort. Als sie in der Zeitung las, daß Herr Schuschnigg sich in Berchtesgaden unvorhergesehen mit dem Führer getroffen hatte, begrüßte sie das dort erzielte Übereinkommen, das ›den Ärger mit Österreich‹ aus der Welt schaffen würde.

»Welchen Ärger?« fragte ihr Sohn verächtlich. »Und was nützt ein Übereinkommen? Es gab bereits eines, nicht wahr?«

»Nun, vielleicht weißt Du es besser als der Führer und Herr Schuschnigg –«

»*Du* weißt nicht, was sie denken.«

»Oh, meine Güte, Götz« – das war Gisela –, »was macht das schon?«

»Nichts. Das sage ich ja. All dieses Blabla –«
»Ich hoffe«, sagte seine Mutter, »Du bist in der Schule nicht auch so und weißt alles besser als Deine Lehrer. . . .«

Der Optimismus der Frau Doktor und die geringschätzige Gleichgültigkeit ihres Sohnes wurden wohl ein wenig durch die Geschehnisse der folgenden Woche und durch andere Meinungen beeinflußt. Mochte auch Herr Oehme beunruhigt und besorgt aussehen und der Doktor schwermütig, mochten einige der extremen Nazis unter den Jungen und Lehrern sich in Spekulationen und Prophezeiungen ergehen, die Mehrheit fand wie Götzens Mutter das Wort ›Übereinkommen‹ wohltuend und beruhigend. Und wenn der Führer eine Automobilausstellung eröffnete und einen Volkswagen für wenig Geld versprach, brauchte man nicht zu befürchten, daß etwas Plötzliches oder Gewalttätiges in der Luft läge.

Für Sonntag, den 20. Februar, wurde eine Rede im Reichstag angekündigt. Sie wurde im Radio übertragen, und alle sollten zuhören. Um ein Uhr ging es los. »Gott allein weiß, wann es aufhören wird«, sagte der Herr Doktor. Seine Nachmittagsbeschäftigung war damit ruiniert. Er hatte Lust, es trotzdem zu wagen. Andererseits war man immer neugierig zu erfahren, was der Mann sagen würde. Er war sich immer noch nicht klar darüber, ob er es so halten sollte wie immer, als sie sich um ein Uhr zum Mittagessen niederließen und das Radio anstellten.

»Abgeordnete des Deutschen Reichstags!« tönte es. Der Doktor seufzte. Gisela, ein wenig zu spät, ließ sich unbeholfen auf ihren Stuhl plumpsen und sah den rechteckigen, braunen Kasten, der auf dem Bücherschrank thronte, fast haßerfüllt an. Er hatte das halbmenschliche Antlitz und die blanke Arroganz eines Götzenbildes. Ihre Mutter hatte den gelassenen, flüchtig verständnisvollen Gesichtsausdruck aufgesetzt, den sie immer in Opern, bei Predigten oder Preisverleihungen zur Schau trug – man merkte, ihre wahre Aufmerksamkeit war auf Haushaltsangelegenheiten gerichtet.

»Wo ist Götz?« fragte der Herr Doktor plötzlich. Niemand wußte es. »Wie lästig«, sagte seine Mutter, »vor ein paar Minuten war er noch da.« Sie fingen ohne ihn mit dem Mittagessen an. Der braune Kasten wurde anmaßend statistisch und brüllte von Tausenden und Hunderttausenden von Reichsmark. Der Doktor sah traurig auf seine Uhr.

»Er besucht bestimmt jemanden im Dorf«, sagte er, »und sitzt dort fest.«

Er hatte es kaum gesagt, da wußte er, sogar noch bevor er Giselas Gesichtsausdruck sah, daß das Unsinn war. Festsitzen, tatsächlich! Der Junge war nicht blöd und die Rede war kein Regenschauer – obwohl sie, soweit es ihn anbetraf, den selben Effekt hatte; sie dauerte die nächsten beiden Stunden lang, er würde überhaupt nicht mehr rauskommen.

»Ich werde den Jungen suchen«, sagte er plötzlich. »Er hat neuerdings so seltsame Anwandlungen.« Er ging und nahm sein Gewehr mit.

»Seltsame Anwandlungen«, äffte Gisela ihn nach mit dem grellen Lachen, das ihre Mutter verabscheute. Dennoch, sie und ihr Vater waren wirklich besorgt, vertrauten nicht darauf, daß Götz auf sich selber aufpassen könnte, obwohl es Gisela natürlich geärgert hätte, wenn jemand in ähnlichen Umständen um sie besorgt gewesen wäre.

Zu dieser Zeit war Götz mehr als anderthalb Kilometer von zu Hause entfernt. Er war fortgelaufen. Überrascht von der Heftigkeit seiner Gefühle, hatte er ein paar Minuten vor ein Uhr plötzlich entschieden, daß er es nicht ertragen könnte, nicht ertragen würde, zusammen mit Gisela, seinem Vater und seiner Mutter dazusitzen und der Rede zuzuhören, alle gereizt, alle unbehaglich wie Kinder, denen eine Standpauke gehalten wird. So hatte er sich davongestohlen, die Straße hinunter und ab durchs Dorf.

Bald ging er dort entlang, wo er den Engländer an jenem ersten Tag hingeführt hatte. Das war nicht überraschend, denn er hatte sich nie einen neuen Wanderweg ausgedacht, seit er im Gegensatz zum Indianerspielen zum erstenmal eine ernsthafte und beschauliche Wanderung gemacht hatte. Er nahm immer diesen Weg, fast automatisch. Seit jenem Tag war er nicht mehr hier gewesen – man hatte so selten Zeit –, und nun ergriff ihn eine nicht unangenehme Melancholie. Dennoch hatte er Angst anzuhalten und wanderte zügig, fast grimmig vorwärts, als ob die körperliche Bewegung eine Art von Schwimmen wäre und man hilflos in jenen unendlichen, fürchterlichen Meeren von Zeit und Raum versinken würde, wenn man stehenbliebe. Der erste Hauch von Frühling war spürbar. Ein sanfter Wind wiegte die Bäume, brachte das Blut in Wallung und machte es möglich zu glauben, Zeit und Raum wären besiegt.

Aber da lag noch eine andere Stimme in der Luft. Sie kam aus dem halb hinter den Bäumen versteckten Häuschen des Försters. Sie beklagte sich grölend über westliche Staatsmänner, die nicht imstande waren, ›es‹ einzusehen. Sie verhöhnte törichte Briefeschreiber und gehässige Journalisten. *Ach, ja* – Götz hatte diese Stimme vergessen. Er hetzte weiter, um ihr zu entgehen. Sie verfolgte ihn den Hügel hoch, war aber schließlich bloß noch ein wütendes Knurren. Als er den Hügel hinab ins Dorf ging, tauchte sie aus dem ersten Haus am steilen Abhang wieder auf. Wenn er jetzt nach Hause ginge, würde sie immer noch weitermachen. Er lief den Hügel wieder hoch, bis sie wieder weg war. Hier blieb er. Er fühlte sich gefangen.

»Dreimal gottverdammter Unsinn!« schrie er. »*Dreimal gottverdammter Unsinn!*« Er wußte nicht, warum er gerade diese Worte wählte, warum überhaupt irgend etwas. Niemand hörte zu außer den Wäldern und dem Himmel. Dennoch schien ihr Schweigen Mißbilligung auszudrücken. Der Wald schien dunkler zu werden, die Luft kälter. Die Sonne verschwand drohend hinter einer Wolke wie jemand, der sagt ›Ich habe damit nichts zu schaffen‹ oder gar ›Das wird Dir noch leidtun‹. Oh, natürlich war alles Einbildung. Aber dieser unbegründeten Furcht lag ein weniger eingebildetes, gleichermaßen unbegründetes Schuldgefühl zugrunde, das Götz als neuartig und verstörend empfand. Wer hat das da hingetan? dachte er, als ob er über den Eindringling in der verschlossenen Kammer seines Gehirns nachdenken würde. Es war fremd, verwirrend, lächerlich, erschreckend wie ein Geist, der jede Nacht einen Stuhl verrückt. Götz war es gewohnt, sich vorzustellen, daß der Teufel dem Verstand die Versuchung einflößt, aber das war keine Versuchung. Und noch nie war ihm eine Versuchung so völlig unvereinbar mit seinem eigenen Denken erschienen. Es war mehr wie ein Bewußtsein, das jemand, ohne darum gebeten worden zu sein, heimlich in seinem Verstand verankert hatte. Waren die unverfroren!

Er stieg langsam hinunter und sah plötzlich seinen Vater auf dem Weg zu seinem *Revier*. Aber er hörte, daß die Rede noch nicht vorbei war. Er fühlte sich wie ein Idiot, und ihm war unwohl, als er zu ihm hinging.

»Wo warst Du?« Die Angst machte seinen Vater streng.

»Ich – ich habe mich mit der Zeit vertan.«

»In der Tat, das hast Du. Hat Dir Dein Bauch nicht gesagt, wie spät es ist?«

»Er fängt gerade damit an.«

Götz sah auf das Gewehr – der Blick genügte, um sie fast auf die gleiche Stufe zu stellen.

»Nun, dann geh' mal Mittagessen. Ich kann jetzt genauso gut draußenbleiben. . . .«

In dieser Nacht hatte Götz einen Traum. Er ging neben jemand, der sich kurzerhand aus dem Peter Koch der Kindheitserinnerungen in seinen Bruder Kurt und dann in den Engländer zu verwandeln schien. Sie kamen plötzlich zu einem Haus mit dunklen Bäumen davor, und Ludwig kam heraus, einen schrecklich vorwurfsvollen Ausdruck im Gesicht. Götz spürte, daß er ihn meiden mußte, und ging weg, aber er wußte auch, daß Ludwig ihm folgte. Dann war er plötzlich allein, und Ludwig hetzte ihn. Da hörte er auf, Ludwig zu sein und wurde zu einem namenlosen Schrecken, der »*Fünfhunderttausendnationalsozialistischemachtübernahmereichsmark*« rief, und Götz floh auf Skiern einen Abhang hinab. Zu spät bemerkte er, daß das Gefälle zu stark war. Er stürzte – und erwachte.

An diesem Morgen wurde bekanntgegeben, daß Herr Eden aufgegeben hatte. Der Führer hatte ihm die Abfuhr nicht so deutlich wie Blomberg und den anderen erteilt, aber für die Frau Doktor und viele andere Deutsche war das so ziemlich dasselbe. Andere, die Hitler gegenüber weniger wohlgesonnen waren, konnten das englische Gespür für die Wahl des richtigen Zeitpunkts nicht fassen. Göring ging mit dem polnischen Präsidenten auf die Jagd. Der Führer hatte das Land in seiner Rede ausdrücklich als ›nicht demokratisch‹ bezeichnet. In Österreich gab es Unruhe. Schuschnigg hielt eine Rede, die Herrn Klinge dazu veranlaßte zu sagen, er sei ein ehrlicher Mann – drei Wochen später sollten die Jungen die Genugtuung erleben, daß er den ehrlichen Mann einen Schweinehund nannte. Aber immer noch ließ die Krise auf sich warten. Der Führer griff während einer Rede in München die internationale Presse an. Zum Entsetzen von Frau Professor Günther und ihren Freunden wurde die ›Christliche Wissenschaft‹ als undeutsch angeprangert. Und Götzens Stimmung fing an, sich zu ändern.

17.

Vielleicht lag es am Frühling. Vielleicht war die kommende Krise Schuld. Vielleicht lag es an dem Brief. Denn eines Tages, als er herunterkam, sagte Gisela: »Da ist ein Brief für Dich – aus England.«

Da lag er, prall, schön anzusehen, auf dem Postweg gereift. Das unterscheidet den vollkommenen Brief, den man zugesandt bekommt, von den unfertigen Sachen, die man losschickt. Auch die Briefmarke und das Papier waren exotisch.

»Warum machst Du ihn nicht auf? Es ist keine Bombe.«

Götz, der den Brief für den Zug aufheben wollte und in Wirklichkeit ein wenig Angst vor ihm hatte, öffnete ihn und las:

Mein lieber ehemaliger Schüler,

ich weiß nicht genau, warum ich diesen Brief schreibe. Vielleicht hat es mit dem letzten Tag in der Herberge zu tun, wo ich so viel Unsinn über einen Abschluß und Gott weiß was geredet habe. Aber sobald ich anfange zu schreiben, ist das natürlich ein Anfang und kein Abschluß – ein Anfang von etwas, das ein wenig anders ist. Ob ich es anfangen soll, weiß ich nicht. Etwas, das auf den ersten Blick ein wenig nach einem Gewissen aussieht, sagt, ich sollte nicht; aber seine Gründe – es spricht zum Beispiel viel von Zeitverschwendung – sind für ein richtiges Gewissen viel zu knauserig, zu sehr wie Dein Freund Samuel Smiles. Sie sind auch nicht überzeugend – denn ich weiß ein oder zwei gute Antworten, zum Beispiel die Pflege von Deutschkenntnissen oder die internationale Situation. Man fragt sich, wer genau die Zeit verschwendet, Ihr, die Ihr in der Hitlerjugend lernt, kleine Banditen zu sein, oder meine Brüder, die lernen, brave Bürger einer friedvollen Gemeinschaft zu sein. Manchmal glaube ich freilich, der Unterschied wird übertrieben und die Widerstandsfähigkeit der Jugend, die das alles kalt läßt, unterschätzt.

Nein, ich kann nicht sagen, ob ich die internationale Situation als Ausrede benutze, um beunruhigt zu sein, oder ob die besagte Situation es unmöglich macht, die Ruhe zu bewahren. Dir nehmen sie das Problem ab mit zweieinhalb Jahren Arbeitsdienst, nicht wahr? Selbst wenn Du die Schule verläßt, kannst Du eine Entscheidung aufschieben. Willst Du immer noch Pastor werden? Oder ist das eine taktlose Frage? Nachdem ich gelobt habe, aufzuhören, den Kontinent ziellos zu durchstreifen, studiere ich Jura – was in England bedeutet, daß ich mir wünsche, ein Schriftsteller oder Politiker zu werden. Ich vermute letzteres. Ziemlich bedrückend, ich weiß – ein demokratischer Politiker, noch nicht einmal die andere Sorte. Wie meint doch Hitler in *Mein Kampf*: Was beweist es schon, bei der breiten Masse Erfolg zu haben? Das ist eine meiner Lieblingsstellen. Die andere steht kurz davor, daß nämlich Störche sich nur mit Störchen paaren und Buchfinken nur mit Buchfinken. Ich meine, wie könnten –?

Ich kann mir nicht helfen, ich mache mir um Österreich Sorgen. Die Leute, die ich in Wien kenne, sind Halbjuden, und kürzlich traf ich einen deutschen Emigranten, der sehr pessimistisch war. Alle Emigranten sind pessimistisch. Ich wiederhole, was sie sagen, um die Optimisten in meinem Bekanntenkreis zu schockieren, aber im Grunde genommen bin ich genauso optimistisch wie sie, instinktiv, meine ich, obwohl mein Verstand und meine Einsicht ziemlich schwarzsehen. Das würde den alten Kästner auf *Lebensbejahung* bringen, nicht wahr? Grüß ihn herzlich von mir – oder laß es, wie es Dir beliebt. Ich weiß nicht genau, wie wir zueinander stehen. Ich habe es nie gewußt.

Ich mußte an ihn und an Dich denken – nein, das ist taktlos –, an ihn und Deinen Vater, sollte ich eher sagen, als ich Thomas Manns *Zauberberg* las. An Deinen Vater, weil ich danach das Gefühl hatte, fast genauso viel über Lungenkrankheiten zu wissen wie er; an Kästner aus anderen Gründen. Hast Du das Buch gelesen? Ich würde nicht einmal im Traum daran denken, einen englischen Jungen Deines Alters danach zu fragen, aber Du hast mich schon einmal verblüfft. Ein schrecklich deutsches Buch, denke ich, und für mich nicht halb so gut wie seine weniger anspruchsvollen Sachen. Aber ich nehme an, ich darf ihn jetzt keinen ›Deutschen‹ mehr nennen, denn, wie meine Wirtin in A– sagte, als ich ihn erwähnte, ›Früher schrieb er gut, aber nun hat er sich sehr schlecht benommen‹. Also wirst Du ihn nicht gelesen haben, fanatischer junger Nazi, der Du bist. Ich finde es schade, daß Deine Vorurteile Dich dahin gebracht haben.

Ich weiß nicht, ob Du die Zeit finden wirst, auf diesen Brief zu antworten, aber es würde mich interessieren, von Euch allen zu hören – angefangen bei Dir, bis hin zu Herrn Klinge. Ich nehme an, Du hast Dich weitgehend erholt? Ich hätte das am Anfang fragen sollen, aber um die Wahrheit zu sagen, ich habe das bereits in einen Brief an Herrn Oehme einfließen lassen, dem ich für seine große Freundlichkeit eine Antwort schuldete, auch wenn Du ihn wahrscheinlich ein wenig komisch findest. Grüße Deine Familie von mir.

 Mit ziemlich unpolitischen Grüßen
 Dein
           David Beaton.

Götz überflog alles bloß kurz, um zu sehen, ob es in Ordnung war und um es nicht für später zu verderben – wie ein kurzer Test des Wassers vor dem Schwimmen. Aber Gisela mischte sich ein.

»Was schreibt Dein Engländer?«

»Oh, nichts, nicht viel.«

»Laß sehen.«

Sie sagte das, als ob ihre Forderung überhaupt nicht unverschämt wäre. In Götzens Alter wird das Recht, Geheimnisse zu haben, oft nur unzureichend von Eltern und älteren Schwestern respektiert. Mit Entsetzen bemerkte er, daß diese einfachen Worte eine Krise heraufbeschworen. Eine Weigerung hieße, die Neugier zu steigern und Verdacht zu erwecken; nachzugeben hieße – er spähte hastig auf die Seiten, ob da etwas ..., ob er wirklich ... Aber natürlich war es nicht nur der Brief. Das wäre ein Präzedenzfall ... Inzwischen machte jeder Moment des Zögerns fast den Eindruck einer Weigerung.

»Nein, bitte«, sagte er gequält, »immerhin ist der Brief an mich gerichtet.«

»Oh, ganz wie Du willst. Ich dachte bloß –«

»Ich weiß. Es gibt wirklich keinen Grund, nur –«

Es gab doch einen Grund. Und alle in der Familie hätten ihn verstanden, wäre der Brief statt an Götz an Gisela gerichtet gewesen. Er hatte versucht, nicht abweisend oder beleidigt zu klingen und hatte all die Freundlichkeit in seine Stimme gelegt, deren er fähig war, bloß um das Entstehen jedweder Feindseligkeit zwischen ihnen zu vermeiden. Aber das brachte einen flehenden, fast ängstlichen Ton mit hinein, der, während er die Feindseligkeit besänftigte, Neugier, Sorge und Verdacht weckte.

»Geht's um Politik?« fragte sie plötzlich.

»Ein wenig.«

»Der Idiot! Das darf er nicht machen. Du mußt ihm das verbieten.«

»Oh, es ist in Ordnung. Was *er* sagt, ist egal. Was *ich* sage, ist wichtig. Und ich werde sehr vorsichtig sein, glaub mir.«

»Ich wünschte, ich könnte, aber Du bist solch ein kleiner – Götz, Du mußt mich sehen lassen, was Du schreibst.«
»Oh, zum Henker damit! Ich bin doch nicht blöd.«
»Nun, *Du bist doch auf den Kopf gefallen.*«
»Ha, ha!«
»Versprich mir, daß Du mich Deine Antwort sehen läßt.«
»Er hat nicht *Dir* geschrieben.«
Als er die Worte aussprach, spürte er die unglückliche, nicht beabsichtigte Andeutung von Triumph auf seiner und Eifersucht auf ihrer Seite. Sie wurde rot. Die Andeutung konnte nicht als völlig unwahr abgetan werden – warum sonst ihr Interesse? –, aber auf die oberflächliche Weise stimmte sie nicht, außer man geht in alle möglichen unbewußten, hypothetischen Bereiche. Sie war nicht darauf eifersüchtig, daß ihr gutaussehender Bruder ihr einen potentiellen Verehrer wegschnappen könnte, als solcher war ihr Beaton nie in den Sinn gekommen. Es war eher eine feministisch-intellektuelle Eifersucht auf das gesamte männliche Geschlecht, verbunden mit einer mütterlichen Eifersucht auf Beaton. Warum sollte dieser dumme kleine Götz Briefe über Politik und ähnlich hehre Gegenstände von einem offenkundig intelligenten Ausländer bekommen, bloß weil er ein Junge war? Hier war ein klarer und deutlicher Beleg für jene Verschwörung, ihr Geschlecht auszuschließen. Und da war jemand, der von ihrem geliebten Bruder mit derselben Art von Zuneigung Besitz ergriff – sie hatte das von Anfang an gespürt –, und mit mehr Erfolg als sie, jemand, der angenommen wurde, wo man sie fortstieß. Wie konnte sie auch mit etwas so Exotischem und Aufregendem wie einem Engländer konkurrieren?

Im Zug holte Götz den Brief hervor, um ihn genau zu lesen, um zu genießen, was zum Genießen bestimmt war. Mehr als der Inhalt genügte dazu eigentlich schon der Brief selbst, doch es galt auch die Schonung zu bewundern, mit der das Wesentliche eingeschmuggelt worden war. Ja, es begann etwas Neues, das reiner und kontrollierter war, es klebte keine Erde mehr an den Goldkörnchen. Daran konnte nichts Bedenkliches sein – außer daß es so aufhören mußte, wie es begonnen hatte –, aber im Moment – ja, er würde den Brief bestimmt beantworten. ...

In dieser Woche starb der alte Schuldirektor, der eigentlich noch gar nicht so alt war, den aber Überarbeitung und Sorge umgebracht hatten. Niemöller war zu einer Strafe verurteilt worden, die er bereits abgebüßt hatte, und wurde von der Gestapo erneut verhaftet. Göring kam aus Polen zurück, um einen ›Tag der deutschen Luftwaffe‹ abzuhalten, auf dem er mit der Schlagkraft seiner Truppen prahlte. Die Lage in Österreich wurde täglich schwieriger. Ribbentrop kehrte zum Abschied nach London zurück – zum letzten Besuch, hätte man sagen können. Und Götz setzte sich hin und schrieb seine Antwort:

Mein lieber ehemaliger Lehrer,
vielen Dank für Ihren Brief, der mich sehr angenehm überrascht hat. Ich kann mein Gewissen nicht damit beruhigen, Englisch zu üben – meine Mutter nimmt an, ich würde auf Englisch schreiben, und ich will sie nicht enttäuschen –, denn ich schreibe diese Antwort auf Deutsch. Andererseits bin ich dazu erzogen worden, es mit dem Beantworten von Briefen genau zu nehmen – meine Mutter sagt, daß ich selbstverständlich antworten muß und nicht faul sein soll. Ich erwähnte es bereits, sie nimmt an, daß ich auf Englisch antworte – aber egal, wenn Eltern darauf bestehen, kann man nichts daran ändern. Nebenbei, wie Sie in ihrer professionellen Eigenschaft vielleicht beobachtet haben werden, ist mein Bewußtsein, Zeit zu verschwenden, nach fünf Jahren in

meiner geliebten Schule ziemlich abgestumpft. Das trifft natürlich nicht auf die Hitlerjugend zu, über die Sie besondere Ansichten zu haben scheinen. Sie hätten Ihre Zeit in Deutschland nutzen sollen, um die phantastische Propaganda der ausländischen Presse über solche Dinge zu überprüfen. In der Hitlerjugend lernen wir Kameradschaft und Disziplin und solche Sachen – das haben Sie doch wohl bemerkt?

Ein Vortrag mit dem Titel ›Der Lehrer als Freund des Jungen‹, der vor kurzem abends im Radio kam, hätte Sie bestimmt interessiert. Es war einer von mehreren über den neuen Geist in verschiedenen Lebensbereichen. Der Redner sprach davon, welch vollkommen neue Beziehung nun zwischen Jungen und Lehrern bestehe, eine von Vertrauen und gegenseitigem Verständnis getragene, etcetera, etcetera. Am nächsten Morgen grinsten ein oder zwei der jüngeren Lehrer vor lauter gegenseitigem Verständnis, bis es ihnen wehtat. Aber die meisten, fürchte ich, sind unverbesserliche Überbleibsel aus der liberalistischen Ära. Ich weiß nicht, was der neue Direktor mit ihnen machen wird.

Meine Mutter ist natürlich sehr erfreut, daß Herr Eden gegangen ist, und Sie werden zweifellos erfreut sein, daß Herr von Ribbentrop, der, wie Sie sagten, ein solcher Erfolg in London war, Außenminister geworden ist. Ich weiß nicht, warum Sie den Emigranten glauben, was die über Österreich sagen, anstatt dem Führer, der erst kürzlich noch einmal versicherte, daß er nicht die geringste Absicht habe, sich in Österreich einzumischen. Sie sollten Ihre Ansichten besser ändern, bevor ich Ihnen viel Erfolg als Politiker wünschen kann.

Nun, ich muß jetzt aufhören. Um Ihre freundliche Erkundigung nach meiner Gesundheit zu beantworten, ich bin wieder völlig in Ordnung, aber eine Menge Leute machen sich Sorgen, deshalb muß ich nicht zur Hitlerjugend und bekomme weniger Hausaufgaben auf. Über die Schule kann ich Ihnen nichts erzählen – da gibt es nichts zu erzählen. Ein Tag ist so langweilig wie der andere. Meine Eltern lassen grüßen.

Mögen *Thor* und *Wotan* Sie beschützen!

Ihr

Götz Biehl-Bodenhausen

Er knallte es vor Gisela hin. Sie las es und war wirklich sprachlos.

»Ja, das ist in Ordnung.«

»Nun, wirst Du mir in Zukunft vielleicht vertrauen?«

Aber als sie sah, wie selbstzufrieden er war, kamen ihr plötzlich Zweifel. Vielleicht spürte sie, daß nichts in Ordnung ist, wenn ein Junge anfängt, solcherart raffiniert und unaufrichtig zu werden und beginnt, seine Gedanken nicht bloß vor anderen, sondern auch vor sich selber zu verbergen. Vielleicht spürte sie, daß ihr Bruder ihrem Zugriff entwuchs.

»Ich hoffe, dieser Quatsch gefällt ihm«, sagte sie schroff. Sie fragte nicht, was er wirklich dachte, wie tief sein Zynismus tatsächlich ging. Das tat man einfach nicht. . . .

An dem Tag, als Götz den Brief aufgab, marschierten die Truppen des Reiches in Österreich ein.

»Da hast Du's«, sagte er, als er den Brief in den Kasten steckte, aber er hätte nicht sagen können, wem diese Bemerkung galt. Denn alles in allem, Schuschnigg – ach, hör auf, hör auf.

18.

Österreich wurde angeschlossen. Napoleon marschierte. Ja, es hatte etwas davon, ganz abgesehen vom patriotischen Gejubel und den persönlichen Befürchtungen. Das Drama nahm seinen Lauf, wurde jetzt eine Zeitlang von niemandem aufgehalten, bis es ein entsprechendes Ausmaß und die richtige Anzahl von Akten haben würde – auf daß die Welt fasziniert zuschaue und den Eindruck eines Kunstgenusses habe. Man nehme den Atlas zur Hand: Großes wird aus Kleinem gemacht, Ordnung aus Chaos, die Reiche Roms, Alexanders, der Ottomanen, Napoleons blühten wie Rosen prächtig auf, und wie eine Flut fegten sie die Grenzen mit ungeheurer Zerstörungswut hinweg; selbst die Bauern, deren Land ruiniert wurde, waren fast noch begeistert. »*Wir leben in bewegten Zeiten*«, sagten die Jungen.

Und nicht nur die Jungen. Götzens Vater war verblüfft, denselben fröhlich-banalen Kommentar von Doktor Rindler zu hören, einem klugen, boshaften alten Mann, dessen Zynismus dem seines jüngeren Kollegen bis zu einem gewissen Grad ähnelte, bis zu dem Punkt, an dem dieser feststellte, daß er sich trotz allem Sorgen machte. »Überlassen Sie diese Bemerkung übergeschnappten, bescheuerten Burschen wie meinen Söhnen«, sagte er. Der alte Mann lachte gelassen. »Wie weise diese überschnappten Burschen sind«, sagte er, »in ihrer Generation weiser als Kinder der Aufklärung wie Sie. Sie gehören nicht zu dieser Generation, also müssen Sie keine befürwortende Haltung einnehmen. Und Hand aufs Herz, *Herr Kollege*, glauben Sie an den Abgrund, den Sie vorhersagen? Man weiß nie, wissen Sie, man weiß nie. Das Höllenfeuer ist weit weg und unwahrscheinlich, der alte Faust glaubt nur halb daran und hofft, den Teufel übers Ohr zu hauen. Eine sehr menschliche Figur, Faust –« »Es ist nicht Ihre

Hölle«, unterbrach ihn Götzens Vater. »Sie sind alt, Sie haben keine Kinder und kein Herz.«

Was Götz anbetraf – nun, es war Frühling, er hatte einen Brief, seine Stimmung war umgeschlagen und, wir wissen es, seine Stimmungen ließen sich von Ereignissen nur wenig beeinflussen. War er vorher zu unglücklich gewesen, um sich darum zu kümmern, so war er nun zu glücklich, um sich großartig Gedanken darüber zu machen. Er war wieder an die Oberfläche getaucht, seine Depression war vorbei, so gründlich vorbei, daß er sie nicht einmal mehr verstand. Die Welt war wunderbar, in der es Blumen und Briefe und Bücher und Fahrräder und Badengehen und Freunde und Witze über Lehrer und Hoffnung und Vorfreude gab. Tod und romantische Schlachtfelder und all der schreckliche Kram, von dem Ludwig in der Herberge gesprochen hatte, waren phantastisch und morbid, wie *Der Zauberberg*, den sie im Haus hatten und in den er mit wenig Gefallen einen Blick geworfen hatte. Ach, *was!* – man wollte leben und man würde leben.

Alle Versatzstücke seiner verzweifelten Stimmung verschwanden auf einmal. Zusammen mit Ludwigs ›phantastischer und morbider‹ Version des Nationalsozialismus verschwand das romantische Schlachtfeld und der Traum vom verzweifelten Widerstand. Der Traum war ein Traum in ferner Zukunft gewesen, und der Widerstand war der Widerstand gegen die ›phantastische und morbide Version‹ gewesen. In der Tat war es der Traum vom Widerstand gegen einen Alptraum.

Hatte der Alptraum nicht mit der Invasion in Österreich begonnen, und sollte der Traum nicht jetzt in die Tat umgesetzt werden? Feigheit oder Hilflosigkeit mochten viele Erwachsene, die in so unklaren Begriffen träumten und nur halb an das Höllenfeuer glaubten, wie der alte Rindler sagte, die Wirklichkeit nicht erkennen lassen; die Jugend hatte das

Recht zu sagen ›Es hat noch nicht begonnen – noch nicht. Das steht jemand anderem zu‹ und den Moment des Handelns weiter in die Zukunft zu verschieben. Das tat Götz – und indem er es tat, indem er optimistisch war, war er, seiner kritischen Haltung zum Trotz, gezwungen, der offiziellen Lesart zuzuneigen und Österreich als eine Ausnahme zu betrachten, nicht als das Vorspiel zu einer kriegerischen Politik, nicht als eine Strömung, die ihn einkreisen würde, bevor er gelebt und überhaupt irgend etwas bewegt haben würde.

Seine *Lebensbejahung* war nicht logischer als seine Verzweiflung zuvor. Die frühere Stimmung hatte sich an Kleinigkeiten gestoßen und keine Luft zum Atmen gehabt; die gegenwärtige verschlang und verbreitete alles mit einem nahezu abgestumpften Wohlgefallen am Skandal, unappetitliche Dinge über die Okkupation Österreichs ebenso wie über das Regime im allgemeinen. Gewissermaßen verfiel er wieder der kindlichen Angewohnheit, keine Bilanz zu ziehen und die Folgen seiner eigenen Aussagen zu ignorieren. In Gedanken machte er sich jünger, sagte ›Ich bin bloß ein Junge, verstehst Du, nicht alt genug für diese Dinge. Ich werde natürlich erwachsen, aber jetzt ist Zeit zum Spielen, Zeit, törichte, dumme Briefe zu schreiben.‹ Aber da gab es einen Unterschied zu früher: Er hatte den tieferen Sinn aller Ereignisse begriffen. Er wußte, daß es sie gab, selbst wenn er sie ignorierte. Obwohl er die Tatsachen mit seinem jugendlichen Instinkt bekämpfte, konnte ihr Einsickern in eine bestimmte Art zu sprechen das auf der Lauer liegende Entsetzen hervorrufen.

Das war nicht nach seinem Geschmack. Mit unüberlegten, vergnügten Diskussionen über den nächsten Krieg – ein nun in seiner Klasse wiederbelebtes Thema – wollte er nichts zu tun haben.

»Wer wird in den Krieg ziehen?« fragte er.

»Rußland«, sagte ein naiver Jüngling. »Schau Dir diese Flugplätze in der Tschechoslowakei an. Ich habe gelesen –«

»Rußland, Quatsch!« sagte der Fanatiker der Klasse, den niemand besonders mochte. »*Wir* werden Krieg führen – und zwar gründlich.«

»Gegen wen?« und »Hitler will Frieden« waren die aufgeregten Einwände.

»Frankreich, England, Rußland –«, war die Antwort.

»Du bist verrückt.«

Und das war Hitler trotz allem nicht. Lassen wir ihm Gerechtigkeit widerfahren. Er war nicht, was diese Fanatiker in ihm sahen. Er unterschätzte potentielle Gegner nicht. . . . Und hier vereinte sich Götzens Optimismus mit seiner neuen Anglophilie und machte ihm bewußt, daß Hitler, wie er in *Mein Kampf* geschrieben hatte, Übereinkommen mit den Mächtigen suchte, wenn auch einfach aus Vorsicht. Und die Mächtigen, das waren natürlich zu allererst die Engländer.

Ein- oder zweimal ertappte er sich dabei, wie er gegen die Tendenz, die englische Macht herabzusetzen, anging – obwohl er sich scheute es zu tun, wenn jemand wie Lange dabei war, damit kein rein persönlicher Grund vermutet wurde. Deshalb war er in einer Stunde über die Geographie Englands auf der Seite von Herrn Oehme. Herr Oehme tat den Vorschriften Genüge und hob strategische und ›geopolitische‹ Faktoren hervor. So wies er zunächst darauf hin, daß England eine Insel und dies ein sehr wichtiger Vorteil sei, besonders wenn das Meer unter Kontrolle war. Einige der Jungen fingen sofort an, von Flugzeugen und Unterseebooten zu reden. Mehr als einer war überzeugt davon, daß eine größere Rücksichtslosigkeit den Sieg gebracht hätte. Herr Oehme erzählte von einem Cousin, der auf einem U-Boot Dienst tat, der meinte, die englischen Gegenmaßnahmen hätten so oder so zum Sieg geführt. Götz mischte sich mit einer Bemerkung seines Vaters ins Gespräch ein. Zuletzt sagte Herr Oehme: »Wir haben vier Jahre gegen die ganze Welt gekämpft. Mir genügt das. Ich verstehe nicht, warum wir behaupten sollten, daß wir nicht besiegt wurden oder nicht besiegt worden wären, wenn –«

Ganz genau, dachte Götz und nickte sogar.

In diesen Tagen fühlte er sich zu Herrn Oehme hingezogen, da er sich von Ludwig entfremdet hatte. Er schämte sich ein wenig, da andere Jungen ihn nicht so mochten; wer schwach war, wurde nur wenig geschätzt. Außer Götz schien niemand über die Härte in Ludwigs Ansichten, wie sie in der großen Diskussion zum Ausdruck gekommen war, erschrocken zu sein – wenn überhaupt, so fanden sie sie erfrischend, und auch wenn sie nicht viel verstanden hatten, so spürten sie doch einen schwachen Kitzel angesichts des überstürzten Rückzugs schwacher, bläßlicher, fälschlich ausgleichender Ansichten vor den harten, vollblütigen. »Optimismus«, sagt Thomas Mann, »ist gewissermaßen geistig im Nachteil, verglichen mit dem tragischen, pessimistischen und wahrhaften Konzept von schwarzer, blutbefleckter und gewalttätiger Zukunft ... Er wird stets als eine allgemeine Schwäche des Verstandes und Charakters angesehen ... während die Pessimisten, die ›Glück‹ leugnen und nicht daran glauben, für tiefsinniger, weiser, und männlicher gehalten werden. Und das deutsche Denken und Fühlen sieht Optimismus und Pessimismus besonders in diesem Licht.« Nun, diese Jungen waren Deutsche, und der arme Herr Oehme hätte leicht »allgemeiner Schwäche des Verstandes und Charakters« beschuldigt werden können. Also ließ Götz sich sein Gefühl nicht anmerken und konnte nicht umhin zu lachen, wenn Herr Oehme auf eine besonders komische Art zum Narren gehalten wurde. Aber er war ein- oder zweimal der letzte, der aus dem Klassenzimmer ging, und lächelte Herrn Oehme bei dieser und bei anderen Begegnungen freundlich zu. Nach der Diskussion über England, bei der Götz sich nur einmal zu Wort gemeldet hatte und es Herrn Oehme nicht entgangen war, daß Götz sein einziger Verbündeter war, sprach er ihn beim Verlassen der Schule an.

»Wie geht es Deinem Vater in letzter Zeit?«

»Oh, ganz gut, danke«, antwortete Götz überrascht.

Dann, mit dem Gefühl, etwas hinzufügen zu müssen: »Er macht sich natürlich Sorgen.«

»Ja, natürlich –«, seufzte Herr Oehme. . . .

»Oehme? Oehme?« sagte der Herr Doktor, als Götz ihm davon erzählte. »Oh, ja, ich habe ihn einmal getroffen, als er Kurts Klassenlehrer war, nicht wahr?«

»Er *war* Kurts Klassenlehrer, ja. . . .«

Götz wurde bewußt, daß Herr Oehme, so lächerlich er auch war, etwas mit seinem Vater gemein hatte. Vielleicht lag das bloß daran, daß beide sich Sorgen machten – obwohl Götz nicht an Politik dachte, als er davon erzählte. Aber ›sich Sorgen machen‹ war ein schwaches, menschliches Wort. Was immer sie auch gemein hatten, Ludwig fehlte es ganz und gar. Was immer es war, schon oft hatte es Götz ungeduldig werden lassen und für Ludwig empfänglich gemacht, der anders war. Er war mittleren Alters, *spießbürgerlich*, negativ. Jetzt war das eine Art Konterrevolution. Anscheinend haftete Ludwigs Wahrnehmung eine gewisse Unreife an; er wirkte egoistisch und ein wenig wie ein schlechter Schauspieler. Sogar sein wiederholt geäußerter Anspruch, stärker zu empfinden als die meisten, der Wirklichkeit ernsthafter entgegenzutreten, erschien nun fragwürdig. Für wen empfand er? Was war seine Wirklichkeit? Es war ein rücksichtsloses Hinweggehen mit donnernden Worten über menschliches Leid, als ob es ihn mehr schmerzte als sie. Egal, Götz schien zu dieser Welt zu gehören – westlich-demokratisch oder wie auch immer –, in der sein Vater und Herr Oehme ›sich Sorgen machten‹ und Kritik übten und über Dr. Leys neue Villa und des Gauleiters Korruptheit sprachen anstatt über *Weltanschauungen* – große, gewalttätige Abstraktionen, die ihn jetzt kaum noch beeindruckten. Das hatte weniger mit seinem Vater und Herrn Oehme zu tun, dafür um so mehr mit dem Engländer, der sogar noch weniger ›mittleren Alters‹ war als Ludwig, so daß dessen Schwung und Verachtung von *Spießbürgern* mächtig an Wirkung verlor.

Was Hitler anbetraf, so konnte der Götz noch nicht einmal von Ludwig schmackhaft gemacht werden. Mochte Ludwig ihn überhaupt? Hatte er nicht das Gegenteil angedeutet? Zugleich war Götzens Optimismus nicht geneigt, den Führer für verrückt oder napoleonisch zu halten, denn beides bedeutete nichts Gutes für die Jugend. Eine gewisse Bauernschläue, ja. ... Alle Gedanken an den Führer trafen früher oder später auf dieses fremde, störende Scheingewissen, das ihn an jenem Sonntagnachmittag verstört hatte, als er den Erhabenen verspottet hatte. Der Erhabene, so schien es, hatte es gehört. Er hatte Götz nicht vernichtet, aber er war in Österreich einmarschiert, um zu verstehen zu geben, daß er sich nicht verspotten ließ, daß er zuschlagen konnte, daß er wußte, was er tat.

Götz erhielt einen zweiten Brief, der so anfing:

Mein lieber ehemaliger Schüler,
ich habe mich sehr gefreut, so schnell eine Antwort zu bekommen. Und Deiner Mutter sei gedankt, daß sie Dich so streng erzogen und auf einer Antwort bestanden hat. Ich bin mir nicht sicher, ob ich mir wünsche, Du hättest ihre Anweisungen getreuer befolgt und auf Englisch geschrieben. Eine

fremde Sprache hat gewisse Vorteile und, wenn ich mich recht entsinne, Dein unorthodoxes Englisch hatte einen gewissen Charme. Was das Schreiben anbetrifft, habe ich ein Vorurteil gegen alles Deutsche, gegen diese ruckartige *deutsche Schrift*, die Rundungen unnachgiebig beseitigt und alle Buchstaben in eine Uniform steckt, bis sie sich fürchterlich ähnlich sehen. Bei den Schwierigkeiten, mit denen man zu kämpfen hat, kann ich nicht verstehen, warum die Graphologie in Deutschland so floriert.

Mein Emigrant glaubt, die Tschechen sind als nächste an der Reihe –

Ach, war das taktlos. Götz war wütend. Es war so logisch, so plausibel, ein Kreuzverhör des Optimismus, das gewisse idiotische Bemerkungen über Österreich ausnutzte. Oh ja, er sollte Rechtsanwalt werden. ... Es bedurfte der ganzen belanglosen Liebenswürdigkeit des restlichen Briefes, um die bittere Medizin zu schlucken.

Da sich das Schuljahr mit den üblichen Prüfungen zu Ostern dem Ende zuneigte, hatte er in diesen Tagen viel zu tun, und als er dazu kam zu antworten, hatte er seinen Ärger vergessen.

Das war sein zweiter Brief:

Mein lieber ehemaliger Lehrer,
diesmal nehme ich die Schreibmaschine meiner Schwester, da meine Schrift Sie zu stören scheint. Sie ärgert auch alle Lehrer, und die haben kein Vorurteil gegen die *deutsche Schrift*.

Es tut mir leid, daß ich diesmal nicht so prompt geantwortet habe, aber ich war mit den Prüfungen beschäftigt, die jetzt, Gott sei Dank, vorbei sind. Klinge hat uns einen

Aufsatz über die englisch-deutschen Beziehungen aufgegeben, von dem ich Ihnen eine Rohfassung beilege. Er fand es ungewöhnlich, mehr nicht. Natürlich meine ich nicht den Inhalt, sondern mein Englisch. Ich gehe auf dem Zahnfleisch. ›Aber natürlich, die Gesundheit des Jungen. . . .‹ Im Vertrauen, dem Jungen geht's ganz gut, abgesehen davon, daß er in den Ferien nacharbeiten muß.

Es wird Sie interessieren zu hören, daß Herr Kästner uns verlassen hat, das heißt, nach den Ferien wird er an eine andere Schule versetzt. Ich glaube nicht, daß es eine bessere Position ist; viele Versetzungen erfolgen bloß so zum Spaß. Das ist bestimmt die ›Bewegung‹, von der man jetzt soviel hört. Unsere Klasse hat ihm ein Buch geschenkt, was ihm sehr gefallen hat. Ich glaube nicht, daß er versetzt werden wollte. Er sagte, wie traurig er sei, uns verlassen zu müssen.

Ich nehme an, Sie sind zu beschäftigt, um in der nächsten Zeit daran zu denken, wieder nach Deutschland zu kommen. Meine Eltern lassen grüßen. Ich schicke zwei Photographien von unserem Skiausflug mit. Ich bin der kleinste Punkt auf der zweiten.
Ihr
Götz Biehl-Bodenhausen.

Der beigefügte Aufsatz begann so:
In the last time is there much discussion of the relations of England and Germany. Some people say these relations are good, others say they are not so good. . . .

19.

Neben anderen Angelegenheiten wurden die englisch-deutschen Beziehungen mit ziemlicher sprachlicher Gewandtheit und mit originellen Ansichten von dem guten alten Dr. Rindler besprochen, als er in den Osterferien einmal sonntags zum Mittagessen kam. Götz freute sich nicht besonders, ihn zu sehen. Genaugenommen war er für alle ein zwar interessanter, aber verstörender Besucher. Er hatte das Regime als wunderbare Gelegenheit für Spott entdeckt, und nicht ohne Geschick ahmte er die Narreteien und Schwächen seiner Nächsten nach. Das Ungefähre, das Gedanken und Ausdrucksformen gegenwärtig zu eigen war, war sein Element. »Wie blind wir vor '33 waren!« konnte er sagen. »Mendelssohns Musik und Heines Poesie tun mir jetzt in den Ohren weh; früher pflegte ich sie entzückend zu finden« – und sein Zuhörer würde dieselbe geistige Umwälzung bekunden. Oder »Sehen Sie bloß, was Hitler für die Medizin getan hat!« konnte er sagen, und bald würde er seine Kollegen soweit haben, den phantastischsten Behauptungen beizupflichten. Er schätzte seine Opfer so gut ein, daß er bei ihnen kaum den Eindruck erweckte, sie seien verulkt worden – mehr noch, bei einigen seiner Paradoxien war er selber das erste Opfer, ein Pygmalion, der sich in die eigenen Ausgestaltungen innerer Überzeugungen verliebt hatte.

Bei Götzens Vater, das mußte er widerwillig zugeben, war das Spiel zwecklos, aber Götzens Mutter war ein nahezu perfektes Opfer. Man konnte nicht behaupten, daß sie dumm war – ihre Kinder wiesen diese Vorstellung heftig von sich –, aber sie war wehrlos dagegen, verulkt zu werden, da sie selber keinen Spaß daran hatte. Und sie war häufig nicht bei der Sache, besonders wenn es um Politik ging. Oft war sie gekränkt, wenn sie merkte, welchem Unsinn sie beigepflichtet hatte, doch das nächste Mal war sie so wehrlos wie zuvor. Dr. Rindlers nicht sehr höflicher Zeitvertreib bei den Biehl-Bodenhausens bestand darin, die selbstgefällige Gutmütigkeit der Frau Doktor zu torpedieren, während ihre Kinder sie wie Schutzschilde zu decken versuchten und ihr kaum eine Antwort gestatteten.

Diesmal hatte er damit angefangen, auf die jüngste Volksabstimmung anzuspielen, die er eine ›große Bekundung‹ nannte. Götzens Vater hatte im Gegenteil eine Bemerkung über mangelnde Ungestörtheit im Wahllokal gemacht, hatte aber auf Drängen auch zugeben müssen, daß es eine Reihe von Kabinen gab, die man hätte benutzen können, wenn man hätte allein sein wollen.

»Da haben Sie's«, sagte Dr. Rindler, »unsere Wahlen sind wirklich freier als jene der sogenannten Demokratien. Die nötigen einen zur geheimen Wahl, was eine Ermutigung für die Feigen und Unaufrichtigen ist. Hier hat man die Wahl.«

»Ich bin für zwangsweise Geheimhaltung«, sagte Gisela offen.

»Nein, das greift in die Rechte anderer Menschen ein, nicht wahr, Frau Doktor?« Aber die hatte nicht zugehört und blickte ihn recht verständnislos an. Also fuhr er, an Gisela gewandt, fort: »Warum sollte man überhaupt Geheimhaltung wollen, außer man schämt sich wegen irgend etwas.«

»Würden Sie wollen, daß jemand all Ihre Briefe liest?« fragte Gisela. Du bist mir die Richtige für eine solche Frage, dachte Götz.

»Man mag Angst haben, aber man schämt sich nicht«, sagte ihr Vater, verwundert darüber, daß man sich überhaupt die Mühe gab, dem langweiligen alten Mann ausführlich zu antworten.

»Sie meinen, man hat Angst vor der Wut der Leute? Das ist vielleicht der Nachteil, wenn man in einer echten statt in einer sogenannten Demokratie lebt. Ich habe gehört, daß Armeeoffiziere in Wien angesichts des starken Volksempfindens machtlos gewesen sind –«

»Hm, ich habe einen Patienten, dem der Volkszorn die Lungen ruiniert hat. Er kam zu mir –«

»Niemand sollte beim Essen über seine Arbeit reden, am wenigsten ein Doktor.«

Was für ein Humbug, dachte Götz.

»Was für ein exzellentes Stück Schweinefleisch, Frau Doktor! So etwas bekommen Junggesellen nie zu essen. . . . Die Engländer –«

Götz hörte zu.

»Die Engländer kritisieren das Dritte Reich als nicht demokratisch genug, aber in Wirklichkeit mißbilligen sie seine ziemlich proletarischen Sitten. Tatsächlich gleicht unser Mißverständnis mit England«, fuhr er fort, während sein Gesicht wie bei einer plötzlichen Eingebung strahlte, »ganz einem gut konstruierten Schauspiel mit Zwillingen und verzweifelten Liebenden à la Shakespeare. Es wäre wirklich komisch, wenn es nicht tragisch wäre.«

»Sie meinen«, fragte Gisela trocken, »daß es tragisch wäre, wenn es nicht komisch wäre, nicht wahr?«

»Wie bitter die Jugendlichen sind! Wissen Sie, alles dreht sich um die Frage, wer mit wem spricht. Ist Hitler das Sprachrohr des deutschen Volkes oder ist er bloß ein – ein Magenknurren, das wohlerzogene Menschen überhören? Wie peinlich, wenn der wohlerzogene Engländer sagt ›Sollten Sie nicht besser etwas gegen dieses – dieses Knurren einnehmen?‹ und das deutsche Volk völlig empört antwortet ›Mein Herr, ich habe versucht, mit Ihnen zu reden.‹«

Götz sah den verdutzten Gesichtsausdruck seiner Mutter und kicherte. Das war Ansporn für den alten Mann weiterzumachen.

»Wir tun unser Bestes. Wir machen kolossale Anstrengungen und geben dem Führer neunundneunzigprozentige Mehrheiten bei Wahlen. ›Sehr gut – zu gut, um wahr zu sein‹, sagt der Engländer. Wir erklären ihm, daß wir den Führer bewundern, aber schon das eine Prozent läßt ihn denken, wir würden alle lügen. Je mehr er uns mag, desto mehr möchte er das glauben. Denn den Führer mag er gewiß nicht.«

»Wie erklären Sie sich das?« fragte Gisela, seinen Tonfall nachahmend.

»Geschmacksfrage. Die erbittertsten Kämpfe beruhen auf Geschmacksfragen, denn daran kann man nichts ändern. Natürlich kann man sagen, daß der Engländer im tiefsten Herzen weiß, daß er uns eines Tages mit Bomben befreien wird, und zuvor möchte er die Vorstellung, uns zu befreien, fest in Denken und Gewissen verankern. Aber ich meine, das wird ihm nicht gerecht. Er ist – er ist wie ein Liebhaber, der findet, daß die Mutter des Mädchens ein absoluter Drachen ist, und vorschnell annimmt, das Mädchen teile seine Meinung, da sie seiner Ansicht nach ja wie Aschenbrödel behandelt wird. ›Liebling, eines Tages werde ich die alte Hexe umbringen!‹ Aber wir, wir verehren unsere Mutter und arbeiten uns freiwillig die Finger für sie wund –«

Magenknurren, Mütter, was würde als nächstes kommen? Er ist schwer in Fahrt, dachte Götz.

»Er beteuert, daß er das Mädchen liebt, obwohl er die Mutter haßt – Sie verstehen, selbstverständlich nicht antideutsch, sondern bloß anti-Hitler. ›Liebe!‹ sagt die Jungfrau zornig, ›Du wirst keinen Keil zwischen mich und meine Mutter treiben!‹ Und da sitzt sie nun und trotzt buchstäblich jedem in dieser Welt, der einen Keil zwischen sie treiben möchte. ... Und dann ist da noch die Presse – zwei völlig unterschiedliche Angelegenheiten in den beiden Ländern. Hier ist es die Puppe eines Bauchredners, die zwischen Mutter und Tochter plaziert ist, um jeglichen Keil zu verhindern, dort machen die unzähligen jüngeren Brüder und Vettern des jungen Mannes erschreckend unhöfliche Bemerkungen über die alte Dame. Die findet es nur vernünftig zu verlangen, daß sie erdrosselt werden sollten, und rächt sich, indem sie der Puppe einige garstige Seitenhiebe auf den jungen Mann in den Mund legt. Wenigstens denkt der junge Mann, daß sie es ist und die Jungfrau keinen Anteil daran hat – oh, eine schöne Situation!«

»Sehr kompliziert«, sagte Gisela. »Und jetzt seien Sie so freundlich und sagen Sie uns, was die junge Dame denn nun wirklich fühlt?«

»Wirklich fühlt?« Er hob seine Augenbrauen.

»Ja, wirklich fühlt. Für ihre Mutter.«

»Was fühlt eine jede junge Dame für ihre Mutter? Sie will nicht ein Wort zu ihren Ungunsten hören.« Er strahlte die Frau Doktor an, dann wieder Gisela, die wütend errötete.

»Es ist kein Shakespeare«, fügte er nachträglich hinzu. »Es ist dieser italienische Bursche – Pirandello. Sie verstehen. Was ist die Wahrheit?«

Götz verblüffte dieser unvorhergesehene Anklang an Ludwig, denn zwei unterschiedlichere Charaktere waren schwer vorstellbar. Aber nach dem, was er jetzt gehört hatte, spürte er undeutlich, daß sie auf derselben Seite standen, auf einer anderen als sein Vater, Herr Oehme und der Engländer. Doch während Ludwig bei Sturm ausfuhr und den Sprühregen in seinem Gesicht genoß, hielt es der alte Rindler mit einem lateinischen Dichter und dessen Spruch, daß es angenehm sei, von der Küste aus einen heftigen Sturm zu beobachten. Ludwig genoß die Situation mit seinen Sinnen, Rindler mit seinem Verstand. Beides war wohl falsch, aber alle Argumente dagegen waren emotional und intellektuell schwach. Glaube, Hoffnung, Liebe – das war nahezu alles. Dennoch, jetzt im Frühling waren sie stark genug, um den alten Rindler und seinesgleichen ignorieren zu können.

Es sollte an dieser Stelle gesagt werden, daß man dem, was ihn von jetzt bis zum Ende des Sommers verärgerte oder bekümmerte, zu große Bedeutung beimißt, wenn man es auch nur erwähnt, denn er war ganz und gar glücklich, besonders was den Engländer betraf. Hin und wieder mochte die alte Feindschaft wieder auftauchen; sie wurde aber einfach ausgelacht, wenn sie ernst genommen werden wollte. Deshalb ärgerte es ihn, als der Engländer in seinem nächsten Brief von der Not seiner Bekannten in Österreich berichtete. Wie einst auch Ludwig spürte er, daß es sich um eine Art von Pedanterie, um ein Punktemachen handelte. Alles in allem, was hatte er damit zu tun? Alle Briefe waren so. Es gab immer irgend etwas. ... Die Hälfte der Zeit taten sie so, als ob sie über englische und deutsche nationale Idiotien stritten und diese verhöhnten; es war ein Spiel, das einen zuweilen stärker verletzte, als man zeigen durfte.

War die Woche in der Herberge mit einer festen Geographie wie etwa der Lake District verbunden gewesen, so glich Götzens Leben jetzt mehr einer Zugfahrt durch eine flache Ebene. In den Ferien und im ersten Teil des Sommerhalbjahrs war er bei der Gestaltung seines Lebens ungewöhnlich erfolgreich. In diesem Jahr hatte er große Angst wegen der nicht gesicherten Versetzung, die er ernster nahm, als sein Brief durchblicken ließ. Er arbeitete hart, was sogar seine Familie eingestand, und belohnte sich – pünktlich und regelmäßig – alle vierzehn Tage mit einem Brief. Das ist eine Möglichkeit, den Zusammenhang von Arbeit und Briefen zu erklären; denn irgendwie gehörten sie zusammen. Wenn er einen Brief geschrieben oder erhalten hatte, ging er stets mit neuem Eifer wieder an die Arbeit. Möglicherweise hatte er eine nicht unbefriedigende Art des Umgangs mit jenen seltsamen und suspekten inneren Aufwallungen gefunden, über die er sich nicht endgültig klar werden konnte, werden würde. Er genoß sie eine Zeitlang, dann verdrängte er sie wieder, und der gleichbleibende Rhythmus machte einen Teil des Zaubers aus.

Schwimmen und – in den Ferien – lange Radtouren wurden ebenfalls zur Gewohnheit. Zu Beginn eines jeden Frühlings – zumindest in den letzten drei Jahren – nahm er das Schwimmen sehr erst und versuchte Kraulen zu lernen. Er zog sich meist sehr schnell an und aus und strengte sich an, seinen Körper nachhaltig zu ermüden, eine Wonne, die zweifellos etwas von Nachsicht und Unterdrückung an sich hatte.

In den Ferien las er auch die Übersetzung von *Oliver Twist*. Charles Dickens nach Oswald Spengler und Gustave Le Bon ist eine sonderbare Umkehrung der natürlichen Ordnung, dachte der Engländer, als er ein dummes Gerede über den Unterschied zwischen dem arischen Bill Sykes, dem Opfer der Umstände, und dem von Natur aus kriminellen Fagan erhielt. Aber er war nicht umsonst Bewohner seiner Insel und faßte es als einen Wechsel zum Besseren auf, und das sagte er auch.

20.

Das neue Schuljahr brachte einen Wechsel bei den Lehrern, wenn auch nur begrenzt wie beim neuen französischen Kabinett: niemand war wirklich neu und einige blieben dieselben. Herr Oehme wurde Götzens Klassenlehrer. Der neue Direktor war natürlich ein Nazi, aber eher wie jemand, der der

Karriere wegen in den geistlichen Stand eintritt oder einen akademischen Grad erwirbt. Er erwies sich als ziemlich harmlos, als er das Schuljahr mit einer überraschend kurzen Ansprache über die schweren Zeiten und die erforderliche Charakterstärke eröffnete. Er kündigte an, daß in der dritten Maiwoche die gesamte Schule – natürlich außer einigen wenigen Juden – auf verschiedene Jugendherbergen im Gebirge verteilt würde. Einige der älteren Lehrer murrten, daß es neuerdings viel zu viele solcher Unternehmungen gab. Sie wiesen darauf hin, daß das Schuljahr genau mittendrin unterbrochen würde und drei Klassen bereits im Winter eine Woche lang während der Schulzeit zum Skifahren gewesen seien. Das änderte nichts daran, daß Götzens Klasse ebenso wie alle anderen unter der Aufsicht ihres Klassenlehrers in ein kleines Dorf geschickt wurde, etwa zwanzig Kilometer entfernt von dem Ort, wo sie im Winter gewesen waren. Das vorgeschobene Motiv dafür war *Heimatkunde* – aber manche Lehrer meinten, es sei ein weiterer Übergriff mit Marschieren und Politik auf ältere, gelehrte Staatsbürger, während die Jungen insgesamt auf eine ruhige, aber nicht allzu langweilige Zeit hofften.

In Götzens Klasse gab es aufgrund dieser Neuigkeit eine Art von Verschwörung. Man ging davon aus, eine Woche mit Herrn Oehme werde ein teuflischer Spaß werden und dieser müsse mindestens mit der dauerhaften Konfiszierung seiner Hosen rechnen. Bei so etwas fühlte sich Götz wie ein normaler Schuljunge. Oder war es allgemeine Angeberei, die niemand richtig ernst nahm? Egal, obwohl unterdrücktes Kichern während der Fahrt einen bevorstehenden großen Spaß vermuten ließ und Herrn Oehmes offenkundige Verlegenheit das zu bestärken schien, gab es in Wirklichkeit weniger Scherereien als in einer normalen Unterrichtsstunde. Das lag teilweise daran, daß Herr Oehme jeweils nur mit denen sprach, die in seiner Nähe waren, und keine Vorträge aufgezwungen wurden, denen man ausweichen oder widerstehen mußte, teilweise aber auch daran, daß die meisten das, was er zu sagen hatte, unerwartet interessant fanden.

Er kannte eine Menge historischer und geographischer Anekdoten. Obwohl er in Geschichte ›Gründe‹ und in Erdkunde ›Faktoren‹ benennen mochte, gehörte er zur guten alten Schule der Anekdotenerzähler. Er konnte von den griechischen Inseln erzählen, wo die Leute niemals pünktlich und die Pissoirs manchmal sonderbar sind, von Italien, wo kleine Jungen mit Miniaturbajonetten bewaffnet sind und er einen Zug verpaßte, als er versuchte, Spaghetti zu bewältigen, von der Ausstellung in Paris und von französischen Weinen, von den Schotten im Kilt und den starken Zigaretten der Engländer. Von all diesen Dingen konnte er erzählen, ebenso von der Geschichte und den Legenden der jetzt aufgesuchten Orte. Und während eine andere Klasse mit einem energischen Lehrer dreißig Kilometer am Tag absolvieren mußte, bewahrte Herrn Oehmes Unsportlichkeit sie vor solchen Strapazen. Die Jungen waren froh darüber – Götz wußte, daß sie es waren –, und dennoch wurde Herrn Oehme weder für *haec otia* noch für das interessante Gespräch großer Dank zuteil. Hinter seinem Rücken wurde er nachgeäfft und belacht – und mehr und mehr fragte sich Götz, ob es bloß Angeberei war aus Angst, sich lächerlich zu machen, oder ob sie wirklich so waren. Nicht bloß Erwachsenen sind Jungen ein Rätsel.

Es wurden Vergleiche gezogen zwischen dieser Woche und der Woche mit Ludwig, die nun absolut phantastisch gewesen zu sein schien. Götz erinnerte sich aber, daß es damals besonders wegen des Essens viele Klagen gegeben hatte. Es schien eine allgemeine Übereinkunft des Klagens zu geben, und er konnte nicht herausbekommen, ob es den Klagenden ernst war. Es war ihm aufgefallen, daß die Jungen aus den ärmsten Elternhäusern das Essen beide Male am heftigsten kritisiert hatten; vielleicht konnte es ihnen keine Abwechslung und kein Gefühl der Tapferkeit schmackhaft machen. Diesmal war das Brot wirklich schlecht – unvernünftigerweise machte Herr Oehme über dessen fortschreitende Verschlechterung in ganz Deutschland Bemerkungen. Wahrscheinlich war es in erster Linie das Brot, das zu einer kleinen Durchfallepidemie am Wochenende führte, und Herr Oehme war sehr froh, eine Ausgabe der *Times* am Bahnhof gekauft und mitgenommen zu haben, obwohl diese Lektüre sich kaum für eine Woche der *Heimatkunde* empfahl. Möglicherweise war es auch das Brot, das in dieser Woche zu dem einzigen bemerkenswerten Zwischenfall führte.

In der Nähe der Herberge war ein Gasthof mit einem kleinen Biergarten, und Herr Oehme war oft versucht, sich dorthin zu stehlen, um eine ordentliche Mahlzeit oder wenigstens ein kleines Zubrot zu der Herbergsdiät zu bekommen. Aber er fand es den Jungen gegenüber unfair, bis er herausfand, daß jene, die etwas Taschengeld hatten, es selber so machten. Zuerst glaubte er, das unterbinden zu müssen, um den weniger Begünstigten gegenüber gerecht zu sein, aber so viele machten es, daß er zuletzt ihrem Beispiel folgte und sich am Donnerstagabend in der Freistunde vor dem Zubettgehen dorthin begab und seinen Magen mit einem kleinen Branntwein besänftigte. Es waren bloß zwei Jungen dort, die Bier tranken; sonst war fast niemand im Raum. Kaum hatte er sich an einen freien Tisch gesetzt, dachte er schon, daß er sich entweder zu den Jungen setzen oder wenigstens eine Zeitung haben sollte. Als Götz und ein anderer Junge eintraten, forderte er sie daher auf, bei ihm Platz zu nehmen.

Götz bestellte ein Glas Milch. Er konnte nicht behaupten, daß ihm Bier schmeckte, und er hatte die vage Vorstellung, daß Milch Nahrung war. Aber seine Wahl zog die Aufmerksamkeit und den Kommentar eines Betrunkenen in Malerkleidung auf sich, der mit einem Glas Bier in der Hand wie ein Raubtier auf und ab ging. Er war ein zusätzlicher Grund für Herrn Oehme gewesen, die Jungen aufzufordern, ihm Gesellschaft zu leisten, für den Fall, daß etwas passieren sollte.

»Milch?« fragte der Betrunkene mit äußerster Abscheu und legte seine Hand auf Götzens Schulter. »Milch! Willst wohl kräftig und gesund sein, eh? Die neue nationalsozialistische Jugend des neuen Deutschland! Die ganzen kleinen Führer – trinken kein Bier.«

Da es nicht einfach ist, auf solche Sachen zu antworten, schwieg Götz.

»Gestatten Sie«, sagte der Maler, setzte sich an den Nachbartisch und beugte sich rüber, »ich sage nichts gegen den Führer, ganz und gar nicht. Darum geht es nicht. Hab' ich was gegen den Führer gesagt? Nein. Nun gut. . . . Ich war vier Jahre an der Westfront. . . . Aber darum geht es nicht.«

Er wandte sich an Herrn Oehme, der zögerlich lächelte. *»Prost, Herr Doktor! Prost! In vino veritas. Parlez-vous français? God save the king. Buon giorno.«* Er wartete auf Beifall.

»Ich glaube«, sagte Herr Oehme und sah auf seine Uhr, »es ist Zeit zu gehen. Kellner, die Rechnung . . .!«

»Lehrer!« sagte der Betrunkene, indem er ihnen nach draußen folgte, offensichtlich verärgert, daß seine sprachlichen Talente ignoriert wurden. »Denken, sie wissen alles, nicht wahr? Na, ich werde Ihnen etwas erzählen, was Sie nicht wissen. Das glauben Sie nicht, was?«

»Ich bin stets bereit, von jedem etwas zu lernen.«

»Ich werde es Ihnen zeigen. Kommen Sie mit.«

»Wir können nicht –«

»Es ist bloß um die Ecke, bloß um die Ecke.«

Sie folgten ihm den Hügel hinter der Herberge hinauf. Es wurde dunkel, und niemand sonst war da.

»Sehen Sie, Herr Doktor! Wissen Sie, was das ist?«
»Das Gebäude da unten? Ein Gefängnis.«
»Ja, und dieses Gefängnis –«
»Wurde als Konzentrationslager genutzt, ich weiß.«
»Nein, wissen Sie nicht. Waren Sie schon mal in einem Konzentrationslager?«
»Eh – nein, nein.«
»Ich war es. Nicht, was Sie denken. Ich bin nicht dagegen. Es gibt Schweinereien, gegen die gnadenlos – gna-den-los vorgegangen werden muß. Ich war vier Jahre an der Westfront. Ich erzähle das nicht jedem. Aber Sie sind ein Lehrer, sollten die Dinge kennen – sollten es den Jungen erzählen, eh?« Er senkte seine Stimme, wirkte plötzlich nüchtern. »Ich sollte da drin eine Arbeit für die erledigen. Sie werden es kaum glauben – einige der Zellen waren so mit Blut verkrustet, verstehen Sie, verkrustet, daß man es nicht herunterbekam. Sie glauben mir nicht?«

»Ich – ich –«

»Ha, ha! Er weiß nicht, ob er mir glauben soll oder nicht! Glaubst *Du* mir, Jungchen? Weiß wie Milch! Ich hab' euch auf den Arm genommen. Ha, ha!«

Er richtete sich plötzlich auf. »Heil Hitler!«

»Heil Hitler!« sagte Oehme automatisch. Sie sahen ihm nach, als er den Hügel weiter hinanstieg.

»Er hat uns nicht auf den Arm genommen«, sagte einer der Jungen.

»Nein«, sagte Herr Oehme, »ich habe vorher schon davon gehört –« Er brach ab.

»Ich auch«, sagte Götz.

Dieses Ereignis machte auf Götz mehr Eindruck als die noch einmal abgewendete ›Tschechische Krise‹ am folgenden Wochenende. Er nahm wie viele Deutsche diese Krise kaum wahr, und als er einen vor Erleichterung überströmenden

Brief erhielt und mit einigen Bemerkungen über die Panikmache der Zeitungen beantwortete, meinte er das ernst, und die Vorstellung irritierte ihn, das könnte bloß als witzige Bemerkung aufgefaßt werden. Andererseits war er ebenso verärgert, als er einen Artikel aus einer deutschen Zeitung beilegte, der seiner Ansicht nach das Äußerste an Naziunsinn war, und feststellen mußte, daß der Briefempfänger annahm, er sei damit einverstanden – wenigstens wirkte die Antwort so, aber ganz sicher konnte man sich nicht sein.

21.

Es hat keinen Zweck zu fragen, was Götz oder David Beaton dachten, wozu ihr Briefeschreiben führen würde. Sie schwelgten in Gefühlen, die sogar noch blinder und selbstgenügsamer waren, als Gefühle gemeinhin sind, und die im Moment vielleicht noch dadurch gesteigert wurden, daß sie so ungeklärt waren. Die Stimmung, in der Beaton den Briefwechsel anfing – trotz allem war er es, der angefangen hatte –, fand in einigen Versen Ausdruck, die er als Antwort auf die leisen Vorhaltungen eines älteren, weniger romantischen Freundes, den er peinlich oft mit Vertraulichkeiten in dieser Sache beglückte, geschrieben hatte:

> Ohne Zweifel wär's besser
> Keinen Brief zu schreiben,
> Lebewohl zu sagen und es dabei zu belassen;
> Wir wurden besiegt,
> Wir haben uns zurückgezogen,
> Unsere Zelte sind abgebrochen,
> Und wüst und flach ist das Land
> Und die Luft ist ohne Flaggen, wo,

> Wie wir beide bald vergessen werden,
> Unsere doppelte Allianz
> Kurz Mächten trotzte,
> Die noch nie geschlagen wurden.
> Wir wurden besiegt,
> Wir haben uns zurückgezogen;
> Aber – es gibt Nachzügler ohne Zahl,
> Und, obgleich es besser wär',
> Keinen Brief zu schreiben,
> Plänkelt die Nachhut weiter per Post.

Es wäre ihm bei der Niederschrift sehr schwer gefallen, den Ausdruck »doppelte Allianz« zu rechtfertigen, aber die Worte drückten Davids Empfindungen recht gut aus. Er hätte sagen können, daß ihr Umgang keinen Schaden angerichtet und viel gegenseitiges Vergnügen und manch Gutes gebracht habe. In Wahrheit war er bei diesem Thema ebenso verwirrt wie Götz. Wie er im ersten Brief bereits angedeutet hatte, brachte die internationale Lage die Vernunftgründe, oder was immer es war, über die relative Wichtigkeit eines Briefes nach Deutschland gründlich durcheinander. Indem man eine gewisse Zeit mit dem Schreiben dieser Briefe zubrachte, schien es so, als ob man aufrichtig die Vernunft ebenso wie eine ziemlich irrationale Leidenschaft befriedigen könnte. Und immerhin war Götz nicht der einzige Deutsche, dem er schrieb. In Wirklichkeit verabscheute er es, bei ihm zu politisch zu werden, so daß Herr Oehme und andere die Empfänger andersgearteter Bekenntnisse wurden. Er hatte sich sogar schon dazu hinreißen lassen, Herrn Oehme für den Sommer nach England einzuladen, aber Herr Oehme konnte nicht kommen. Mögen andere beurteilen, wie sehr auch ihn die Zeitumstände gefangen hielten, inwieweit alles ein ausgeklügeltes Spiel seines Verstandes war. Sicherlich, der schnelle Austausch von Briefen Ende Mai und Anfang Juni erweckt den Eindruck, daß die Leidenschaft niemals aufhörte, ihre Absichten mit der ihr eigenen Hartnäckigkeit und Raffiniertheit zu verfolgen. Hier die entsprechenden Auszüge:

Von Götz, 26. Mai.

Kennen Sie einen Jungen aus der letztjährigen *Unterprima* namens Hermann Funk? Er kam gestern zu mir und fragte, ob es stimme, daß Sie mir schrieben. Ich weiß nicht, woher er es wußte, vielleicht von Oehme, der ganz nett ist, aber zuviel plaudert. Ich war ein wenig sprachlos, dann sagte er, daß er bloß Ihre Adresse haben wollte, um Ihnen zu schreiben und die Adresse einer Familie in England zu erbitten, bei der er die Ferien über wohnen könnte. Er hat wohl das Glück, einen Onkel in Amerika zu haben, der bereit ist, ihm Geld nach England zu schicken, so daß er keine Probleme mit dem Umtausch hat. Seine Eltern scheinen nichts dagegen zu haben, ihn alleine auf Reisen zu schicken, obwohl er nur ein Jahr älter ist als ich und wie ein fürchterlicher Trottel aussieht. Seien Sie also nicht überrascht, wenn Sie einen Brief von ihm erhalten. Wenn ich Sie wäre, würde ich in dieser Sache nicht viel Aufwand betreiben.

Die Antwort auf Ihre Frage, wohin wir dieses Jahr in die Ferien fahren, ist: nirgendwohin. Wissen Sie, die Säuberung im Berufsstand der Mediziner hat zu einem Mangel an Ärzten geführt – ebenso wie an anderen Dingen –, und mein Vater kann keinen neuen Assistenten finden. Er sagt, er kann einfach keine Ferien machen, obwohl ich sicher bin, daß er sie nötig hat. Mein Bruder ist in der Armee und Gisela ist eingeladen, eine Freundin von der Kunstschule nach Rügen zu begleiten. Ich denke, ich werde jemanden von der Schule finden, der mit mir eine Radtour unternimmt. Ich nehme an,

Sie hatten letzten Winter genug Urlaub für die nächsten drei Jahre – oder haben Sie das als Arbeit betrachtet?

Von David Beaton, 31. Mai.

Ich schulde Dir eine Erklärung. Weißt Du, ich habe Klinge geschrieben und ihn gefragt, ob er einen Jungen wüßte, der bei einer englischen Familie wohnen möchte, da ich mich erinnerte, daß mich mal danach gefragt worden bin. Ich dachte, er würde es Euch allen sagen, aber er scheint von diesem Funk gewußt zu haben. Ich schrieb an Klinge auf Deutsch und bloß mit dem Namen der Stadt obenan; unglücklicherweise benahm ich mich bei dem Umschlag englisch und schrieb keinen Absender darauf. Also hatte Klinge meine Adresse nicht. Er hätte sie von Oehme bekommen können, aber das konnte er nicht wissen – denn Oehme bat mich, ihm nicht in die Schule zu schreiben; Klinge würde sich sonst fragen, warum *er* keinen Brief von mir bekommt, und beleidigt sein, wenn er herausfinden würde, daß ich Oehme schreibe. Ich weiß nicht – es sähe dem neugierigen kleinen Mann ähnlich, wenn er Funk zu Dir geschickt hätte, um herauszubekommen, ob ich Dir wohl geschrieben habe. Als ich ihm schrieb, dachte ich, Du würdest höchstwahrscheinlich mit Deiner Familie wegfahren, sonst hätte ich natürlich Dich gefragt und ihm überhaupt nicht geschrieben. Weißt Du, meine Familie hat den ganzen Juli über ein Ferienhaus auf der Isle of Man gemietet, und es kostet dasselbe, egal ob wir jedes Bett belegen oder nicht – und diese Häuser sind voller Betten. Ich nehme an, Du kannst nicht allein kommen, aber warum nicht mit diesem Funk? – es gibt für Euch beide Platz. Wie ist er? Er scheint zu glauben, ich erinnerte mich an ihn, aber ich erinnere mich bloß an sehr wenige meiner ehemaligen Schüler. Sein Brief, der gerade angekommen ist, gefällt mir nicht besonders.

Von Götz, 3. Juni.

Vielen Dank für Ihre freundliche Einladung. Ich würde sie gerne annehmen, aber jetzt ist es zu spät, um von den Behörden die Erlaubnis zu bekommen, mehr als zehn Mark mitzunehmen, und ich habe keinen Onkel in Amerika. Aber mein Vater schlug vor, daß Sie vielleicht nächstes Jahr kommen und bei uns wohnen könnten – eine Art von Tausch. Er ist sehr erpicht darauf, daß ich fahre – meine Mutter auch, denn sie denkt, ich würde etwas Englisch lernen.

Sie nehmen es mir hoffentlich nicht übel, aber ich glaube, ich sollte Ihnen sagen, daß ich mir nicht sicher bin, ob Sie Funk mögen werden. Ich habe mich schon mit ihm gestritten – ich glaube nicht, daß es an mir lag, aber er ist offenbar nicht darüber erfreut, daß ich mitfahre. Er sagte, was das Englischlernen anbetrifft, wäre es für uns besser, bei zwei verschiedenen Familien zu sein. Vielleicht hat er recht.

Von David Beaton, 7. Juni

Ich kann diesen Funk unmöglich an irgendeine andere Familie loswerden – oder meintest Du es andersherum? Ich fürchte, er ist der Preis, den wir für den Versuch zahlen müssen, andere und vielleicht auch uns selber zu betrügen.

Könntest Du am 1. Juli kommen, da diese Häuser monatsweise vermietet werden? Ich weiß, daß Deine Ferien eine Woche später anfangen, aber Funk hat angedeutet, daß es möglich wäre, eine Erlaubnis zu erlangen.

Um die Erlaubnis wurde gebeten. Der Direktor sagte, sie müßten den Leiter des höheren Schulwesens aufsuchen. Er selber war geneigt, Funk gehen zu lassen, sagte aber, er müsse die Lehrer über Götzens Leistungen in den letzten Wochen befragen. Götz hätten die Reaktionen der Lehrerschaft wohl ebenso überrascht wie den Direktor. Kaum einer hielt sich beim Thema Leistung auf; alle sprachen vom Charakter mit einem überraschenden Mangel an Unparteilichkeit oder Beweisen; es schien eine Geschmacksfrage zu sein. Egal, es gab eine Mehrheit dafür, und beide wurden zum Leiter des höheren Schulwesens geschickt.

Der hatte sich für seine gegenwärtige Position dadurch empfohlen, daß er seit Jahren Grundschullehrer und enthusiastischer Nazi war. Die erste dieser Funktionen war der Grund für seinen unbezähmbaren Hang, Gymnasiallehrer zu schikanieren, und die zweite hatte ihm endlos lange Ansprachen im Eckenstehersti1 zur Gewohnheit werden lassen, die er nur unvollkommen den Anforderungen in einem Büro angepaßt hatte. Jedes Gespräch, das er gewährte, vermittelte den Eindruck, er hätte unendlich viel Zeit zur Verfügung, schon nach dem ersten Gesprächspartner am Tag kam jeder andere mindestens eine halbe Stunde nach der verabredeten Zeit dran, bis es der Andrang ihm unmöglich machte, zum Mittagessen zu gehen, so daß er am Schreibtisch Kaffee trank und Butterbrote aß, immer noch redend – und am Ende des Tages völlig erschöpft nach Hause ging, überzeugt, überarbeitet zu sein. Ab und an kam er wie eine Heimsuchung über eine seiner Schulen, kritisierte die Belüftung, die Unordnung im Lehrerzimmer und die Art, wie die Jungen saßen. Er prangerte altmodische Methoden an und das Volltrichtern des Verstandes mit Wissen, das er niemals vermißt habe, zitierte aus *Mein Kampf* und sprach über den neuen Geist, der wie ein frischer Luftzug sei. Vielleicht eilte er deshalb mit solcher Geschwindigkeit umher und ließ alle Türen hinter sich offenstehen, um diesem Vergleich Nachdruck zu verleihen und zu suggerieren, daß er selbst die Verkörperung des Geistes der Frischluft sei. Dann kehrte er in sein Büro zurück und sprach mit jemand, der eine Stunde früher dran gewesen wäre. Er zappelte und wand sich in seinem großen, runden Sessel, war das Abbild eines Kieselsteins in einem runden Loch und war vergeblich darum bemüht, einen Eindruck von Stärke zu erwecken, indem er seine Unterschrift fest aufs Löschpapier knallte – quer darüber –, wie so viele Unterschriften auf Todesurteilen. Ein Nervenzusammenbruch schien nahe bevorzustehen. Von Zeit zu Zeit wurden Gerüchte, die seine unehrenhafte Entlassung andeuteten, über ihn verbreitet. Mochten diese auch einigen Grund haben, so war reine Inkompetenz ein wahrscheinlicherer Grund als das angebliche Delirium tremens oder Korruption. Er war sogar gezwungen gewesen, in den Schulen eine Bekanntmachung anbringen zu lassen, die jedem mit sofortiger Entlassung drohte, der Gerüchte über hohe Beamte in der Stadtverwaltung verbreitete.

Die beiden Jungen hatten ein halbstündiges Gespräch mit ihm. Er hieß ihr Vorhaben gut, verurteilte die altmodische Methode, Sprachen aus Büchern zu lernen, erzählte eine lange Anekdote über seine erfolgreiche Verständigung mit einem englischen Touristen durch Gesten und gesunden Menschenverstand, streifte einige Aussagen von Friedrich dem Großen, verwies darauf, daß Mr. Beaton seine Hände in den Taschen gehabt habe, als er mit ihm sprach, und kam dann auf das Thema Auslandsreisen zurück. Zu Zeiten des Systems, sagte er ganz im Parteijargon, seien Jungen und Mädchen auch ins Ausland gereist, aber nur zu oft mit einer krankhaften, romantischen Geisteshaltung, die dazu neigte, das besuchte Land kritiklos zu bewundern; heutzutage seien sich alle deutschen Jungen und Mädchen bewußt, daß sie Repräsentanten des nationalsozialistischen Deutschland sind, Zeugen seiner Disziplin und der Stärke des neuen Geistes. Dann, unvermittelt abschweifend, sagte er, daß zu Zeiten des

Systems Erziehung zu einem Spielzeug politischer Intrigen und Französisch zur Hauptsprache in vielen Schulen gemacht worden sei, aber dem hätten ›sie‹ ein Ende bereitet. Frankreich sei mit all den Streiks und dem Zwei-Kinder-System ein warnendes Beispiel für alle Nationen; er sei selber auf der Ausstellung gewesen und habe es gesehen. ... Plötzlich kam er auf die englischen Privatschulen und auf körperliche Züchtigung zu sprechen, stellte ein oder zwei sehr suggestive Fragen über bestimmte Lehrer und beschloß das Gespräch in einem etwas strengen Ton, wobei er durchblicken ließ, daß sie indiskret gewesen seien und seine wertvolle Zeit verschwendet hätten. Aber sie bekamen die Erlaubnis.

Dann folgten Besuche beim britischen Konsul wegen der Visa, beim Hauptquartier der Hitlerjugend wegen der Reiseerlaubnis und in verschiedenen Geschäften, wo die Frau Doktor eine Menge Geld für die Ehre des Vaterlandes ausgab.

22.

Götz stand einsam am Bug des Schiffes, glücklich, Hermann vorläufig losgeworden zu sein, entzückt, all die anderen Deutschen einen nach dem anderen loszuwerden. Denn es war ein wenig wie ein Wettrennen, sie waren seine Rivalen und Verfolger, und am Bug zu stehen, bedeutete, das undeutliche, aber angenehme Gefühl der ungeduldigen Vorwegnahme eines Sieges zu steigern. Er, der Wikinger, der Pionier, drang weiter vor als irgend jemand sonst. Er würde das Land durchqueren, das die anderen bloß verschluckte und verschwinden ließ, und würde einsam am Bug eines anderen Schiffes auf einem anderen Meer stehen. Bald würde er sie alle abgeschüttelt haben – alle außer Hermann. Man konnte nicht in Abrede stellen, daß Hermann ein Deutscher war, aber

Hermann, sagte er sich stur, zählt nicht. So stand er da, genoß die Meeresluft und war stolz, den Verfolgern entwischt zu sein, als ob die gesamte Geheimpolizei hinter ihm her gewesen wäre.

Das Gefühl, einer von der Geheimpolizei geprägten Umgebung entkommen zu sein, war unzweifelhaft insgeheim vorhanden und verstärkte das Gefühl, ins Unbekannte, ins Sorglose, ins Unwirkliche vorzustoßen. Bevor er aufgebrochen war, war ihm nicht aufgefallen, daß man vielem entkommen mußte, als käme man aus abgestandener Luft, die man schon lange nicht mehr als muffig wahrgenommen hat. Er reagierte auf diese fremde Welt, als ob er Konkurrenten beziehungsweise konkurrierende Repräsentanten abschütteln müßte, dabei war er doch in Wirklichkeit selber eher ein Repräsentant seines Landes als jemand, der ihm entfloh. Er war ein Deutscher, und Deutsche wurden mit jeder Etappe der Reise immer weniger. Bald würde nur noch er übrig sein – abgesehen von Hermann, aber der zählte nicht.

Als es ihn langweilte, einsam am Bug zu stehen, näherte er sich einer Gruppe junger Engländer, die offenbar gerade von ihren Ferien auf dem Kontinent zurückkamen. Er hörte ihnen zu, versuchte sie zu verstehen – was zugleich aufregend und nützlich war. Aber ohne Zweifel wollte der kindische ›Biebo‹ in ihm auf sich aufmerksam machen. ›Ich bin ein deutscher Junge‹ – der ernste, aber dennoch kokette Blick der blauen Augen des kleinen Dummkopfs sagte das klar und deutlich. ›Ein bißchen anders, was? Eine Besonderheit.‹

Aber diese Augen und das Lauschen drückten auch Mißtrauen aus. Ein Deutscher zu sein, hatte außer einem gewissen exotischen Zauber noch eine ganz andere Bedeutung. Man war ein Repräsentant seiner eigenen Schmach, als ob eine externe Macht Besitz von einem ergriffen hätte. Götz stellte das jetzt fest, genauso wie David (wie er ihn ab jetzt nannte) es in Deutschland festgestellt hatte. Man ging in etwas Größerem, typisch Deutschem auf, fast als ob man dem dafür verantwortlichen Vaterland für die Erhöhung und Auszeichnung, fremd zu sein, mit dem Opfer anderer Charaktereigenschaften Tribut zollte. Ein repräsentativer Deutscher zu sein, bedeutete vor allem, krankhaft überempfindlich und immer in der Defensive zu sein.

Dieses Deutschsein paßte bis zu einem gewissen Grad zu seinem rebellischen *Trotzkopf*-Charakter, sich halsstarrig gegen die übrige Welt zu behaupten. Er war jetzt patriotischer, als er es je für möglich gehalten hätte. Später, zu Hause, würde er so aufrichtig anglophil sein, wie wir es uns nur wünschen können. Aber selbst in England wurde sein Patriotismus, seine Tendenz, typisch sein zu wollen, von der Gegenwart Hermanns im Zaum gehalten. Jedesmal, wenn er ins Extrem verfallen wollte, tauchte wie eine Boje Hermann auf, rundgesichtig und töricht, und brachte ihn zurück auf Kurs zum anderen Ufer. Hermann eignete sich für diesen Zweck so perfekt, als ob er extra dafür ausgewählt worden wäre. Sich dabei zu ertappen, mit ihm übereinzustimmen, war ein böser Schrecken.

Es dauerte nicht lang und die Engländer auf dem Schiff bemerkten Götz. (Das dauert in England nie lange.) Als sie mit ihm sprachen, wich er zurück, als wäre er sehr scheu, und tatsächlich wußte er in diesem Augenblick nicht, ob er das wollte oder nicht. Er wußte, wie leicht er verletzt werden konnte.

»Sie haben mich ›Sonny Boy‹ genannt«, erklärte er David später, dessen Kommentar »Mein Gott!« war. »Aber später«, fuhr er mit seinem Bericht fort, »haben sie mich gefragt, warum Hitler so viele Leute umgebracht habe. Natürlich habe ich das richtiggestellt –«

»Oh, hast Du?« – dies mit einer sehr feinen Ironie, einem sehr flüchtigen Blick auf den mit der Suppe beschäftigten Hermann, denn die Unterhaltung fand am Tag nach ihrer Ankunft in einem Restaurant in der Southampton Row statt. Ah, dachte Götz, Du glaubst, ich sage das bloß, weil er dabei ist. Diese Skepsis, die Andeutung, daß er Angst vor Hermann hätte, ärgerte ihn, und er wurde strikt patriotisch, war für Hitler und fest entschlossen, ernst genommen zu werden. Er war wirklich zufrieden mit seinem Erfolg, als er sah, daß David ihn tatsächlich, anfangs verwirrt und unsicher, ernst nahm, unruhig wurde und sich aufregte. Doch kaum erlangt, veränderte sich der Erfolg schon wieder; denn es war ihm selbst nicht mehr länger Ernst damit. Es war der Erfolg einer koketten Frau, die quält, um die Liebe auf die Probe zu stellen. Es war der Erfolg einer Irreführung, ein doppelter Erfolg, der sowohl Hermann als auch David täuschte. Einen Moment lang hielt er sich für sehr klug und war zufrieden mit sich selbst, aber darauf folgte ein Gefühl der Schäbigkeit, Verwirrung und Unzufriedenheit. Etwas in ihm *war* es ernst gewesen. Dem alten Rindler mochte es gefallen, mit Ansichten und Überzeugungen zu flirten, er würde wohl nicht bedauern, eine Art jungfräuliche Königin zu sein, die dazu verdammt ist, nicht zu heiraten. Aber dafür war Götz zu jung und zu gefühlvoll, er glaubte an Ansichten und echte Gefühle, er wollte er selber sein – besonders bei David. Aber diese Sache mit dem Ich war nicht so einfach, und für einen sehr kurzen Augenblick hatte er das unangenehme, unheimliche Gefühl, nicht zu existieren.

Das Gespräch im Restaurant war eine regelmäßig wiederkehrende Situation. Für Leute, von denen angenommen wurde, sie hätten eine gute Zeit miteinander, und die ja tatsächlich eine sehr gute Zeit miteinander hatten, zankten sie sich unglaublich oft. Zum einen war Hermann Funk geradezu dafür geschaffen, mit ihm zu zanken. Er hatte eine dickhäutige Tumbheit an sich, die den intellektuellen Sadismus reizte. »Wie Teppichklopfen«, sagte David. Das leichte Erröten, das matte Grinsen, die gespitzten Lippen, der verblüffte Seitenblick, wenn er sich fragte, ob er richtig gehört hatte, als sein Gastgeber Hitler lässig einen Irren nannte – da konnte man sich kaum zurückhalten, und David war eindeutig nicht der Typ, sich zurückzuhalten. Die Freude, die Hydraköpfe der Lächerlichkeit abzuschlagen, kam fast dem Schmerz gleich, sie stets noch vorhanden zu sehen. Seine geistige Grobheit schockierte manchmal sogar Götz, der seinerseits fast ebenso grausam zu Hermann war – mit dem zusätzlichen, irritierenden Motiv, sich eines Landsmannes zu schämen. Aber genauso oft zankten sich Götz und David, zumindest am Anfang.

Die ersten paar Tage, die sie in London verbrachten, waren die schlimmsten. Oft wußte Götz genau, daß er sich dumm benommen hatte, und konnte es doch nicht ändern. Zum einem waren sie alle drei überreizt, besonders er, der, hin- und hergerissen zwischen David und Hermann, bislang keinen gefestigten, weniger provokativen Charakter hatte entdecken können, zum anderen schwand sein Widerstand gegen diese neue Welt während des Aufenthalts – außer wenn er sich plötzlich genötigt sah, sich wieder seiner selbst zu vergewissern, geleitet von der schwachen Befürchtung, in etwas Leichtfertiges und letztendlich Verhängnisvolles abzugleiten. Doch dazu später.

Am ersten Tag bewertete er Davids Kauf des berüchtigten *Manchester Guardian* als absichtliche Geste und sprach – oh, überaus feinsinnig und mit einem provozierenden Grinsen – von ›roten Kriegshetzern‹. Natürlich war das ein Scherz, gleichermaßen gedacht, den begriffsstutzigen Hermann mit Davids politischer Gesinnung zu schockieren wie David mit dummen Schlagworten zu ärgern. Natürlich war es ein

Scherz, als David ihnen das Beil und den Richtblock im Tower zeigte, ›letztmalig in Gebrauch, um die Anführer der jakobinischen Rebellion hinzurichten‹, und anmerkte, daß barbarische Länder bei Hochverrat immer noch Beil und Richtblock anwandten. Aber aufrichtig empörte ihn die Zurschaustellung eines metallenen Brustpanzers, der angeblich in einem deutschen Schützengraben im letzten Krieg gefunden worden war, inmitten von mittelalterlichen Rüstungen. Erbost über den versteckten tieferen Sinn dieser ›Sehenswürdigkeit‹ ging er soweit zu verkünden, daß kein Deutscher solch ein Ding tragen würde. »Nun«, sagte David, »ich werde im nächsten Krieg eins tragen.«

Er wußte, daß das seine krankhafte Empfindlichkeit versöhnen sollte, aber er konnte es nicht so auffassen. Es kratzte an seinem Optimismus. Indem es die Feigheit und die militärischen Tugenden lächerlich machte, kratzte es noch an etwas anderem in ihm, das vielleicht auch deutsch war, aber mit dem typischen, patriotischen, repräsentativen Wesen, welches sich weiter einmischte, nichts zu tun hatte. Er hatte furchtbare Angst davor, weichlich und feige zu sein. Er kam nicht über die ›geistig und moralisch ungünstige Lage‹ hinweg, in der sich David und Herr Oehme im Vergleich mit Ludwig befanden. Konnte man sie überwinden, wenn man nicht geprüft worden war, wenn man nicht das Eiserne Kreuz für Tapferkeit hatte? Konnte man nicht, und es hatte keinen Zweck, daß David so tat als ob und Militär-, Marine- und Luftwaffenangelegenheiten, über die Hermann immer wieder detaillierte Fragen stellte, ostentativ ablehnend und abfällig behandelte. Beide gingen ihm auf die Nerven, und er versuchte sie zum Schweigen zu bringen.

Hermann kam zu dem Schluß – wie es schien, hauptsächlich aufgrund einiger Soldaten, die betrunken aus einem Pub kamen –, daß englische Soldaten ›ziemlich harmlos‹ seien.

Englische Polizisten waren gleichfalls ›harmlos‹. Es war eines seiner Lieblingswörter, Teil eines angeberisch-harten Vokabulars, das überall unter Schuljungen nicht selten ist, am wenigsten in Deutschland. Aber bei Hermann fiel es besonders auf und war besonders irritierend. Er selber war das Gegenteil von hart. Man mußte nicht streng mit ihm verfahren, er zitterte vor der Macht. Dennoch verachtete er Lehrer, die Rabauken nicht unter ihre Kontrolle bekamen, und Freundlichkeit war an ihm verschwendet. Am meisten imponierte ihm erfolgreiche Dreistigkeit, und es machte ihm sofort Angst, wenn man sich auf ihn stürzte, und wenn er bestraft wurde, war er ziemlich wehleidig. Dann kam plötzlich das Gegenteil zu ›harmlos‹ ins Spiel, ›ungerecht‹. Und in politischen Diskussionen sprang er völlig unbekümmert von einer moralischen Welt, in der die Dinge gerecht und ungerecht waren, zu einer unmoralischen, in der die Dinge harmlos oder des Respekts würdig waren. Das verstörte englische Gemüter, die eher gewöhnt waren, diese Welten als unterschiedliche Sphären auseinanderzuhalten und die sehr empfindlich auf jedes Eindringen des Trivialen reagierten.

Ein wirklicher Unterschied, dachte David. In England gab es keine vergröberte, populäre Version Nietzsches, wo die Kommunisten scheinbar die Erben der *Covenanters* und des nonkonformistischen Gewissens sind. Aber in Deutschland – nun, da gab es viele wie Hermann. War nicht Ludwig Kästner mit seiner verquälten ›Synthese‹ von Christus und Nietzsche ein anderes Beispiel dafür? Natürlich ermutigten die Nazis die Koexistenz der beiden Moralitäten. Ihr System existierte nur um seiner selbst willen, nutzte *Weltanschauungen*, christliche oder nietzscheanische, für die Propaganda, nicht die Propaganda für eine *Weltanschauung*. Die Denksysteme mochten unvereinbar sein, als Waffen ergänzten sie sich; die Appelle, Argumente und Schlagworte, mit denen die beiden Welten einander für gewöhnlich angriffen, wurden nun genutzt, um alle Herannahenden von beiden Flanken aus gleichzeitig anzugreifen. Jede Tat des Gegners sprach gegen ihn; er verlor stets sein Gesicht – eines seiner beiden Gesichter, das moralische oder das unmoralische. Zugeständnisse konnten als Gnadenbeweis gefordert und als Zeichen der Schwäche angenommen werden. »Ich will verdammt sein«, sagte David eines Tages, »wenn ich dem Kerl Kolonien gebe. Vor allem, weil er behauptet, ihr seid in Spanien, um den Kommunismus zu bekämpfen. Wenn ich diese hehren Absichten anzweifle und darauf hinweise, daß es dazu dient, Frankreich einzukreisen und Gibraltar zu bedrohen, freut er sich bloß diebisch über die Klugheit des Führers. Wenn wir nichts geben, sind wir fies, wenn wir etwas geben, sind wir schwach. Der Teufel hole ihn und seine Kolonien.« Er sprach mit solch komischem Nachdruck, daß Götz kichern mußte. Hermann schien fast zu glauben, David hätte diese verdammten Kolonien in seiner Tasche wie ein Erwachsener, der ein Kind mit einem versteckten Spielzeug neckt.

»Das könnte leicht geklaut werden!« war einer von Hermanns häufigsten Ausrufen. Er wandte ihn an, wenn er sah, wie Pennies in Abwesenheit des Verkäufers auf einen Zeitungsstapel geworfen wurden, wenn Trinkgeld unter einen Teller geschoben wurde, wenn ein Auto unbewacht in einer einsamen Straße abgestellt wurde und sogar wenn er eine Schafherde sah, die scheinbar ohne Hirten nach Hause kam. Er sprach mit dem Tonfall dessen, der von einer Unschicklichkeit schockiert ist – ein Tonfall, der Götz jedesmal ärgerte, besonders wenn er den anfänglichen Schrecken geteilt und unterdrückt hatte. »Ich will nicht vorgeben, daß wir über die Maßen ehrlich sind«, beklagte sich David einmal bei Götz, »aber ich wünschte, er würde es nicht so sagen, als ob wir weder zum Bewachen noch zum Stehlen in der Lage sind.« Ja, so sagt er es, dachte Götz, und er redet von Deiner Gastfreundlichkeit und den Mahlzeiten, die Du uns spendierst, als ob Du ein bißchen verrückt wärst. Natürlich fällt ihm das nicht auf. In demselben Ton beschrieb Hermann später in Deutschland, wie er erfolgreich per Anhalter durch ganz Großbritannien gefahren sei, nachdem er Götz und die Beatons verlassen hatte. Er schien sich nicht sicher zu sein, ob er annehmen sollte, die Leute seien freundlich gewesen, weil sie ihn mitgenommen hatten, oder dumm, weil sie einem völlig Fremden vertraut hatten. »Ich hätte ein Räuber sein können«, sagte er. »*Ach nein*«, entgegnete Götz, »jeder kann sehen, daß Du - harmlos bist.«

Für Götz waren die interessantesten Sachen in London das Gericht und das House of Commons. Er hatte darauf bestanden, drei Stunden anzustehen, um dort hineinzukommen, und er war fasziniert von dem wuchtigen, altmodischen Saal, von der seltsamen, beherrschenden Figur am Ende des Tisches, die von einem dunklen Stuhl wie ein altes Ölgemälde eingerahmt wurde, und davon, daß die berühmten Männer ihre Füße auf die Tische legten. »Bei uns nennt man das schlechte Erziehung«, flüsterte Hermann. »Du fliegst raus, wenn Du sprichst«, war die Erwiderung. Es war das Ende eines langweiligen Nachmittags; bloß allerlei Kleinigkeiten wurden geregelt. Deshalb, erklärte David, habe der Vorsitzende einmal seinen Stuhl verlassen, weshalb der alte Mann in Kniebundhosen gekommen sei und den Amtsstab mit einer Verbeugung auf den Tisch gelegt und später wieder fortgenommen habe. Niemand schien zuzuhören. Es waren auch nur wenige da. Der Boden und die Bänke waren mit Papier bestreut wie ein Klassenraum, in dem eine Prüfung stattgefunden hat. Und jetzt sah es so aus, als ob der Lehrer ein oder zwei Jungen zurückbehalten hatte, um einen privaten Streit zu schlichten. Sie stritten über den Tisch hinweg und wandten sich manchmal an den Stuhl, der drohend an seinem Ende stand. Man verstand nicht ein Wort. »Worum geht es?« flüsterte Götz. »Ich glaube, um den Butterpreis«, flüsterte David. Götz war entzückt.

»Wieviel bekommen die dafür?« fragte Hermann kritisch, als sie wieder draußen waren.

»Vier-, fünfhundert Pfund im Jahr.«

»Fünfhundert Pfund im Jahr, um über den Butterpreis zu reden! In Deutschland –«

»In Deutschland«, sagte Götz, »gibt es keine Butter, über die man reden könnte, und ich würde gerne wissen, was manche Kerle dort fürs Reden bekommen.«

Er sagte es bloß, um Hermann zu stoppen. Hermann wurde rot und stülpte seine Unterlippe vor. Götz fragte sich, wieviel Bosheit mit soviel Dummheit verbunden sein konnte. Er schüttelte den Gedanken ab, aber er sollte sich später wieder daran erinnern.

In jener Nacht stritt er mit Hermann über englische Zeremonien, Perücken, Amtsstäbe und Bärenfellmützen. Hermann sagte, es sei absurd, wie ernst die Engländer so etwas offenbar nähmen, so ›unmodern‹. Götz sagte, daß er ›unmoderne‹ Sachen mochte, und überhaupt fänden es die Engländer genauso lächerlich von den Deutschen, herumzulaufen und ›Heil Hitler!‹ zu sagen. »Warum?« fragte Hermann. Götz zuckte mit den Schultern. »Sicherlich«, fuhr Hermann fort, »wäre es weniger lächerlich, den Führer ernst zu nehmen als George VI.« »Aber«, sagte Götz, »sie nehmen ihn doch gar nicht ernst.« »Nun, warum behaupten sie es dann«, fragte Hermann, »wozu all diese Heuchelei?« »Darum geht es nicht«, sagte Götz, »es geht darum, daß sie die Dinge zur gleichen Zeit ernst und wieder nicht ernst nehmen.« Er konnte diesen Kniff, sich dadurch abzusichern, daß man über sich selber lachte, diesen Sinn für Humor oder wie immer man es auch nennen sollte, nicht besser erklären. Es war so natürlich und selbstverständlich, bis man es jemandem wie Hermann erklären mußte, und dann schien es plötzlich intellektuell und moralisch sehr zweifelhaft zu sein.

Während seines Aufenthaltes äußerte Götz immer wieder Verallgemeinerungen über die Engländer, eine unvermeidliche, jedoch unbefriedigende Beschäftigung. Die Gemeinplätze schienen sich wie Wolken aufzulösen, wie Monde zu- und abzunehmen, waren mal rund und voll, mal dünn und schmal; mal war man sich sicher, der Wald wäre ein gleichschenkliges Dreieck, zweimal eine Meile, genau nach Norden ausgerichtet, und mal sah man vor lauter Bäumen den Wald nicht. »Manchmal«, sagte er zu David, »denke ich, wir sind einfach bloß Menschen, Du und ich und Hermann. Ich denke, zum Teufel mit dem Englisch- und Deutschsein und alledem. Ein andermal glaube ich, daß es da etwas in einem gibt, etwas Nationales, dem man nicht entkommen kann.« »Und etwas davon«, antwortete David, »ist schon allein diese Vorstellung. Ich meine, wenn Du es für wahr hältst und wir es zu leugnen versuchen – nun, da haben wir schon den Unterschied. Das war's, was ich dem guten Kästner sagte, nicht wahr? Er kann seine Illusionen wahr werden lassen – so wahr, wie alles in der Welt.«

Diskussionen mit Hermann, Diskussionen mit David, Diskussionen und Zankereien – aber all das gibt eine sehr irreführende Vorstellung von Götzens Englandaufenthalt. Dieser Aufenthalt war eine Erfahrung, die er niemals hätte beschreiben können. Er hätte bloß Zankereien, Eigentümlichkeiten, Witze oder bloße Handlungen und Sehenswürdigkeiten wiedergeben können, die alles in allem kaum weniger bedeutend waren als die Gesichter eines Orchesters für eine Oper. »Wie hat Dir England gefallen?« fragten sie ihn bei seiner Rückkehr und wunderten sich, daß er so wenig erzählte.

Aber sie hätten es kindisch gefunden, wenn er eine solche Frage zu einer Oper mit der Beschreibung der Nase des Posaunisten beantwortet hätte; in Wirklichkeit hätte ihnen sein ›sehr gut‹ genügt, wohl wissend, daß er Musik und deren Wirkung auf ihn nicht beschreiben konnte. Aber nicht minder unbeschreiblich als Musik war die unterschwellige Empfindung über jene zwei Monate, die Freude, das unglaubliche Glücksgefühl, die sie zu den besten Monaten seines Lebens machten. Das zu beschreiben, ist noch weniger möglich. Was soll man von der Freude an Doppeldeckerbussen, die verrückterweise und hartnäckig links fuhren, an so fremdartigen Schildern wie *LADIES* und *GENTLEMEN* und *DRIVE SLOWLY*, an großen braunen Pennies und gelben Blinklichtern an Fußgängerüberwegen und Männern in Kilts halten? Nein, man muß sich vorstellen, im Alter von sechzehn Jahren zum erstenmal im Ausland zu sein oder verliebt zu sein – oder beides.

23.

So war es nicht verwunderlich, daß Götz es aufgab, in dem großen Notizbuch, das er für diesen Zweck am Abend vor der Abfahrt gekauft hatte, Tagebuch zu führen. (Wie typisch, seufzten seine Mutter und seine Schwester, die bereits seine Briefe enttäuschend gefunden hatten.) Zum Teil gab er aus Faulheit auf, Nebensächlichkeiten wie die Nase des Posaunisten waren den Aufwand nicht wert, das konnte man alles im Gespräch viel besser erklären. Außerdem war es lästig, Hermann entweder im Tagebuch nicht zu erwähnen oder ihn davon abzuhalten, es zu lesen. Aber der Hauptgrund, es nicht weiterzuführen, war, daß es von den falschen Dingen handelte und an der falschen Stelle anfing; Anfänge erkannte man immer erst hinterher, und die wichtigen Dinge waren nichts fürs Tagebuch. Zum Beispiel, was er für David empfunden hatte, als sie sich zum erstenmal sahen – das war wichtig. Oder was er empfunden hatte in jener Woche beim Skifahren. Aber er konnte nicht darüber schreiben, solange diese Dinge stattfanden, da waren sie Teil von einem selbst, und man konnte sie nicht beschreiben; und später, wenn sie aufhörten, Teil von einem selbst zu sein, verschwanden sie bereits, wurden scheinbar schon vom nächsten Eindruck überlagert. Was man niederschrieb, wirkte kindisch, und man hoffte – in Wirklichkeit wußte man es –, daß es Wichtigeres gab. Man schrieb zum Beispiel:

Montag, 18. Juli. Diesen Morgen London in Richtung Liverpool verlassen. Dauerte ungefähr vier Stunden. Im Zug gab es Tee und Kekse und ein Streitgespräch über Belgien und Schwester Cavell. Liverpool ist größer, als ich dachte, und ziemlich schmutzig. (Es war ein Beweis für die Verlogenheit von Tagebüchern, daß er aus einem merkwürdigen Skrupel heraus nicht ›sehr schmutzig‹ schrieb.) In einem Restaurant gegessen und dann runtergegangen zum Boot zur Isle of Man. Das Wetter fing an aufzuklaren, und alles wirkte vom Meer aus viel heller und sauberer. Es wurde während der Fahrt immer schöner. David legte sich hin und las ein Buch, aber ich fand keine Ruhe und wanderte die meiste Zeit herum. Allein schon auf einem Schiff zu sein, ist irgendwie aufregend, und ich hatte ein interessantes Gespräch mit ein paar Matrosen. Sie waren sehr freundlich, und ich verstand ziemlich viel von dem, was sie sagten – und gab vor, auch den Rest zu verstehen. Sie sagten, die Katzen auf der Insel hätten keine Schwänze. Ich dachte, das wäre ein Witz, fand aber später heraus, daß es stimmt. Da war auch ein ziemlich arm aussehender Mann auf dem Schiff, der mir eine Tasse Tee spendierte, weil er im letzten Krieg Kriegsgefangener in Deutschland war.

Als die Insel in Sicht kam, sah sie wirklich schön aus, mit einer kleinen weißen Festung auf einem Felsen in der Bucht, in die wir einfuhren. Das ist Douglas, die Hauptstadt der Insel, und sie haben dort noch eine Pferdebahn auf der Promenade. Hermann fragte, warum, und David sagte, warum nicht? Wir haben sie nicht benutzt, sondern fuhren mit dem Bus nach Port Erin auf der anderen Seite der Insel. In Port Erin trafen wir Mr. Beaton, der uns half, unsere Sachen ins Ferienhaus zu tragen, das auf einem Hügel am südlichen Ende der Bucht liegt, mit Aussicht in Richtung Norden, und wo eine Landzunge mit einem alten Turm ist, der bei Sonnenuntergang sehr romantisch aussieht. Das Ferienhaus ist wie so viele hier weiß, hat ein Strohdach und ist voller altmodischer Bilder. Mrs. B. hat uns dort mit einer Mahlzeit erwartet. Hermann zerbrach sich den Kopf über die Benennung dieser Mahlzeit, weil er nicht herausbekommen konnte, ob es *tea* oder *supper* war. Er zerbricht sich gerne den Kopf über solche Fragen. Es gab Unmengen von Weißbrot; sie scheinen nie schwarzes zu essen. John, der in meinem Alter ist, nur größer, kam ein wenig später in Tenniskleidung herein. Am Abend machten wir eine Wanderung nach Bradda Head, wo der Turm steht, und schauten dem Sonnenuntergang zu.

Dienstag. Am Morgen ging Mr. B. Golf spielen. David und John spielten Tennis nicht weit vom Haus, und wir kamen und schauten zu, während ich einen Brief, eine Postkarte und Tagebuch schrieb. Ich fand das Spiel ziemlich aufregend, aber Hermann sagte, er hätte zu Hause in der Tennisanlage in der Kronenallee viel bessere gesehen, und überhaupt sei Tischtennis (was er spielt) schneller. Ich versuchte später mit ihm zu spielen, aber wir waren nicht gut. Dennoch hätte ich gerne eine weiße Tennishose. Dann kamen Mrs. B. und ihre Schwester, die ihr im Haushalt hilft, vom Einkaufen zurück am Tennisplatz vorbei, und ich ging hin und half ihr tragen. Dabei unterhielten wir uns ein wenig. Sie fragte mich nach meiner Familie und sagte, David habe viel von mir erzählt.

Nachmittags gingen wir schwimmen, und danach lagen wir im Sand und lasen ein englisches Schauspiel. . . .

Da endete das Tagebuch. Und eine Woche später, als er las, was er geschrieben hatte, schüttelte er sich und riß die Seiten heraus. Hermann fuhr natürlich fort, Unmengen solchen Krams zu schreiben, sollte er doch, für ihn war es zweifellos die lautere Wahrheit. Weißbrot, Tee, Badeanzüge – es ließ sich nicht in Abrede stellen, das war die Prosa der Praxis. Ein kluger Dichter, so schien es Götz, könnte ohne Probleme vermitteln, wie intim sie mit der Poesie verwoben waren, mit den Tagträumen, mit dem erstaunlich schwer zu begreifenden Gleichklang zwischen seinem und Davids Herz, dem Meer und den Bergen. Er könnte, zusammen mit dem Weißbrot, Hermann und dem Tennisspiel, schildern, wie jeden Morgen die Sonne aufgeht, strahlend wie nie zuvor, und wie sie mit ihrem unermüdlichen, leidenschaftlichen Blick das Meer umwirbt. Und wie das Meer darauf ansprach, wie es mit einer Art von entgegenkommender Unverschämtheit wogte, sehnsüchtig den Strand emporstrebte, und schmollte, wenn sich die Sonne hinter Wolken verzog. Und wie er mit David dalag, als könne man für immer so daliegen in dieser eigenartigen, hoffnungslosen Intimität von Sonne und Meer, unermüdlich in ihrer Monotonie. Manchmal wandte er sich um und tauschte ironisch-zärtliche Blicke und Liebkosungen, die trägen Neckereien und zweideutigem Unfug ähnelten. Wenn er im Meer schwamm oder draußen auf der Badeinsel oder in einem Boot lag, schwoll das triumphierende Bewußtsein seiner eigenen Schönheit, erweckt von Davids Blick, in einem Crescendo an. Es ließ alle früheren Zweifel verstummen, ob ein Junge solche Gefühle haben durfte. Fast schien es, als gehörte er zum ewigen Wechselspiel von Sonne und Meer, wie ein Knabe der griechischen Mythologie, geliebt von Apoll und den Nereiden. Aus Liebe wärmte ihn die Sonne, aus Liebe streichelten ihn Wellen und Wind. Er war Puck, er war Ariel – und der künftige Außenminister des Deutschen Reiches.

Denn er erlaubte sich auch politische Tagträume, in denen er der Hauptkonstrukteur eines endgültigen englisch-deutschen Übereinkommens war, das die Hoffnungen von Millionen umsetzte und in Einklang brachte. In Gedanken überging er die schwierige Gegenwart und bediente sich des dünneren, formbareren Materials der Zukunft – einer undeutlichen, widersprüchlichen Zukunft, in der manchmal der Führer wie ein widerspenstiges Kind trickreich mit Takt und Charme überredet und umgestimmt wurde. In anderen Tagträumen war dieser praktischerweise verschwunden und Götz der gewählte Volksvertreter, der mit den Füßen auf dem Tisch dasaß und den verrückten Tiraden der extremistischen Opposition geduldig zuhörte.

In erster Linie hatte er darauf bestanden, *Judgement Day* von James Thomas Farrell zu lesen. Es war eines von ungefähr zweihundert Büchern, die sich im Laufe der Zeit wie eine geologische Schicht in dem Ferienhaus, in welchem sie wohnten, abgelagert hatten. Auf einer soliden Grundlage von Familienbibeln und Kirchenzeitschriften stapelten sich die Schulbücher und Groschenromane der jüngeren Generation, dazu kamen die Hinterlassenschaften der Besucher, die in einer Tendenz zum Politischen gipfelten, einem gelben Gollancz-Lehm, der von gegenwärtigen Krisen und kommenden Kämpfen sprach, von Schlußpunkten und Neuanfängen, von Systemen und Strukturen. Dieser Teil zog Götz am meisten an, besonders wenn er die Worte ›Hitler‹ oder ›Germany‹ oder ›Nazi‹ im Titel las. Sie machten ihm auch Angst, aber nur, da war er sich sicher, wie der erste Sprung ins Meer am Morgen.

David erwischte ihn kurz nach der Ankunft beim Blättern in einem dieser Bücher. Götz errötete, als ob man ihn dabei erwischt hätte, einer Schwäche nachzugeben.

»Ich dachte, ich sollte etwas Englisch lesen«, sagte er. »Immerhin nimmt meine Mutter an, daß ich das tue.«

»Hm, wir sollten es mit einem Schauspiel versuchen. Das ist am einfachsten, und Du lernst am meisten. . . . Da haben wir eins – aber es ist politisch.«

»Wovon handelt es?«

»Nun, es handelt von einem Prozeß wegen versuchten Mordes an einem Diktator. Aber die Angelegenheit ist ein Komplott.«

»Wie die Prozesse in Rußland«, sagte Hermann, der sich zwischen sie drängte, um einen Blick auf das Buch zu werfen. »Was soll daran lustig sein, Biebo?«

»Einer der Gefangenen ist ein Verrückter«, sagte David, der Hermann offenbar ignorierte.

»Das ist Hermanns Rolle. Wir können es zusammen lesen.«

»Nun, wenn Du wirklich meinst –«

Plötzlich schien David Zweifel zu haben. Warum, dachte Götz ungeduldig, warum diese Ziererei, Du willst doch, daß wir so etwas lesen, oder nicht? Aber als er aufblickte, sah er, daß Davids Zweifel echt waren, daß er es ebenso fürchtete wie wünschte. Das gab den Ausschlag. Um mich brauchst Du keine Angst zu haben, dachte er.

»Ich will es lesen«, sagte er bestimmt, nahm das Buch und marschierte in den Garten.

Sie setzten sich auf eine Bank mit Blick über die Bucht, David in der Mitte, das Buch auf dem Schoß, die beiden rechts und links neben sich. Sie lasen die Seiten abwechselnd, was für jeden Vorübergehenden wirklich seltsam klingen mußte. David hielt das Buch in seiner linken Hand und war natürlich gezwungen, wenn er nicht gerade eine Seite umblätterte, seine rechte Hand irgendwo auf die Bank zu legen. Und natürlich saß Götz da, und man mußte schließlich etwas mit seinen Händen tun. Man wird verstehen, daß es keine Absicht war, wenn die Hände sich berührten. Sie waren einfach berauscht, strebten zueinander wie die Motten zum Licht, stießen gerade bei dem Versuch, sich zu meiden, zusammen wie zwei Leute, die aufeinandertreffen und gleichzeitig zur selben Seite ausweichen. Beim erstenmal murmelte David noch ›Entschuldigung‹, aber bald ergaben sich beide in das Unvermeidliche, entdeckten, daß es unmöglich war, ein Zusammenstoßen der Hände zu vermeiden. So lernte er beim Englischlernen noch etwas anderes kennen. Er lernte, wie interessant und aufregend es ist, daß jemand jeden Zoll an einem interessant und aufregend findet, jeden einzelnen Finger, abgekauten Nagel, jede schmutzige Handfläche. Ineinander verschränkte Finger ließen ihn das besonders Elektrisierende einer Berührung kennenlernen. Verwirrt von der komplexen Verbindung von Geistigem und Körperlichem, fragte er sich, warum eine zufällige Berührung mit Hermanns Hand dagegen eher ekelerregend war.

Hermann mühte sich weiter gutturral ab, ebenso blind für den persönlichen wie für den politischen Skandal in seiner Nähe. War er im Weg oder würde ohne ihn dem Spiel die Hälfte des Spaßes gefehlt haben? Denn es war ein Spiel – ein Spiel, das Götz mit immer größerer Verwegenheit spielte. Er schockierte Hermann mit seinen Bemerkungen über Kommunismus, Spanien, China. Er verschlang Klatsch über die Nazis mit einem Appetit, den er niemals für möglich gehalten hatte, als ob er ausgehungert gewesen und behindert worden wäre und nun frei und unersättlich war. Aber es war ein Spiel, daß er sehr ernst nahm, und beide, er und David, würden es übel genommen haben, wenn zum Beispiel Ludwig plötzlich aufgetaucht wäre und sie beschuldigt hätte, mit Ansichten zu spielen. Ihre Diskussionen beseelten der theoretische Eifer der Jugend und die gewissenhafte Tugend der Objektivität. Aber Ludwig hätte auch sagen können, daß sie sich den Illusionen der Jugend über die Dringlichkeit des diskutierten Problems hingaben – David ebenso wie Götz. Und der alte Rindler hätte gut behaupten können, daß es David trotz all seiner erregten Anwandlungen von Pessimismus am ultimativen, aufrichtigen Glauben an eine bevorstehende Katastrophe mangelte. Beide hatten die Illusion der Jugend, viel Zeit zu haben, Zeit, mit den Problemen fertig zu werden, bevor die Probleme sie fertig machten. Die Vorzüge von Demokratie, Nationalsozialismus und Kommunismus wurden erwogen, als ob man eine Wahl hätte. Die Annahme, frei wählen zu können, machte tatsächlich den nicht geringen Reiz dieser Diskussionen für Götz aus. Davon ging man aus, darauf baute man auf, bis der Aufbau das Fundament zu beweisen schien. Hinterher erschien Götz all dies ziemlich unglaubwürdig und ließ ihn sich in seinem pessimistischen Realismus viel, viel älter fühlen als David mit seinen fröhlichen Inselillusionen.

Sie hatten immer noch Streitgespräche, aber Streitgespräche, bei denen Götz unterliegen wollte, so daß er enttäuscht war, wenn es Davids Antwort an Nachdruck und Gewißheit fehlte – als ob er sich für immer gegen die Angriffe der Propaganda daheim wappnete. Und da war zugleich Koketterie in Spiel, die ihn Streitgespräche provozieren ließ. Sie ließ ihn eines Tages David der Propaganda bezichtigen.

»Nun«, rief David und nahm ihn ernster als beabsichtigt, »Du könntest genauso gut sagen, daß alles Propaganda ist.«

»Vielleicht ist es das«, erwiderte Götz halsstarrig und reagierte plötzlich auf Davids Mißverständnis, indem auch er sich ernster nahm. Immerhin, für so viele seiner Generation *war* alles Propaganda. Sie waren wie Kinder, deren Vorstellung von Liebe verdorben wird durch eine zu frühe Bekanntschaft mit der Begierde, so daß sie die Begierde als die einzige Wahrheit akzeptieren und gegen jede Annäherung mißtrauisch sind.

»*Ach Gott*«, rief David, »das ist ein Spiel mit Worten. Wenn Du unter Propaganda etwas Schlimmes verstehst – und so verwenden wir beide das Wort –, kannst Du nicht jede Meinungsäußerung, jeden Versuch, Menschen von irgend etwas zu überzeugen, darunter fassen. Du – Du könntest genauso gut sagen, Dich hier zu haben –«

»Und Hermann.«

»Und Hermann – daß euch beide hier zu haben, Propaganda ist, die euch zeigen soll, was für aufrichtige Kerle wir sind –«

»Nun, warum hast Du uns hier?«

»Oh, natürlich wegen Deiner schönen blauen Augen. Das sagt man doch in Deutschland in Ermangelung eines tieferen Beweggrundes, nicht wahr?«

»Ja, meine Mutter sagt in jedem Brief, wie dankbar ich sein sollte.«

»Nein, solltest Du nicht, und Du weißt sehr gut, daß Du das nicht solltest.«

»Aber ich bin es und sollte es auch – *Deiner* Mutter gegenüber.«

»Oh ja, ich nehme es an. Das hatte ich vergessen. ... Gott, wie komisch das alles ist. Erinnert mich an Goethes Teufel, der stets das Böse will und doch das Gute schafft.«

»Verstehe ich nicht.«

»Nun, daß Frau Biehl-Bodenhausen gut von Mrs. Beaton denkt, ist sicherlich richtig, einer jeden Moral gemäß. Aber mein Motiv – was ich wollte –«

»War, daß ich gut von Dir denke, nicht wahr? Propaganda!«

Du kannst es genauso gut werbende Propaganda nennen.«

»Das tue ich.«

»Warte nur, bis Du verliebt bist.«

»Wie Du?« spottete Götz, pflückte ein Gänseblümchen und fing feierlich an, die Blütenblätter auszuzupfen.

»Wie ich.«

Sie lächelten, David ein wenig kläglich. Natürlich hatte er recht. Propaganda – Propaganda kam von Leuten, die sich wirklich nicht den Teufel um einen scherten, sinnenverwirrend *en masse*. Für sie war die einzige geschätzte Tugend Torheit, wie die von Hermann, leicht auszubeuten und wieder ausrangiert. Aber es war zwecklos, sich alle zugleich in prüdem Verdacht aus dem Sinn zu schlagen, David ebenso wie Goebbels.

Und der Körper? Das war nicht so einfach. Er konnte es nicht zu Ende denken. Er spürte lediglich, daß es unmöglich war, David, selbst wenn dieser seinen Körper bewunderte, als etwas zu betrachten, das in moralischer Hinsicht dem *Stürmer*, diesem Beschützer von Knabenkörpern, unterlegen war. Es war ein Problem, über das man die Stirn runzelte und dann vergaß. Warum es in jener Nacht in der Herberge solch hartnäckige Seelenqual hervorgerufen hatte, war ihm nun unerklärlich, besonders da damals das Körperliche kaum in Erscheinung getreten war – hatten sie da auch nur die Hände geschüttelt? Ein- oder zweimal wies er eine Annäherung Davids zurück, die zu weit ging, aber er tat es ohne Entsetzen und ohne Ekel. Es war eher dem schuldbewußten Bedauern vergleichbar, mit dem man Almosen ablehnt – und er war seltsam dankbar, daß David es zuließ, so einfach zurückgewiesen zu werden.

Darunter lauerten weniger die Befürchtungen des Gewissens als jene der Besonnenheit. In dieser Atmosphäre von Tagträumen überließ er sich persönlichen und politischen Gefühlen und Phantasien, die dazu verdammt waren, zu nichts zu führen und die auf die Dauer bloß verletzen konnten. So hätte man argumentieren können und in diesem Sinne beide, die persönliche wie die politische ›Affäre‹, für unnatürlich erklären können. Ludwig mit seiner strikten Weltanschauung von natürlichen Nationalcharakteren hätte die politische sicherlich so gesehen; eine gewisse Verlegenheit hätte jedoch wohl verhindert, daß er diese Sicht auf ihre persönliche Beziehung übertragen hätte.

Aber alle Befürchtungen schwiegen. Alle Schlußfolgerungen, Andeutungen, logischen Schlüsse sowie das Vorherrschen von Begierde und Gewalt hatten sich im Sommerdunst verflüchtigt, ebenso wenig wert, darüber nachzudenken wie über den Tod, das absolute Ende und die höchste Unlogik. Jene Tage auf der Insel waren losgelöst von Vergangenheit und Zukunft, der Zauber aller Inseln beherrschte sie, kompakt und klar rufen sie eine Illusion von Kontrolle hervor, jedes Problem umschiffen zu können; denn das Unendliche, das Etwas, das sich unserer Kontrolle entzieht, hat eine andere Färbung und Beschaffenheit als der eigene Lebensraum, und es ist möglich, sich in einem kleinen Boot von einem anderen abzustoßen, ohne von diesem verschlungen zu werden; das Fremde und das Komplizierte umgibt einen nicht ringsum und dringt auch nicht von überall her ein. Deshalb haben Menschen Inseln stets als etwas Gesegnetes angesehen, als Orte, an denen man Dinge möglicherweise in Ordnung bringen kann.

So blieb für David ebenso wie für Götz die ganze Angelegenheit, wie David einem seiner Freunde schrieb,

»in einer Atmosphäre halb-platonischer Empfindsamkeit in der Schwebe. So ausgedrückt, klingt das ziemlich übel und ich stelle mir vor, wie Du Deinen verdammt reifen, verdammt weisen Kopf schüttelst. Nun, es ist mir egal. Ich bin sehr glücklich, vielleicht weil ich in den Ferien bin, halbwegs beschäftigt mit ›gesunder‹ und ein wenig ›massenhafter‹ Tätigkeit. Aber vor allem weiß ich nun, daß er mich mag. Und diese Gewißheit ist etwas, wonach ich so lange gesucht habe, daß es zum Selbstzweck wurde und nun eher befriedigt als erregt. Seine jugendliche Zuneigung ist für mich fast zu etwas Faßbarem geworden, zu etwas, das man in seinen gewölbten Händen hält wie Wasser einer Quelle oder eine Flamme, die man entzündet hat; und man behält es dort und sucht nach etwas, wo man das Wasser hineinschütten kann, nach etwas, das man mit der Flamme anzünden kann. Da ist natürlich nichts – außer vielleicht ein Gedicht.

Oh, ich werde kein Heuchler sein, ich kenne mich selbst zu gut, um so moralisch und selbstgerecht platonisch zu sein wie Ludwig Kästner. Das Ziel, der Zweck, das Motiv ist körperlicher Natur. Aber täusche ich mich wirklich, wenn ich glaube, daß es jemals erreicht sein wird? Kaum. Du würdest in einem solchen Fall die Konsequenzen ziehen und die Sache fallen lassen und wirklich der rationale Hedonist sein, von dem Kästner glaubt, ich wäre es. Aber ich – ich fange fast an, an Eros und Aphrodite zu glauben. Ich mache weiter, als wäre ich moralischer oder weniger klug, als ich stets angenommen habe. Und die Absichten machen das Ziel unerreichbar, das Streben macht die Erfüllung unmöglich, dabei entstehen Nebenerzeugnisse oder Sublimationen, die mich wie einen Heuchler fühlen lassen. Denn die Menschen, die das

Ziel heftig verdammen würden, sind geneigt, das literarische oder philanthropische Nebenerzeugnis zu loben. Aber bei *ihm* bin ich kein Philanthrop, ich bin gleichzeitig mehr und weniger.

Der pedantische, prüde Lehrer in mir hilft mir sehr bei der ›Sublimation‹. Schnell lenkt mich der rein intellektuelle Eifer ab, den Sinn des englischen Präfekten oder des englischen Wahlsystems zu erklären. Und wenn ich nicht aufpasse, werde ich durch die fortgesetzte erfolgreiche Unterdrückung so moralisch und heuchlerisch wie der schlimmste Moralapostel und Heuchler. Dennoch, diese Affäre hatte von Anfang an einen seltsam platonischen Zug – oh, nicht immer, aber in den Augenblicken, wo er mir am schönsten erschien, fürchtete ich mich fast mehr, als daß ich erregt war, und ich wußte nicht, was ich wirklich wollte. Vielleicht ist mehr von einem Puritaner in mir, als ich ahne. Vielleicht habe ich stets im Hinterkopf gehabt, daß alles flüchtig und von vornherein zum Scheitern verurteilt ist. In Deutschland hatte alles fast einen Hauch von Tragischem, was meine Leidenschaft nur verstärkte. Verstehst Du, *Tod in Venedig* –

›Ich glaube, Dein Cupido atmet
Eine so tödlich reine und himmlische Art von Atem,
Sein Vorname lautet Eros und sein Nachname Tod.‹

Gott, das klingt sehr nach Ludwig Kästner! Und wie lächerlich klingt das erst hier. Hier berührt mich noch nicht einmal die harte, wenn auch nicht gerade tragische Wahrheit.

Oh, ich weiß, daß Du es nicht gutheißt. ›Ist das klug?‹ wirst Du in Deinem sanft mißbilligenden Tonfall fragen. Und wie so oft schon werde ich Deine Klugheit würdigen und es unmöglich finden, danach zu leben.«

Der Empfänger des Briefes lächelte mitleidig und legte ihn zu all den anderen, denn in Davids Briefen war so viel enthalten, daß man nicht das Herz hatte, sie zu vernichten. Egal, es war Zeit, daß er erwachsen wurde.

24.

Auch Mrs. Beaton schrieb einen Brief, als sie, umgeben von Handtüchern und Bademänteln, am Strand saß. Die Jungen waren schwimmen. Seit nun zwanzig Jahren gab es immer Jungen, die schwimmen waren, zwanzig Jahre selbstverständliches Kommen und Gehen von Männern. Sie hatte die einst ersehnte Tochter nie bekommen, und jetzt war es schwierig, ein solches Wesen in Gedanken in die gewachsene Vorstellung von einer Familie einzupassen. Andere Familien funktionierten natürlich nach anderen Mustern. Zum Beispiel ihr Bruder David mit seinen beiden Töchtern, die so sehr auf der Seite der Mutter standen, daß er sich in ihrer Mitte wie ein Fisch auf dem Trockenen fühlte. Und Mrs. Beaton – was war sie? Ein Fußabtreter, dachte sie manchmal, ein Gegenstand, der mit dem Haus, an das sie gefesselt war, verschmolzen war und halb damit gleichgesetzt wurde. Oder besser, dachte sie, als sie müde und stolz im Liegestuhl lag, sie war eher die Basis einer menschlichen Pyramide, da Abendbrot, Mittagessen und Frühstück ganz von ihr abhingen. Die anderen Akrobaten oben wirkten freier, aber wie mitleiderregend abhängig waren sie doch! Sie kamen, um gefüttert zu werden, gierig und undankbar seit ihrer Geburt. Aber sie kamen.

Sie hatte stets geglaubt, sie würde eine Tochter auch sehr geliebt haben, aber anders. ›Mädchen‹ – so komisch das klang, versetzten einen vierzig Jahre oder mehr zurück, zu Schule, Kichern, Eifersüchteleien und Miss Scott; ›Jungen‹ dagegen waren Teil des Lebensentwurfs, waren die Körper, die man badete, und die Kleidung, die man flickte und bügelte. Hemden, Jacketts, Strümpfe erinnerten einen an jene Körper, die einem nur so kurz gehörten und die so liebenswert waren, viel liebenswerter als alles Erwachsene. In letzter Zeit schien es ihr, als ob Kinder zu Erwachsenen entarteten, ebenso wie Kätzchen zu Katzen und Lämmer zu Schafen wurden. Ihr Verstand sowie ihre Beine verloren Reinheit und Geradlinigkeit und wurden je nach Geschlecht schwammig oder eckig; und die träge Schlauheit oder blökende Blödheit der Spezies offenbarte sich. Hatte sie sich schon immer der Ketzerei schuldig gemacht oder hatte sie sich verändert, wenn ihr neuerdings Schriftsteller unerträglich waren, die über die körperliche Begierde einer Frau für einen erwachsenen Mann schrieben? Das mochte natürlich in anderen Familien anders sein, aber darüber tauschte man keine Erfahrungen aus, und sicher schmeichelten diese Schriftsteller sich selbst, oder schrieben sie etwa dem anderen Geschlecht ihre eigenen Gefühle zu? Ihre gesamte körperliche Begierde hatte ihren Kindern, dem zeitlich späteren Grund für Liebe und Denken, gegolten, so daß es nachträglich so wirkte, als ob ihr Gatte nur Mittel zum Zweck gewesen war. Nun, es war immerhin nicht wegen einer gesellschaftlichen Stellung oder aus Eitelkeit geschehen. Und sie ließ sich nicht von romantischer Schwärmerei täuschen, wie – nun, wie so manch andere.

Wenn es stimmte, daß sie ihren Gatten als Mittel zum Zweck betrachtet *hatte*, mochte dies der Grund für eine geheime Verbindung und heimliche Rache sein, denn David stand ihr von all ihren Söhnen am nächsten und war zugleich so weit weg. Manchmal war er schlimmer als alle anderen gewesen, zum Verzweifeln männlich, als ob er sich nicht vorstellen könnte, wozu Frauen existierten, feindselig, herzlos und selbstbezogen. Zu anderen Zeiten schien er verständnisvoller als die anderen zu sein, was Babys und Schwiegertöchter und so anbetraf.

Sie sah auf ihren Brief. »Malcolms Frau«, hatte sie geschrieben, »scheint ein sehr nettes Mädchen zu sein.« Warum wirkte die Vorstellung eines ›netten Mädchens‹ für David so unpassend? So war es schon immer gewesen; und sie konnte nicht sagen, ob sie stolz darauf war, schlauer zu sein als das arme, dumme Mädchen, das ihn zu kriegen hoffte, oder ob sie böse sein sollte wegen der Beleidigung ihres Geschlechts, oder ob sie Mitleid haben sollte mit der völligen Einsamkeit, die eine solch deutliche Selbstbezogenheit zwangsweise bedeutete. Denn es schien eine Art Selbstbezogenheit zu sein. Sie hatte vom Ödipuskomplex in den Romanen aus der Leihbibliothek gelesen, aber man konnte nichts daran ändern, und überhaupt, stimmte es? Wenn sie über jemanden Bescheid wußte, dann eher über den verheirateten Erstgeborenen. . . .

»David«, schrieb sie, »hat immer noch diese beiden deutschen Jungen zu Besuch. Der Kleine ist entzückend.« Nicht nur Unsicherheit über die Schreibweise und Aussprache seines Namens ließ sie so auf Götz anspielen. Sie stellte ihn sich gerne so vor. Und er *war* klein für sein Alter und in jeder Hinsicht viel jünger als John, aber vielleicht ließ ihn das Englischsprechen kindlicher wirken. Er hatte ihr Herz eigenartig berührt, und gerade darin fühlte sie sich David verbunden, der allein die durch diesen Sohn einer fremden Mutter in ihr wachgerufenen Gefühle verstehen konnte. Seine jetzige Erscheinung ließ noch merkwürdig seine ganze Kindheit erkennen. Was für ein hübsches Baby er gewesen sein muß! Wie glatt seine Haut war und seine Augen – hatte je irgendwer bemerkt, daß er einem Teddybär ähnelte? Sie war völlig davon in Anspruch genommen, sich jene andere Familie vorzustellen, jene seit Jahren parallel verlaufende, aber unbekannte Geschichte, seinen ersten Schultag, seine ersten

Sprechversuche in jenem seltsamen Gebrabbel, das er mit David sprach, seine Angst vor dem Dunkel, die leicht zu tröstenden verzweifelten Kindheitskümmernisse. Wenn sie mit ihm sprach, stellte sie ihm Fragen über seine Familie, um das Bild zu vervollständigen. Sie bekam heraus, daß es eine Schwester gab, und die erregte vorübergehend ihr Mißtrauen, bis er ernsthaft sagte: »Hermann glaubt, daß David an meiner Schwester interessiert ist, aber das stimmt nicht.« Armes Kind! – warum sagte sie das so oft? Weil er ein Deutscher war?

»Man kann sich schwerlich«, schrieb sie, »einen größeren Unterschied zwischen ihm und dem anderen vorstellen.« Ja, der andere, dieser Hermann Funk, oder wie auch immer er hieß. David schien es schon allein deshalb gut zu finden, ihn hier zu haben, weil er ihn lustig fand, aber in ihren Augen war er ein widerwärtig quälendes Monstrum, stets bei der Hand, wenn etwas überkochte. Er trat mit seinen gutturalen Bemerkungen in jedes vorhandene Fettnäpfchen. Es war seltsam, daß Götzens unvollkommene englische Sprachkenntnisse entzückend wie die eines Kindes waren, wohingegen in Hermanns Mund die Sprache zu einem rauhen, unanständigen Gekrächze wurde. Es entspannen sich alptraumartige Unterhaltungen, beispielsweise über David Simpson, Johns Freund.

»He is you, no?«

»Wer ist ich?«

»No! David Simpson is you.«

»Ich fürchte, ich –«

»I say, he is you. With such a name –«

»Er meint ›Jude‹«, schaltete sich David ein. »Die Deutschen schreiben ›Simson‹ statt ›Samson‹.«

»Oh, tun sie das?« Sie taten es.

»Dschuu!« kam es von Hermann wie ein heftiges, beleidigtes Niesen. Und den ganzen restlichen Tag über rüttelte er sie immer wieder mit leidenschaftlichen Kostproben dieses überaus wichtigen Wortes auf.

Fast fürchtete sie, mit ihm allein gelassen zu werden und auf Gedeih und Verderb seinen sprachlichen Bemühungen ausgeliefert zu sein. Wenn sie ihren Ohren trauen durfte, hatte der Anblick einiger Pfadfinderinnen folgenden Kommentar hervorgerufen: »Unsere B. T. Ms haben einen schwarzen Rock drunter und eine Bluse für ihre Euterteile.« Es half nicht viel, daß David später erklärte, daß es ›B. D. M.‹ heißen sollte und es sich dabei um deutsche Pfadfinderinnen handelte. Gleichermaßen umwerfend war eine Bemerkung beim Abendessen, die auch nicht sofort verständlich war: »In England ist ein Rumpsteak halb rüde, nicht?« Sie war völlig auf der falschen Spur und ärgerte sich beinahe über David, als der sagte: »Halb roh natürlich. Das hättest Du Dir eigentlich denken können.«

War sie ungerecht? Es war seltsam, daß der andere scheinbar nie solche Bemerkungen machte: »Was für einen Dialekt sprechen Sie?« »Ihre Messer schneiden nicht.« »In Deutschland machen wir das nicht.« »Hier arbeitet keiner.« Und dann, wie schrecklich impulsiv war Hermann bei Spielen wie *Lexicon* oder *Battleships* oder *Happy Families*. Ausgelassen schrie er: »Ich habe gewonnen! Ich habe gewonnen!« Oder er schmollte und blickte finster drein, wenn das Spiel schlecht für ihn ausging. Schlimm war, daß er es geschickt auszunutzen wußte, wenn man einmal nicht aufpaßte. Vielleicht mußte man *Lexicon*-Spiele gewinnen und den besten Kuchen auf dem Tisch an sich reißen, wenn man häßlich und unbeliebt war. Oh, diese schrecklichen *Lexicon*-Spiele! . . . »Zat is an vord, no?« »Is zat an vord?« »Is zat –« »Äh, nein, aber Du kannst THIS oder HITS mit diesen Buchstaben legen. . . .«

Zwei der Jungen kamen jetzt zurück. David zog einen willig-unwilligen Götz zu ihr hin.

»Er war bereits zu lange drin, nicht wahr? Schau, er ist blau vor Kälte! Wo ist der Bademantel? Da! Trockne Dich gut ab.«

Warum um alles in der Welt, fragte sie sich, nimmt er diesen ausgelassenen Kommandoton an?

»Wo ist Hermann?« fragte sie.

»Betrunken«, erwiderte Götz prompt und schleuderte seine Badehose fort.

»Ertrunken, Du Dummkopf, ertrunken«, kam es von David, und ein langes erklärendes Geschnatter folgte.

»Hört mit diesem trinken-trunken-Blödsinn auf«, sagte sie, »und beantwortet meine Frage.«

»Hermann? Oh, er ist dort auf dem Floß und erschreckt gerade ein paar Mädchen zu Tode. Aber er wäre fast ertrunken, als er uns nachschwimmen wollte. Der blöde Idiot! Er kann überhaupt nicht schwimmen.«

Sie sah aufs Meer hinaus. Ja, da war Hermann mit zwei Frauen.

Götz, der nun eine blaue Gymnastikhose trug, wie sie beide, er und Hermann, als Unterwäsche zu tragen schienen, ließ sich in den Liegestuhl neben ihr fallen. Sie wollte ihn immer fragen, ob er sie auch im Winter trage.

»Natürlich hat er sein Haar nicht abgetrocknet«, sagte David und packte ihn am Schopf. »Das macht er nie.« Nein. David war nicht herzlos. Der Junge ergriff mit einer Hand Davids Handgelenk, im Gegenzug wurde sein Handgelenk von Davids anderer Hand gepackt, aber sie kämpften nicht. Wie von Faulheit übermannt, verharrten sie so, eine lächerliche Laokoon-Gruppe. Der Junge sieht aus wie ein Kätzchen, das gestreichelt wird, dachte sie. Und David – als sie ihn ansah, wandelte sich die Zärtlichkeit in seinen Augen in jenen gierigen Ausdruck, den sie an Männern nie gemocht hatte, obwohl sie ihn akzeptierte und verzieh. Was sah er dort bloß?

Plötzlich rüttelte er heftig den Kopf des Jungen, ließ ihn los und begann, sein eigenes Haar zu trocknen.

»Geh' und bestell' zwei Kaffee«, sagte er. »Ich bin in einer Minute bei Dir.«

Götz sprang auf und ging rüber zum Gartencafé. Wie hatten sein Rücken und seine Beine bloß so braun werden können?

»Nun?« sagte David, als sie ihm nachsahen.

Sie kannte diese Frage, dieses verlegene, angespannte Lächeln. So erbat er nun schon seit Jahren ihr Urteil – über Englischaufsätze, ›wichtige‹ Briefe, kindliche Literaturversuche. Stets hatte sie zuverlässig gelobt, nur manchmal behutsam einen Tropfen Kritik hinzufügt, um überzeugender zu klingen. Ein Jahr später verdammte sein eigener Geschmack, was sie heute lobte, aber stets fragte er, darin ebenso ein Mann wie alle anderen. Dieser Vergleich kam ihr nicht in den Sinn; sie spürte eher, wie er vertraulich um ihre Zustimmung bat, als ob dieser seltsame Junge seine Schöpfung wäre. Tatsächlich, obwohl sie beide es nicht bemerkten, war es das erste Mal, daß sie um ein wirkliches Urteil gebeten wurde – ein Urteil jedenfalls, für das ihre eigenen Gefühle eine Antwort bereithielten. Die Darsteller und die Handlung konnten manchen Grund für eine überzeugende Einschätzung liefern, aber Poesie, Dichtung richtig einzuschätzen, war schon immer schwierig gewesen. Es klang immer alles so gleich. Aber daß die unwahrscheinliche Klugheit eines Kindes, die mitleiderregende Männlichkeit eines Jungen Poesie besaß – das verstand sie.

»Er ist sehr attraktiv«, sagte sie, indem sie instinktiv auf seine Erwartungen einging. »Dein Vater hat gestern Nacht gesagt, daß man ihn einfach liebhaben muß.«

»Oh, hat er?« Ein zutiefst befriedigtes, ein wenig boshaftes Lächeln breitete sich über Davids Gesicht aus. Ja, sie hatte ihn beruhigt, ihn sehr glücklich gemacht und das von ganzem Herzen. Es schadete wohl nicht, wenn sie weitermachte.

»Ein solcher Junge muß es den Lehrern schwermachen, keinen Favoriten zu haben.«

»Sehr schwer.« Machte er sich lustig über sie? Nein, es war eine heimliche Belustigung, vielleicht eine Erinnerung an die Schule in Deutschland.

»Ich würde nicht soviel mit ihm streiten, weißt Du«, sagte sie nach einer Pause, als ob sie nun ihren Tropfen Kritik hinzufügte.

»Warum nicht?« Er wurde streng, fast heftig. Sie hätte antworten können, daß diese schnatternden Diskussionen an ihren Nerven zerrten, aber das überging sie.

»Nun«, sagte sie langsam, »ist es richtig, ihn zu quälen?«

»Er genießt es. Du verstehst das nicht. Und es ist so wichtig –«

»Armes Kind! Was soll er denn machen?«

»Weibliche Logik, was? Nun, ich glaube, es ist wichtig, was er denkt – gut für seinen Verstand, zu seinem eigenen Besten.«

»Und ich glaube immer noch, es ist ihm gegenüber nicht fair.«

Seine Strenge, sein männlicher Hohn machten, daß sie sich halsstarrig fühlte. Er runzelte die Stirn, und es sah so aus, als ob es einen Streit geben würde. Aber sie wurden von Hermann unterbrochen.

»I tell zat girl I vill make over England an *große Fahrt*. Vot is in Englisch an *große Fahrt*?«

David überließ ihr es, damit fertig zu werden.

»Ich – ich weiß nicht. Was habe ich gehört? Du bist zu weit hinausgeschwommen?«

»No, no! I swim good. They make me laugh. I drink, I cannot breed –.«

Sie starrte verzweifelt hinaus aufs Meer.

25.

Die Rückfahrt nach Liverpool war der erste Schatten, das erste Anzeichen des Niedergangs. Aber es schien noch genug Zeit übrig zu sein. In Liverpool verließ sie Hermann, um auf seine *große Fahrt* zu gehen, und ihn los zu sein, war eine Erleichterung, war wie ein neues Lebensgefühl. War man zuvor schon unbekümmert gewesen, so würde man jetzt erst recht unbekümmert sein – alles lesen, alles sagen, alles tun.

Doch daraus wurde nichts. Statt dessen schlich sich eine gewisse Unsicherheit ein. Was war es, was sie tun oder sagen würden? Worum ging es? Götz würde nach Hause gehen und dann – plötzlich interessierte sich David kaum noch für politische Diskussionen. Vielleicht – obwohl er das nie zugegeben hätte – hatten die Bemerkungen seiner Mutter doch einigen Eindruck auf ihn gemacht; vielleicht war es ohne Hermann weniger aufregend und hatte weniger Reiz, bereitete weniger sadistisches Vergnügen. Auf jeden Fall entstand mit Hermanns Abwesenheit ein merkwürdiger Widerspruch zwischen ihnen. Götz versuchte über Politik zu sprechen, bloß um von David abgelenkt zu werden. Dann versuchte er es mit Provokationen und ertappte sich plötzlich dabei, eine Sache zu verteidigen, an die er gar nicht glaubte – fast so wie in den ersten Tagen in London. Und dann war sein Stolz mit der falschen Sache verbunden, und David sah bekümmert aus, da ihm alle seine Bemühungen vergeblich zu sein schienen. Dann, wenn ihn sein Stolz nicht abhielt und in Schweigen verfallen ließ, gab er plötzlich nach und sagte »Ach, worüber streiten wir? Ich stimme wirklich mit Dir überein. Es ist dasselbe, was auch mein Vater immer sagt. Aber es – es ist so schwierig für uns.« Für gewöhnlich entstand dann ein kurzes Schweigen. Einmal rief er am Ende eines solchen Streits verzweifelt: »Ach, was nützt es? Wir wissen nichts. Uns ist nicht gestattet, etwas zu wissen.« Dieser Verzweiflungsausbruch, gab David hinterher zu, erschütterte ihn wie nichts sonst in all den Wochen. Einen kurzen Moment lang hatte er den Eindruck, daß seine Mutter recht hatte, daß es nicht fair war, daß das, was für ihn, so sehr es auch leugnete, nicht mehr war als ein Spiel, für Götz schrecklicher Ernst war.

In Davids Zimmer war ein Regal voll deutscher Bücher. Ihre Titel waren ein vertrauter Anblick für Götz, die Bücher bildeten eine seltsame, zusammengewürfelte Sammlung. Seine Aufmerksamkeit richtete sich auf die verschiedenen Antinazibücher, die in der Schweiz, in Österreich oder Holland veröffentlicht worden waren. Besonders Konrad Heidens *Das Leben eines Diktators* wollte er lesen. Es schien ihm plötzlich äußerst wichtig zu sein, die Unwissenheit, die er David eingestanden hatte, zu beheben. Wahrheit, Tatsachen – das war es, was er wollte, und die Zeit, um seinen Geist damit zu wappnen, war schrecklich kurz.

Aber David, der ihm die Bücher gerne ein paar Minuten lang zeigte, schien nicht gewillt, ihm ein oder zwei ruhige Stunden zu lassen, sie zu lesen. Sobald Götz auch nur einen Blick hineinwarf, lenkte David seine Aufmerksamkeit auf ein anderes Buch und sagte schließlich in schulmeisterlicher Manier, die niemanden überzeugte: »Nun, wenn Du lesen willst, solltest Du besser Englisch lesen. Du kannst zu Hause Deutsch lesen.«

»Nicht diese Art Deutsch.«

»Welche Art? . . . Oh, Heiden . . . Ich bin immer noch der Überzeugung, Du solltest etwas Englisches lesen.«

»Mit Dir?« fragte Götz und mimte passend zu Davids Schulmeister den störrischen Schuljungen. Er legte das Buch mit sichtlichem Widerstreben beiseite und seufzte wie jemand, der beim Spielen zur Arbeit aufgefordert wird. »Ich vermisse Hermann.«

»Warum?«

»Jetzt muß ich die ganze Zeit lesen.«

»Wie faul!«

Sie setzten sich aufs Sofa und lasen Galsworthys *Strife*. Aber da war kein Meer und keine Sonne und Götz las schlecht und David war pedantisch, es fielen Bemerkungen über eine »verdammt dumme Sprache«, und zuletzt waren beide froh, zum Tee gerufen zu werden.

Aber Götz war entschlossen, Konrad Heiden zu lesen. Die wenigen Seiten, die er gelesen hatte, hatten seine Neugier geweckt, die von der Tatsache, daß David dem Verbot der deutschen Obrigkeit sein eigenes hinzugefügt hatte, noch gesteigert wurde. Er las *Strife*, ging mit David und John schwimmen, unterhielt sich mit Besuchern, aber in Gedanken war er immer noch bei dem Buch. Zuletzt blieben ihm nur noch zwei Nächte und zwei Tage – er sollte mit einem Zug reisen, der Liverpool um zwei Uhr morgens in Richtung London verließ. In der vorletzten Nacht schmuggelte er Heiden und Thomas Manns *Brief an den Dekan der Philosophischen Fakultät der Universität Bonn* in sein Schlafzimmer. Er behauptete, müde zu sein, ging früh nach oben, legte sich mit einer Mischung aus Schuld und Vorfreude ins Bett und fing an zu lesen.

Er las den *Brief* zuerst und stellte fest, daß sich etwas in ihm dagegen sträubte. Er wehrte sich gegen den Ton, der ihm zu persönlich und wichtigtuerisch erschien – die Reaktion eines Schuljungen auf *Angabe* –, und er wehrte sich dagegen, daß der Emigrant von einer armen, fehlgeleiteten deutschen Jugend sprach, ebenso wehrte er sich gegen das Thema der patriotischen Verzweiflung. Die deutsche Jugend war nicht so dumm, und das Problem war trotz allem eher ihr Problem als das eines Emigranten. Oh ja, er war inkonsequent und ungerecht und wußte es. Gegen Ende war er weniger ablehnend, freilich auf eine Art, die der Autor kaum beabsichtigt haben konnte. Das Argument, daß die Nazis, die sich auf den Krieg vorbereiteten, in ihrem Innersten wüßten, daß sie ihn nicht führen könnten – dieses Argument überzeugte, weil es so viel Widersprüchliches erklärte, und war für Götz Ausdruck eines willkommenen Optimismus. Es war noch Zeit, so schien es, und es gab Hoffnung.

Heiden war viel aufregender, eine bestürzende Enthüllungs- und Gangstergeschichte in einem, hinreichend gewichtig, um Götz glauben zu lassen, er lese ein ernstzunehmendes Buch. Oft las er eine andere Version eines Skandals, von dem er durch seinen Vater gehört hatte. Er las bis nach Mitternacht. Dann, übermüdet, schloß er das Buch, konnte aber eine Zeitlang nicht schlafen. Es hämmerte in seinem Kopf, und er faßte eine Abneigung gegen das Buch, weil es ihn so lange wach gehalten hatte – in Wirklichkeit war dies eine Gegenreaktion auf die große Maßlosigkeit. Was zum Teufel war der Sinn des Ganzen? Warum sollte er sich damit herumquälen? Einen Augenblick lang schien das stille Haus vom kalten Wind der Verzweiflung durchweht, dann schlief er ein.

Er wachte auf, bemerkte, daß strahlendes Sonnenlicht ihn blendete und David die Bettdecke wegzog – eine Handlung, die er wegen der sie begleitenden ungewöhnlichen Herzlichkeit übelnahm und gegen die er sich wehrte. Fast kämpften sie schon, als Davids Blick auf das Buch auf dem Nachttisch fiel.

»Mein Gott«, sagte er, als er es an der markierten Stelle öffnete, »Du hast das im Bett ... halb durchgelesen ... Du kannst nicht vor ein Uhr geschlafen haben. Kein Wunder, daß Du so unausgeschlafen bist.«

Er setzte sich aufs Bett, legte eine Hand an Götzens Kehle, wie um ihn zu würgen, und sah auf ihn nieder. Die Geste war schon eher grob als verspielt. Seine Ferienlaune schien verflogen zu sein. Furcht und Schmerz standen in seinen Augen. Es war der vorletzte Tag, das war nicht zu leugnen. Leidenschaft oder was auch immer hatte ihnen wie ein freundlicher Geldverleiher Wochen voll goldener Stunden gegeben, Reichtümer, von denen Hermann noch nicht einmal träumen konnte. Aber jetzt war die Freundlichkeit des Verleihers vorbei, Stunde für Stunde mußte zurückgezahlt werden. Härte und Grausamkeit waren in Davids Griff und dieselbe Grobheit wie in seiner ersten Tat an jenem Morgen.

»Du tust mir weh«, sagte Götz.

»Entschuldige.« Er stand auf und legte eine Hand auf das Buch. »Ich bringe das weg. Du darfst es heute nacht nicht lesen. Du wirst nachts überhaupt nicht schlafen können nach –«

»Ach, laß es mich zu Ende lesen.« Er streckte seine Hand fordernd aus.

»Wann? Wir sind den ganzen Tag unterwegs und – es ist wirklich kein sehr gutes Buch. Der Mann ist nicht so objektiv, wie er vorgibt.«

»Ich fand es sehr interessant. Man muß die Wahrheit wissen.« Er konnte nicht sagen, wieviel Sturheit und Spott in diesen Sätzen lag, noch, wie sie da hinein kamen.

»Eigensinniges Kind!« sagte David, ließ das Buch fallen und wühlte unbeholfen in Götzens Haar. Götz zog seinen Kopf ungeduldig weg. Kind. Was Du nicht sagst! Dazu war es nun zu spät, das Unheil war bereits geschehen. Stunde um Stunde mußte von Götz so oder so zurückgezahlt werden. Was hatte David ihm da eingebrockt? Er hätte es wissen sollen, er hätte es wissen sollen. *Er* war das Kind.

Solcherart gewarnt, vermied es David für den Rest des Tages, Götz zu berühren, und schien deswegen verstimmt. In Wirklichkeit hatte er Angst, ihn zu berühren, hatte Angst, daß der grimmige Gläubiger Götz körperlich und ihn selbst geistig peinigen würde. Jeder, der nicht mehr erwartete, hätte sein Benehmen herzlich gefunden – ein wirklich perfekter Gastgeber.

David hatte gemischte Gefühle, was die Leute anbetraf, die sie nachmittags besuchten.

»Der Kerl ist von Deutschland schrecklich begeistert«, sagte er merkwürdig entschuldigend, »und er hat mir einmal sehr geholfen.«

Das verspricht ganz schön unangenehm zu werden, dachte Götz.

Der ›Kerl‹ – ein Fabrikbesitzer – und seine Frau hatten ein hübsches Haus am Ufer der Dee. Sie tranken auf dem Rasen Tee und sahen der Sonne zu, die sich silbern auf dem Sand der Bucht spiegelte.

Eingetragene Warenzeichen und zunehmende Freizeit hatten den Fabrikbesitzer von Llandudno und Torquay zu Oberammergau und dem Schwarzwald bekehrt. Alle seine Deutschlandreisen hatten während der letzten fünf Jahre stattgefunden. Seine Begeisterung war grenzenlos. Hitler war ein toller Kerl. Wir bräuchten auch einen Hitler hier. All diese Jugendherbergen zum Beispiel – fünfmal mehr als in England.

»Die gab es allerdings auch schon vor Hitler«, sagte David.

»Nicht alle«, murmelte Götz boshaft. Er wollte keiner Seite helfen.

Egal, sagte der Fabrikbesitzer, man könne nicht leugnen, was er für Deutschland getan habe. Keine Arbeitslosigkeit. Ferien für die Arbeiter. Und die Freundlichkeit der Leute. Man könne nicht leugnen, daß die Leute freundlich seien.

Nein, David leugnete es nicht. Aber der andere spürte den Widerstand und die Vorbehalte, die in seiner Verlegenheit lagen

»Wir müssen alte Vorurteile loswerden«, stieß er hervor. »Alles ist – Vorurteil. Seit dem letzten Krieg haben wir eine vage Vorstellung von den Deutschen als blutrünstige Wilde. Aber schau sie Dir an. Schau Dir diesen jungen Burschen hier an. Sieht der so aus, als ob er einen erschießen wollte?«

Götz runzelte die Stirn. »Als Soldat könnte es meine Pflicht sein«, brummte er auf Deutsch.

Warum hatte er das gesagt? Ihn ärgerte diese Vereinfachung des Problems, und er fühlte, daß David zweifellos diesen gutgläubigen Optimismus sinnlos fände. Aber er spürte auch einen Widerstand gegen David, den Optimisten und Empfindsamen, dem so überaus wichtig war, was ein einzelnes Wesen wie Götz dachte. Er wollte ihn schockieren und verletzen. Wenn dies auch die Gründe dafür sein mochten, den Gedanken laut auszusprechen, der Gedanke war vorhanden und nicht unwillkommen oder bloß aus Widerstand heraus geboren, sondern eher aus einem Gefühl heraus, das zu seiner Stimmung paßte wie die untergehende Sonne, die jetzt die silbernen Spiegelungen blutrot sprenkelte.

»Was hat er gesagt?« fragte ihr Gastgeber.

»Er sagte, daß er sich danach sehne, mich zu erschießen«, sagte David.

Der andere lachte. Das war ein guter Witz. Allein die Tatsache, daß der junge Kerl einen Witz darüber machen *konnte*, bewies schlüssig, daß er recht hatte. . . .

Das Buch von Heiden las Götz nie zu Ende. Er war viel zu müde in jener Nacht – in der Tat schlief er schon auf dem Heimweg ein –, und am letzten Tag hatte er keine Zeit. Aber er hatte sowieso kein Interesse mehr.

Weil es der letzte Tag war, weil ihre Beziehung beendet war und damit auch die Probleme, die sie mit sich brachte, weil es keine Verführung, Überredung, Einmischung mehr zu erhoffen oder zu befürchten, abzubiegen oder abzuwehren gab, verhielten sie sich vorbildlich. Götz ging es besonders darum, den gestrigen Tag wiedergutzumachen.

Am Ende einer langen Nacht legte David ein paar Schallplatten auf. »Fast nur deutsche Komponisten«, bemerkte Götz nicht ohne Stolz, aber es gab keinen Wagner und haufenweise Mozart und Schubert. Er legte zuerst etwas von Mozart auf, dann die *Unvollendete Symphonie*.

»Ja, das ist es!« Götz fing nach den ersten Takten fast zu weinen an. Er meinte, bis jetzt Musik noch nie richtig verstanden zu haben. Es war keine Melodie, keine Aneinanderreihung von Noten, keine ausgeklügelte Komposition, es waren David und er, es war der Trauer-Triumphmarsch aller Sehnsüchte, eine Sache, deren Ruhm und Traurigkeit darin bestand, daß sie nicht existierte, nicht existieren durfte, nicht deutlicher ins Leben gerufen, genossen und befriedigt werden konnte, ohne zu zerbrechen. ... Ja, wenn Ludwig Kästner Ironie zu schätzen gewußt hätte, hätte er jetzt vielleicht gelächelt. ...

»Nun, das war's«, sagte David und sprang auf, um die Nadel abzunehmen, »es ist höchste Zeit, daß wir gehen.«

Götz sagte der Familie Lebewohl. »Sag Deiner Mutter«, sagte Mrs. Beaton, »daß Du ein sehr guter Botschafter gewesen bist, auch wenn Du nicht viel Englisch gelernt hast.« Sie sprach langsam, um sicher zu gehen, daß er sie verstand. Er nickte und fand, daß sie sehr freundlich war.

David begleitete ihn zum Bahnhof. Götz schien es, als ob er aufgehört hatte, eine Rolle zu spielen, und jetzt alles einfach geschehen ließ. Auf dem gespenstischen Bahnsteig diskutierten ein Briefträger und ein Gepäckträger über Politik, der eine erklärte wiederholt, Lloyd George und Winston Churchill seien die einzigen bedeutenden Männer in England. Die Pfeife ertönte.

»*Auf Wiedersehen*«, sagte David.

26.

Die Panik packte ihn, als er allein im Zug saß. In sechzig Jahren – bestenfalls – würde er tot sein, es gab kein Jenseits, keinen Gott. Da war sie wieder, die alte Furcht, die alte Panik vor Zeit und Raum, schlimmer, viel schlimmer als alle Zankereien, Tränen und Ängste des Lebens. Das war der Tod. Das war nicht bloß die Todesfurcht, der finstere Kontrast von Tag und Nacht, Tod im Dschungel oder in der Wildnis in Ludwigs oder in Davids Armen, die Romantik eines bevorstehenden Krieges, der all den Zwiespältigkeiten von Liebe und Freundschaft eine weitere aufregende Zwiespältigkeit hinzufügte. Nein, das war nicht der Tod, der trennte. Das war der innerliche, der absolute Tod, war eine Welt ohne Boden, ein leerer Magen, weiche Knie. Diese elektrischen Lichter, jene Sterne – was dachten die, was sie tun würden? Es war zu lächerlich. Vielleicht dachten die, sie wären real.

Ich möchte weinen, dachte er plötzlich. Er kniff die Augen zu, ballte die Fäuste und versuchte sich ganz schrecklich selbst zu bemitleiden. Er hätte ein Herz aus Stein zum Schmelzen gebracht; das eisige Herz des Universums in seiner Brust brachte er nicht zum Schmelzen. Er konnte nicht weinen. Vor einem Jahr hätte er es gekonnt. Er wurde alt. In sechzig Jahren würde er tot sein.

Der Zug verließ Liverpool um halb zwei Uhr morgens, und um sieben Uhr war er in London. Es hatte keinen Zweck, die Notbremse zu ziehen. Einmal mußte er doch heimfahren. Er wollte nach Hause. Nächsten Sommer würde David nach Deutschland kommen. Ein Jahr war nichts. Er würde fünf Wochen bleiben. Das war weniger als nichts. Zeit und Raum betrogen einen immer.

Es wurde noch schlimmer dadurch, daß er im Zug saß. Es war wie eine Wanderung durch die Heide, man lief und lief und lief. Er war eingesperrt und strebte offenbar freiwillig einem unentrinnbaren Schicksal entgegen – Abbild der Stellung des Menschen in der Welt. Du bist nicht frei, du bist nicht frei, du bist nicht frei, war das eiserne Thema der Räder auf dem Gleis. Die Insel war eine Illusion, und die Wirklichkeit lag vor ihm – eine Wirklichkeit aus Ekel und Gehorsam, mit unüberwindlichen Problemen, die schwer zu akzeptieren war.

Es war eine gewisse Erleichterung, den Kopf aus dem Fenster in die kalte Luft zu halten. Das versetzte einen in eine Art stoischer Gelassenheit. Als er die Welt sah, durch die sich das schwarze Ungeheuer seinen Weg bahnte, fühlte er sich wie ein Teilhaber an seiner Grausamkeit – es war der alte Ausgleich für die, die in den Sklavenrängen weit aufgestiegen waren, und das mußte – Ludwig war der Beweis – einen politischen und philosophischen Aspekt haben. Du bist nicht frei, du bist nicht frei, du bist nicht frei, schrie er dem schlafenden Land zu.

Der Zug hielt in Crewe, er mußte umsteigen. Das brachte einen neuen Schrecken mit sich – die Wiederbegegnung mit Situationen und Gegenständen, die vor zwei Monaten mit Leben erfüllt waren und nun tot und verwesend in dem kalten, grauen Morgen dalagen. Der Bahnhof war eine einzige grauenhafte Leichenhalle, in der er die Leichen von Bücherstand und Imbißbude, Plakat und Bahnsteigbank identifizierte. Vielleicht hätte er tagsüber reisen sollen. Aber nein, das wäre nicht besser gewesen, vielleicht sogar schlimmer.

Im zweiten Zug schlief er ein und träumte, er wäre noch auf der Insel. Der Gepäckträger, der ihn in Euston mit einem »Yer'll be lite for school, Johnny« weckte, wunderte sich ein wenig über seinen verdutzten, erschrockenen Gesichtsausdruck und fügte hinzu »Nah, don't worry. No school to-dye.« Euston, wo er so etwas wie ein Frühstück zu sich nahm, war genauso schlimm wie Crewe, überall lag Abfall und Schmutz, der vor zwei Monaten unsichtbar gewesen war. Er wollte so schnell wie möglich nach Hause, wollte etwas Verläßliches, einen Hafen. Er ertrank in den Fluten des Unwirklichen – wie Hermann, als er gelacht hatte und nicht atmen konnte. Diese Flut würde eine in sechzehn Jahren aus Erfahrung und Wünschen entstandene Welt sicherlich nicht überschwemmt haben. Dieses grüne Land würde sicherlich kein trügerischer Sumpf sein. Er mußte nach Hause.

Harwich, Ostende, Osnabrück – sie hatten ihn auf dem Hinweg freundlich gegrüßt, jetzt, anderweitig beschäftigt und wolkenverhangen, hatten sie keine Zeit für ihn. Natürlich, es war Herbst, und die Blätter fielen. Als er ein Kind gewesen war, hatte ihm das nichts ausgemacht, der Vorgang war ohne Bedeutung gewesen. Aber jetzt schien er jede Abwesenheit der Sonne zu spüren. Vielleicht war sein Empfindungsvermögen in den Tagen auf der Insel vom glücklichen Gleichklang seines und Davids Herzen, von der Sonne und den Wellen überreizt. Das Lied war aus, der Gleichklang verflogen. Man hörte die Wellen nicht mehr, die Sonne war kümmerlich und David – oh, bloß nicht daran denken.

An der Grenze konfiszierten sie die *Picture Post*, und er stellte fest, daß er mehrmals auf die Bilder gestarrt hatte, ohne irgend etwas zu sehen. Die Konfiszierung war ihm egal, es machte ihn nicht wütend. Das war die Wirklichkeit, das andere war ein Traum. Es existierten eben zwei Welten, und man mußte in seiner eigenen Welt leben. Vielleicht wäre es klüger gewesen – was immer auch die Klugheit nutzen mochte –, in seiner eigenen Welt zu bleiben, nichts zu sehen oder zu träumen... Ariel, wie wahr! Ariel in der gespaltenen Kiefer. *Erlkönig hat mir ein Leids getan.*

Aber der Körper fuhr fort zu leben, auch wenn die Seele tot war, und vollführte alle seine Handlungen bemerkenswert gut, essen und lächeln und reden. »Nun, hat Dir Dein Aufenthalt in England gefallen?« fragten sie ihn. Und der Mund sagte, daß es wunderbar gewesen sei, er sagte es sehr überzeugend und erzählte, wenn sie drängten, einige wenige Einzelheiten. Und es wurden Bemerkungen darüber gemacht, wie braun er war und wie glücklich er aussah, immer lächelnd. Das war verdammt komisch. Kleiner Sonnenschein, was? Offenbar war er genau das für die schreckliche alte Frau im Zug gewesen.

Zu Hause fragten sie wenig, ein beredtes Schweigen war hier spürbarer als anderswo. Und bald ahnte er, was der Grund dafür war. Die Gesundheit und das Benehmen seines Vaters gaben Anlaß zu großer Besorgnis. Das passierte in regelmäßigen Abständen, die schlimmste Phase war vor fünf Jahre gewesen. Er hatte einen hartnäckigen Husten und deshalb von seinen Lungen Röntgenaufnahmen gemacht, die ihn sehr betrübten. Er verlor darüber kein Wort, aber sein Bemühen so zu tun, als ob es nicht den geringsten Grund zur Sorge gebe, war alarmierender und deprimierender als alles andere. Es war aber offenbar nicht allein seine Gesundheit, die ihm Sorgen machte. »*Er macht sich Sorgen über die Politik*«, seufzte die Frau Doktor in einem Ton, der durchblicken ließ, daß sie solche Sorgen für überflüssig hielt. Er vernachlässigte seine Arbeit und verbrachte Stunden damit, in seinem Arbeitszimmer auf und ab zu gehen oder plötzlich in anderen Zimmern des Hauses aufzutauchen und wieder zu verschwinden. Götz gegenüber legte er eine geistesabwesende Zärtlichkeit an den Tag, die fast erschreckend war.

In gewisser Weise war es eine Erleichterung, zur Schule gehen zu können, aber die Schule war eine Prüfung anderer Art. Wie es der Zufall wollte, traf er gleich am ersten Tag Lange auf dem Schulweg. Der sah ihn neugierig und wie üblich ironisch an.

»Na, Baby? Irgendwas gelernt in England?«
»Einiges.«
»Englische Verben, was? *I love, he loves, we love.*«
»So in der Art.«
»Hätten ich wetten können. Funk hat mir alles erzählt. – Was verblüfft Dich daran?«

Natürlich, natürlich, es war bloß ein Trick. Er hätte nicht mal mit dem Augenlid zucken sollen.

»Ich bin nicht verblüfft. Ich habe mich bloß gefragt, wann Du ihn schon hast treffen können.«

»Letzten Sonntag. Sehr interessant, Du überraschst mich. Natürlich sind es immer die scheuen, harmlos aussehenden Jungen mit babyblauen Augen –«

»Ich weiß nicht, was Funk Dir erzählt hat –«

»Genug, um mich neugierig zu machen. Er ist zu dumm, um mehr bemerkt zu haben, aber er ist nicht ganz so dumm, wie Du gedacht hast. ... Oh, alles in Ordnung. Er nimmt nicht an, daß Du etwas *gemacht* hast. Tatsächlich glaubt er, *Du* wärst der dumme, Unschuldige, der nicht kapierte, was vorging. Aber mir kannst Du nicht erzählen, daß Du Dir eine solche Gelegenheit hast entgehen lassen. Wir sind nur einmal jung, was?«

Es war diese beiläufige Bemerkung, die ins Schwarze traf, viel mehr als all das berechnende Spiel mit Furcht und Schmeichelei, das nach dem ersten Schrecken doch viel zu plump war. Aber ›nur einmal jung‹ – das paßte zu Götzens Stimmung. Es gab ihm einen Stich. Er sah seine verblühte Schönheit, graue Haare, das modernde Grab. Die Zeit war zum Nichts geschrumpft. Hätten David und er denn mehr tun können, um die Zeit zu überwinden, um die Gelegenheit besser zu nutzen? Warum war er jetzt nicht bei David? Schule? Vorbereitung aufs Leben? Welches Leben? Niemand sagte, daß das Leben mit vierzig eine Vorbereitung auf das

Leben mit sechzig war. Und das Leben mit sechzehn war viel wichtiger als das Leben mit vierzig. Ein Mann existierte dreißig Jahre oder länger, ein Junge bloß vier oder fünf. Götz stellte sich vor, wie er mit vierzig sein würde, verheiratet, mit einer Familie – und es war fast wie ein anderes Leben, in das eine Art von Tod plötzlich eindrang, der Tod gewisser Gefühle. Und er mißgönnte dem anderen, unvorstellbaren Wesen, diesem ungeborenen Erben seines gegenwärtigen Ich, die wertvolle Zeit, die er gezwungen sein sollte für ihn zu horten.

Sie näherten sich der Schule. »Heil Hitler!« »Heil Hitler!« Wie oft hatte er diesen offiziellen Brauch eigentlich ohne zu Zögern mitgemacht? Jedesmal wurde man stärker verpflichtet. Es war wie eine Rechnung, wie die bei einem verlorenen Spiel aufgelaufenen Schulden, wie die erste Ziegelreihe beim Bau einer Mauer – eine subtile, kaum faßbare Mauer in der Atmosphäre. Wahrlich, das Spiel war nicht so einfach, wie er in England gedacht hatte!

Schule. Die blöden Fragen – »Wie fandest Du die englischen Mädchen?« Die aufrüttelnde Ansprache des Direktors, die ihn ein wenig erstaunte wie jemand, der ein Kätzchen beobachtet, das versucht, seinen eigenen Schwanz zu erhaschen. Daß Menschen sich über so etwas, über irgend etwas noch aufregen konnten! Dann eine Stunde mit Herrn Oehme. Oh, der war in Ordnung. Sein Interesse, seine Fragen waren freundlich. Egal ... er hatte etwas Lächerliches und Mitleiderregendes an sich, und die Vorstellung, so ein Mann zu sein, sein Leben auf diese Art zu verbringen, hatte etwas Erschreckendes.

Aber am schlimmsten war Klinge mit seiner Neugier, seiner Eifersucht auf Götz und seiner Abneigung gegen David Beaton. Der Junge war schon immer ein wenig überheblich gewesen; das mußte man sofort im Keim ersticken – natürlich nur zu seinem Besten. Es galt der Versuchung zu widerstehen, über England zu sprechen, die Vision von glücklichen Tagen in Brighton und Cowes heraufzubeschwören. Das könnte bei dem Jungen den Eindruck erwecken, er würde einem eine Freude bereiten. Andererseits wäre es schon interessant zu erfahren, was hinter dieser – dieser Beziehung steckte. Man hatte so seinen Verdacht. Aber zuerst mußte der Junge gedemütigt werden, natürlich mit der ›direkten Methode‹ – er hatte stets auf die direkte Methode geschworen.

»Ah, Biehl-Bodenhausen«, fing er mit seinem umständlichen, oft ungenauen Englisch an, »Du bist von Deinem Besuch auf dem wertvollen, im silbernen Meer gefaßten Edelstein wieder zurückgekehrt. Hast Du Deinen Besuch genossen? Antworte auf Englisch, antworte auf Englisch!«

»Yes«, murmelte Götz, während er langsam und völlig verzweifelt aufstand. »I – yes.« Dann erinnerte er sich plötzlich an David und John: »Damn good.«

»Nicht ›damn good‹, Biehl-Bodenhausen, ›damn well‹. Adverb, nicht Adjektiv. Ein Besuch ist ›damn good‹. We enjoy a visit ›damn well‹. Besser noch, wir lassen ›damn‹ weg. Ich denke doch, Du würdest vor einer englischen Dame nicht ›damn good‹ sagen.«

Er lächelte. Die ganze Klasse lächelte, unsicher, ob der Witz auf Götzens oder Klinges Kosten ging. Ach, laß es besser. Man könnte sich streiten, Klinge sagen, daß er nicht englisch und keine Dame war. Aber laß es besser.

»Nun, ich nehme doch an, daß Du bestimmt genug Englisch gelernt hast, um uns Deine Eindrücke wiedergeben zu können ... Biehl-Bodenhausen wird der Klasse jetzt seine Eindrücke von England mitteilen.« Oh hell! Komisch – er hatte diesen Fluch in Englisch gedacht, wieder in Erinnerung an David und John. Eindrücke von England ... Eindrücke von England ... bestimmt genug Englisch. ... Zwecklos,

Mrs. Beaton zu zitieren: ›Erzähl Deiner Mutter, daß Du vielleicht nicht besonders viel Englisch gelernt hast, aber ein besserer Botschafter gewesen bist als Ribbentrop.‹

»Nun, Biehl-Bodenhausen?«

Der Junge war gedemütigt. Ein paar gestotterte Sätze, und das ungleiche Kräftemessen war vorbei. Der grausamste Schlag für Götz war zu spüren, wie viele seiner Klasse, deren Zuneigung er genossen hatte, *Schadenfreude* über seine Niederlage empfanden. Er hätte es wissen müssen. Auch sie waren eifersüchtig. Er war über alle erlaubten Grenzen hinaus favorisiert worden, und sie, wie Klinge, fingen an, die ganze Angelegenheit ein wenig seltsam, ein wenig verdächtig zu finden.

Zum Teufel mit ihnen! Auf seinem Heimweg ging er in die große Buchhandlung an der Ecke Blücherstraße und sah sich nach englischen Büchern um. Er kaufte *Goodbye, Mr. Chips*, aber zu Hause in seinem Zimmer stellte er fest, daß er es nicht lesen konnte. Alleine im Zimmer zu sitzen, war wie in einem schrecklichen Meer zu versinken. Er ergriff mit scheinbar zitternden Händen Stift und Papier und schrieb hastig, um keine einsamen Pausen entstehen zu lassen:

Lieber David,

zunächst dachte ich, ich würde Dir diesen Brief auf Englisch schreiben, aber jetzt habe ich beschlossen, Deiner Mutter in ein oder zwei Tagen auf Englisch zu schreiben, aber Dir zuerst auf Deutsch. Ich bin nicht sonderlich gut in Sprachen oder Briefeschreiben – zu faul, nehme ich an. Trotzdem habe ich angefangen ein englisches Buch zu lesen. *Goodbye, Mr. Chips*. Kennst Du es? Es ist ins Deutsche übersetzt worden, aber ich habe der Versuchung, die Übersetzung zu kaufen, widerstanden.

Natürlich bin ich wieder in der Schule. Ich hasse sie mehr denn je. Ich denke stets an Dich und die Insel, und es ist wie ein Traum. Ich sah Hermann Funk aus der Entfernung. Er macht mich krank. Nächste Woche werde ich zum Arbeiten aufs Land gehen und bei der Ernte helfen. Du wirst sagen, wir sind nie in der Schule – schon der dritte ›Urlaub‹ außer der Reihe in diesem Jahr.

Bitte antworte mir bald, auch wenn ich weiß, daß dieser Brief es gar nicht verdient. Ich habe wirklich nichts verdient, aber ich glaube, wir verstehen einander.

Er wollte hinzufügen »Es gibt ein paar Dinge, die ich nicht schreiben kann«, aber dann dachte er an den immer möglichen, wenn auch selten wirklichen Zensor, der darin eine versteckte Anspielung sehen mochte, und schloß statt dessen mit der Bitte, Davids Familie zu grüßen und mit Grüßen von seiner eigenen Familie und mit »*Dein Götz*«.

Er ging raus und gab den Brief sofort auf – und das Meer schlug wieder über ihm zusammen. Dennoch lebte man noch, aß, trank und ging zur Schule. . . .

Aber es mußte etwas geschehen. Er würde seinen Vater bitten, ihn am Sonntag mit zum Schießen zu nehmen. Sie würden allein sein, und er könnte mit ihm sprechen.

Er traute sich nicht zu fragen und wartete bis zum letzten Augenblick, als sein Vater das Gewehr nahm.

»Kann ich mitkommen?« platzte er beinahe schon frech heraus.

»Was, ja, wenn Du Deine Hausaufgaben erledigt hast. Aber ich glaube, ich werde heute nicht schießen. Laß uns wandern gehen.«

Er stellte das Gewehr zurück. Sie gingen zusammen den Hügel hinauf – auf dem gewöhnlichen Weg. Das war, wie es sein sollte, und die Blätter fielen.

Aber er fühlte sich schrecklich befangen.

»Du hast uns nicht viel von England erzählt«, sagte sein Vater schließlich.

»Oh, es – es war schön. Sie waren sehr freundlich zu mir – alle.« Er versuchte verzweifelt, sich an eine Episode zu erinnern, die des Erzählens wert war, irgendein Teilstück der wahrhaftigen Wahrheit. »Funk war allerdings fürchterlich.« Er erzählte eine Geschichte über Hermann. Aber hörte sein Vater überhaupt zu? Er litt, sein Vater litt, und sie mochten sich sehr. Warum konnten sie nicht miteinander reden? Bloß weil Jungen nicht mit ihren Vätern redeten? Warum sollte es leichter sein, mit David, einem Fremden, einem Ausländer, zu reden? Aber dann, wenn David da wäre, würde die Angelegenheit, über die gesprochen werden müßte, gar nicht existieren.

Er wünschte sich beinahe, allein zu sein. Sein Kummer war ein verwöhntes Kind, das absoluten Vorrang vor anderen Kümmernissen beanspruchte, die sicher, sicher nicht so schwerwiegend sein konnten, die wohl bloß ›Sorgen‹ waren, nicht blankes, bodenloses Entsetzen. Dann tadelte er seinen Egoismus und versuchte, sich die Probleme seines Vaters vorzustellen, strengte sein Vorstellungsvermögen und sein Mitleid an. Aber bald schien sein eigener Kummer den anderen wieder verschlingen zu wollen, die Krankheit seines Vaters und der mögliche – nein, unvermeidliche – Tod schienen ihn bloß zu bekräftigen und zu bestätigen. Er verschlang sogar seinen Egoismus und sagte ›So ist das Leben. Das ist es, was ich meine. Dein Vater wird sterben und Du willst, kannst Dich nicht darum kümmern. Gib es zu und fühle Dich schlecht.‹

Ein Tod nach langer Krankheit, durch langsames Versagen der Lungen, das war der absolute Tod, Teil des sinnlosen Grauens des Lebens. Aber gab es da nicht noch einen anderen Tod, der diesem gestaltlosen Grauen trotzte, der seinen Augenblick selber wählte und eine Art von Gestalt annahm – blutrot auf der schönen Stirn –, der nicht von Verrat und schmutzigen Geschichten in dunklen Winkeln raunte? Ja. *Da capo*, *da capo* mit jeder neuen Jahreszeit. Da war er wieder, der dräuende Romantizismus jener Februartage in der Herberge, als die Sorgen seines Vaters über Politik und Krieg ihm so fremd vorgekommen waren. Lieber Krieg, Krieg mit England, die schlimmste Tragödie, als diese Existenz ohne tragischen Sinn und Form.

Sie kamen wieder nach Hause und hatten kaum ein Dutzend Sätze gewechselt.

27.

Götz hatte sich auf die Woche auf dem Land gefreut, nicht so überschwenglich wie auf den Aufenthalt in England, aber mit der vagen Hoffnung, vielleicht ein wenig festen Boden unter die Füße zu bekommen. Das verband sich in seinem Denken mit den gelegentlichen Anwandlungen, Landwirt zu werden, dessen Arbeit auf jeden Fall ›echt‹ war. Aber er erkannte den Fehler in diesem Heilverfahren, noch bevor er es ausprobiert hatte. Wenn das ›wahre‹ Leben – nicht die Schule, nicht Griechisch und Geschichte und all das – sich auch als unecht erwies, auch blankes Entsetzen hinterließ, dann war das Spiel aus, dann gab es nichts mehr, woran man sich noch halten konnte.

Und jede Hoffnung, in eine andere Art des Daseins zu entkommen, die Vergangenheit auch nur eine Woche lang abschütteln zu können, wurde dadurch so ziemlich zunichte gemacht, daß alle Jungen in den selben, ungefähr achtzig Kilometer von der Stadt entfernten Bezirk geschickt wurden – und Götz war ausgerechnet bei demselben Landwirt wie Lange einquartiert. Das hatte natürlich so kommen müssen. Er fragte sich, welche fast idyllischen Phantasien ihn hatten glauben lassen, es könnte anders sein.

Der Landwirt war keineswegs idyllisch. Er war ein großer, korpulenter Mann voller Vorurteile – gegen Juden, Katholiken, Stadtbewohner, Bildung, einzelne Personen und Sachen. Seine Frau war eine unterdrückte kleine Frau, die er vor allen Leuten drangsalierte und beschimpfte. Die erste gemeinsame Mahlzeit wurde zur Qual, weil der Landwirt schlecht gelaunt war wegen einer Botschaft, die sie entweder hatte ausrichten oder nicht ausrichten sollen. Er kam immer wieder darauf zurück und ignorierte die Gegenwart der beiden Jungen. Der Eindruck eines primitiven, gemeinen und angstvollen Daseins verstärkte sich noch, wenn man Haus und Familie besser kennenlernte. Da gab es zum Beispiel einen jämmerlichen Kerl im Haus, der verschiedene Gelegenheitsarbeiten verrichtete, offensichtlich schwachsinnig war und auch noch schielte. Lange war überzeugt, daß es sich um einen unehelichen Sohn des Landwirts handelte, und drohte damit, seine Vermutung durch Nachforschungen zu beweisen.

Der Landwirt ließ durchblicken, daß er die Jungen eher als Ärgernis denn als Hilfe betrachtete. Sie hatten eine Art von Wohlwollen erwartet, eine gewisse Dankbarkeit, aber statt dessen sagte er bloß, daß es ihnen gut tun würde, selbst wenn ihm solche Lehrlingshände die Ernte verderben würden. Er hatte sie stets im Verdacht, faul zu sein, und fand Nützlichkeit und Geschwindigkeit ihrer Arbeit tadelnswert. Und es gab einmal fast eine Szene, als Lange, der immer hinter seinem Rücken fluchte, so aufgebracht war, daß er ihm widersprach.

Er war ein fanatischer Nazi von der Art, wie ihn das *Schwarze Korps* propagierte, anscheinend war das seine einzige Lektüre. Ihm gefielen dessen anti-*bürgerliche* und anti-religiöse Trivialitäten, die zum großen Teil sein Gespräch prägten. Irgendeine Enthüllung über Schulen mit getrennten Toiletten für katholische und protestantische Kinder hatte ihm mächtig gefallen, und er zitierte sie als Beweis – wofür, konnte man nicht recht erkennen. Wenn Götz ihm zuhörte, war er wieder einmal verblüfft, wie wenig Davids Vorstellung vom Nationalsozialismus mit der Wirklichkeit zu tun hatte. Wo waren die unterdrückten und unzufriedenen Massen von Arbeitern und Bauern? Hier war ein ›Bauer‹, kein besonders wohlhabender – und der Nationalsozialismus war genau das Richtige für ihn. Man würde sich, dachte Götz, auch wenig darum scheren, wenn er wirklich unterdrückt *wäre*.

Mit den Jungen als Publikum erzählte er viel, und es schien Götz, daß im Leben dieses Mannes bloß zwei Dinge wirklich geschehen waren, der große Krieg und ein Besuch bei den Olympischen Spielen. Über das erste Thema konnte er endlos in Erinnerungen schwelgen, Götz blieb davon eigentlich nur eines im Gedächtnis. Gerade hatte der Landwirt mit sichtlichem Wohlgefallen eine grauenhafte Geschichte über Bajonette zum besten gegeben, als seine Frau seufzte »*Der Krieg ist schrecklich.*« »*Aber interessant*«, erwiderte ihr Gatte, die unliebsame Unterbrechung beiseite schiebend, und ging zu einer anderen Geschichte über. Was das zweite Thema anbetraf, die Olympischen Spiele – mancher Pilger muß seinen Besuch in Rom ähnlich beschrieben haben. Er hatte den Führer persönlich gesehen und keine hundert Meter von ihm entfernt gestanden – was für ein Augenblick! Es schien Götz sonderbar, daß ein Mann einer solch kindlichen Ergebenheit fähig sein konnte. Aber da sah man es wieder, man konnte nicht behaupten, daß er unter dem System litt.

Das System geriet in jener Woche an den Rand der Krise, fast eine der letzten, sicherlich aber die erinnernswerteste und am längsten andauernde jener seltsam blutleeren Herrschaft. Es war die Krise, die Millionen mitriß und bald auch Götz mit sich reißen würde. Ein zukünftiger Geschichtsschreiber wird diesen Prozeß des Mitgerissenseins vielleicht vereinfachen und übersehen, wieviele, auch Götz, noch recht spät von privaten Freuden und Kümmernissen beherrscht waren. Man hätte in der Tat erwarten können, daß Götz schon eher mitgerissen worden wäre, da er politisch sensibler war und mehr zu Vorahnungen neigte als andere. Aber da war zum einen die tödliche Gleichgültigkeit, eine Nachwirkung seines Englandurlaubs, und dann kam noch eine Art persönlicher Krise hinzu durch das Vorkommnis mit Lange.

Götz hatte Lange nie gemocht und manchmal sogar Angst vor ihm gehabt; er schreckte instinktiv vor seinem offenkundigen Interesse an Sex und seiner unsentimentalen Haltung dazu zurück. Als Lange jene neckischen Angriffe auf seine Unschuld gemacht hatte, hatte er sich beinahe die Ohren zuhalten wollen; er wollte von Langes Andeutungen nichts wissen. Aber jetzt, wo sie auf diese Art vereint waren und in einem Zimmer schliefen, fühlte er, wie eine Art unechter Freundschaft und Vertrautheit zwischen ihnen entstand. Sie verschworen sich flüsternd gegen ihren gemeinsamen Feind, den Landwirt – Lange konnte dabei sehr amüsant sein –, und im Dunkeln, bei schläfrigem Verstand und nachlassender Wachsamkeit, gingen Vertraulichkeiten zwischen den Betten hin und her. Lange redete mehr als Götz und sagte über seine Familie und seine Kindheit Sachen, die er zu anderen Zeiten nicht gesagt hätte. Sie ließen ihn weniger beeindruckend, dafür aber menschlicher und liebenswerter erscheinen. Das schadete natürlich nicht Götzens grundlegender Überzeugung, daß das Leben eine jämmerliche Angelegenheit und alles egal war. Das war es ja gerade. Alles war egal, dein Nächster war ein Freund, die wahre Freundschaft hatten Zeit und Raum vernichtet.

Lange sprach viel von einem Mädchen, das er in den Ferien in Warnemünde kennengelernt hatte. Sie war ganz große Klasse, hatte wunderbare Beine und war kurz davor, alles zuzulassen, als sie plötzlich Angst bekam und ihn fallen ließ. Diese Erfahrung hatte ihn sichtlich aufgeregt, und er kam nicht darüber hinweg. Er zog über die verdammt blöde Prüderie her, die einem Jungen und einem Mädchen keinen Spaß miteinander erlaubte. Alles in allem, was konnte es schaden? Es war natürlich, nicht? Und dann wurde er durch den Mangel an Anteilnahme seines Zuhörers wieder zu dem alten Spiel verleitet, Götz zu frotzeln – aber freundlicher oder weniger selbstsicher, nachdem er soviel von sich preisgegeben hatte.

Er fing etwa so an: »*Du* weißt natürlich nicht, was ein Mädchen ist, oder? Außer natürlich, Du *bist* eins. Ich glaube nicht, daß ich jemals etwas gesehen habe, was das Gegenteil bewiesen hätte.«

»Nun, ich stelle mich halt nicht so zur Schau wie Du«, erwiderte Götz, der solche Bemerkungen nicht besonders mochte, sich aber umso selbstsicherer fühlte, je weniger Lange es war. Die Anspielung galt Langes Gewohnheit, sich nackt auszuziehen, bevor er den Schlafanzug anzog, und ein oder zwei Minuten mitten im Raum zu stehen, sich mit einer sichtbaren Freude an seinem Körper, am Spiel seiner Muskeln und an der in den Ferien erlangten Sonnenbräune zu strecken. Götz schaute ihn, wenn er schon im Bett war, ironisch an, obwohl kaum ein Gesichtsausdruck heuchlerischer sein konnte als diese Ironie.

»Oh, in *Deinem* Alter – wie alt bist Du? – Ich habe es vergessen – zehn, elf?« war die Entgegnung. Dann, einmal: »Hast Du irgendwelche Cousinen oder bloß Deine Schwester?« Eine andere Bemerkung war: »Oh, wir kennen Dich, Du bist ein unbeschriebenes Blatt. Ich werfe es Dir nicht vor. Leute, die das tun, sind eifersüchtig. Es ist eine Möglichkeit, damit umzugehen. Obwohl ich einige Kerle nicht verstehe. Man könnte denken, sie sind von der Hüfte an abwärts tot.« Und Götz, obwohl er jeden Kommentar vermied und die Bemerkungen über sich nicht ernst nahm, hatte mehr Sympathie für Lange als vorher, da er erkannte, daß die Besessenheit mit dem Thema – zum Beispiel seine Frotzeleien gegenüber Götz – nicht, wie er es gerne hinstellte, kaltes Amüsement war, sondern das Resultat von Begierden und Konflikten.

Wie es das Schicksal wollte, kamen am Samstag, dem Tag vor ihrer Heimkehr, zwei weitere Besucher an – die Tochter und der Schwiegersohn des Landwirts. Es schien so, als ob sie mindestens eine Nacht bleiben würden, was die Verteilung im Haus ein wenig durcheinanderbrachte. Zum Schluß kam dabei heraus, daß der Schwiegersohn in Langes Bett schlafen sollte und dieser mit Götz – »bloß für eine Nacht«, sagte die Frau des Bauern entschuldigend. »Nun, ich will verdammt sein«, war Langes Bemerkung hinter ihrem Rücken. Er schien verärgert zu sein, aber später, als sie ins Bett gingen, klangen seine Bemerkungen anders – »Ach, Biebo, ich wünschte, Du wärst ein Mädchen – manch einer wäre gerne an meiner Stelle, nicht wahr?«

Nach seinem Atem zu urteilen, schlief er ziemlich schnell ein, und der Schwiegersohn tat es ihm gleich, zehn Minuten nachdem er heraufgekommen war, konnte man ihn schnarchen hören. Aber Götz, obwohl erschöpft, konnte nicht schlafen. Die unangenehme Wahrheit war, daß ihn Langes Bemerkung erregt hatte. Was hatte er damals über die verpaßte Gelegenheit in England gesagt? Er schien es ernst zu meinen und gar keine moralischen Vorbehalte zu haben. Was waren die Einwände der Moral? Die Moral geruhte nicht zu streiten oder zu erklären, sie verbat bloß – wie Gott im Garten Eden. ›Warum nicht?‹ fragte die Schlange, die drohend und verführerisch, schön und schrecklich aus dem Gras aufstieg – Symbol für das sexuelle Verlangen eines Mannes oder Jünglings.

Götz zitterte, fühlte sich bereits schwach und überwunden, von der Stärke der Schlange überwunden. Der Schlaf mußte ihn retten. Er drehte sich um, preßte sein Gesicht ins Kopfkissen und schloß seine Augen. Aber das half bloß der Vorstellungskraft, der Verbündeten der Schlange. Er fühlte Langes Körper neben sich und ertappte sich dabei, sich vorzustellen, daß es David wäre, dessen Arm ihn umfassen würde, wenn er sich umwandte. Ja, er hatte in England eine Gelegenheit verpaßt.

Lange war nicht schlecht – körperlich. Sein Gesicht oder sein Charakter waren nicht besonders liebenswert, aber er wußte, was er tat, wenn er seinen Körper präsentierte. Er hatte es absichtlich getan. Götz war ihm offenbar nicht gleichgültig. Wie unaufmerksam von ihm, einfach so einzuschlafen, das war ein wenig beleidigend. Ah, Eitelkeit, Eitelkeit, alles war Eitelkeit ...!

Lange bewegte sich im Schlaf, machte ein Geräusch, das wie eine Mischung aus einem Grunzen und einem Seufzer klang, drehte sich um und warf in beschützender Manier einen Arm über Götzens Körper. Schlief er? Götzens Herz schlug heftig. Er wollte aufstehen, wegrennen, irgendwas.

Nichts passierte. Er beruhigte sich, war erschöpft und weinte fast vor Scham. Eine lange Zeit schien zu vergehen, und er glitt gerade in den Schlaf, als er von einer neuen, kaum faßbaren Empfindung aufgeschreckt wurde. Er begann zu schwitzen, schrecklich uneins mit sich selber. Sollte er so tun, als ob er aufwachen würde, wo der andere doch sicherlich annahm, er schliefe? Was konnte er tun, damit die Gefahr, die Versuchung nicht näherkäme? Sein Wille schien gelähmt zu sein. . . .

Dann wurde Götz in Ruhe gelassen, um die neue Erfahrung zu verdauen. Seine Gefühle waren vollkommen durcheinander. Was für eine Ironie, daß ausgerechnet Lange es sein sollte, nicht Ludwig, nicht David, sondern Lange, und daß Lange dieses verdammte kleine Ungeheuer Begierde, das kaum diesen Namen verdiente, aus seinem Versteck gelockt und aus Kurzweil zur Strecke gebracht hatte; das schien alle Begierde für alle Zeit zu töten. Es war unverzeihlich, daß sich dieser gräßliche Schatten über seine Gefühle für David breitete. Oh, Schlaf, einziger Trost, komm doch....

Er erwachte mit verquollenen Augen. Lange war bereits aufgestanden und hatte sich fast völlig angezogen. Der Schwiegersohn war wohl schon unten.

»Gut geschlafen?« Nicht ein Hauch von Verlegenheit in Langes Stimme, kein Hinweis darauf, daß überhaupt etwas passiert war. Die Ironie wirkte unschuldig, schien bloß auf Götzens Fähigkeit zu langem und gesundem Schlummer abzuzielen. War es möglich, daß alles bloß Einbildung gewesen war – die eigene verdorbene, überreizte Einbildung? Schließlich hatte man ja Träume – und würde er diese Frage wagen, wenn –?

»Tief und fest«, hörte Götz sich antworten und stellte fest, wie einfach es war. Lange war nicht der einzige, der, ohne verlegen zu sein, lügen konnte.

»Das kann man wohl sagen«, war die Antwort. Es konnte alles bedeuten. Konnte er glauben, daß irgend jemand bei alledem weiterschlief? Aber könnte selbst Lange so unverfroren sein zu wissen oder anzunehmen, daß Götz wach gewesen war? Oh, das alles hatte er schon mitten in der Nacht gründlich durchdacht. Daß er da stillschweigend geduldet hatte, verpflichtete ihn jetzt doppelt zu dulden und zu täuschen. Und auf diese Art konnte man dahin kommen, allen Sinn für Scham und Widerstand zu verlieren. Irgendwie war das ungerecht. Der erste, der fatale Schritt war so unfreiwillig.

Aber war es unfreiwillig gewesen? Nichts wäre geschehen, wenn er fest entschlossen gewesen wäre, es zu vermeiden. Sein Körper hatte ihn verraten. Oh, er dachte nicht in Kategorien des Gewissens, sondern sah sich als Opfer einer Verschwörung von Ironie und Niedergang und aller Verkommenheit des Daseins. Das Gewissen war ein Teil dieser Verschwörung. Hatte es ihn nicht wie ein verrückt-weises Elternteil vor der Liebe bewahrt, um ihn dieser *Ersatz*beziehung zu überantworten, dieser Verbindung der Körper, die sowohl eine Verstimmung zwischen Körper und Geist als auch zwischen den beiden beteiligten Personen mit sich brachte? Das hohle Grinsen des idiotischen Jungen war ein passender Gruß an jenem Morgen.

Es war klar, daß Lange nicht wirklich an ihm interessiert war. Am Bahnhof gabelte er ein Mädchen auf – ein dummes Geschöpf, dachte Götz –, und Götz wurde zurückgelassen und schloß sich der Hauptgruppe in einem anderen Abteil an. Die Unschuld war tot, sie war wahrscheinlich das Anziehendste gewesen; andererseits, so schien es, war er ein reiner *Ersatz* gewesen. Er war immer davor zurückgeschreckt zuzugeben, daß David etwas an sich hatte, was sogar die schlecht Unterrichteten ›widernatürlich‹ nennen würden – wie er davor zurückschrak, über die ganze Angelegenheit nachzudenken. Aber plötzlich wurde ihm klar, daß zweifellos die Menschen Lange ›normal‹ und David und Ludwig ›widernatürlich‹ nennen würden. Er war nicht verstimmt deswegen; die Dummheit der Menschen war nichts, verglichen mit der Dummheit Gottes. Er fühlte sich schmutzig – aber nicht schmutziger als andere. Er verachtete sich selber – aber nicht mehr als er das Leben insgesamt verachtete.

Innerhalb von nur zehn Tagen sollte er sich eingestehen, daß er log, mußte er zugeben, wie sehr er das Leben, diese sogenannte Tyrannei, liebte. Unter Tränen sollte er es zugeben.

28.

Götzens erste Reaktionen auf die herannahende Krise waren Ekel und Langweile, nicht Furcht. Sudetendeutsche ermordet, die Grenzen einrennen, Nürnberg-Reden – der Ton und die Wut, alles war Teil der Geschichte eines Schwachsinnigen. Dazu paßte, daß Göring, einer der Hauptakteure, laut von lächerlichen Zwergen, Werkzeugen Moskaus und jüdischen Teufeln sprach; dazu paßte, daß dieses Thema, ebenso nobel und wertvoll wie die Liebe, im weiteren Verlauf billig, dreckig und bedeutungslos gemacht werden sollte. Die Wiederherstellung der Rechte Deutschlands war ein großes Thema – wenigstens war es groß erschienen, und Götz war der Wortlaut dieses hehren Schauspiels von klein an eingetrichtert worden. Und nun sah man es zum erstenmal auf der Bühne, von diesen schwadronierenden Idioten auf eine Mischung aus Melodram und Farce reduziert, ein bloßes Vehikel für die Schauspieler und ihren Dünkel. Nicht David, sondern Lange, keine Helden, bloß Hitler – das war die Wirklichkeit, die Verschwörung des Niedergangs, der Sand, in dem alle Träume verliefen. Sie würden in die Tschechoslowakei einmarschieren, und englische und französische Staatsmänner, Figuren, die so albern waren wie die Nazis vulgär, würden schwach protestieren, und die Welt würde weiter ihren schwachsinnigen Lauf nehmen. (Götz hatte natürlich seine persönlichen Gründe für diese Stimmung; denn Lange hatte ziemlich zynisch auf die offizielle Propaganda reagiert, indem er das ›*Unerhört!*‹ und ›*Schweinerei!*‹ des Landwirts nachgeäfft hatte, und Zynismus hatte dabei oft nicht fern gelegen.)

Erst im Zug auf der Heimfahrt bemerkte Götz, daß es eine scharfe und schmerzliche Überschneidung zwischen der entfernten Politik und seinem privaten Leben geben könnte.

Die Jungen sprachen von den Tschechen. Er hörte es, obwohl er las und nicht zuzuhören versuchte. Einer spekulierte über die Chancen eines Krieges mit einer Begeisterung, die aus Hoffnung und Furcht zugleich bestand – Hoffnung und Furcht nicht vor unterschiedlichen Dingen, sondern vor ein und derselben Sache.

»Krieg!« sagte ein anderer verächtlich, »mit den Tschechen? Der wäre in zehn Tagen vorbei.«

»Was ist mit den Russen und den Franzosen und den Engländern?«

»Wer sagt, daß die kämpfen werden?«

»Die Russen haben Flugplätze dort«, sagte einer, aber niemand beachtete ihn.

»Die Franzosen haben eine Allianz mit den Tschechen«, sagte einer der besser unterrichteten Jungen. »Und Rußland und England haben Verträge mit Frankreich.«

»Also, wenn die Franzosen nicht kämpfen wollen, werden es die anderen auch nicht? Du kannst ruhig schlafen. Die Franzmänner werden nicht kämpfen.« Und es wurde umfassend diskutiert, ein Junge bestätigte einem anderen, daß Frankreich dekadent und nicht aufgerüstet sei und am Rande eines Bürgerkriegs stehe. Es klang überzeugend, alle waren erleichtert, das Thema wurde gewechselt. Aber Götz mußte ein wenig länger darüber nachdenken, versuchte seine eigene Reaktion, die ihn völlig überrascht hatte, zu verstehen. Er hatte sich nur Gedanken um England gemacht. Als es aussah, als ob jemand England mit Frankreichs Degeneration in einen Topf werfen wollte, hatte er fast mit lächerlicher, verletzter Loyalität widersprechen wollen. (Neuerdings irritierte ihn jede Bemerkung über England und die Engländer, und er dachte stets ›Was weiß der denn schon?‹) Angenommen, alles hinge von England ab, und nicht von Frankreich? Dann hätten seine Loyalität und seine Hoffnung in der Tat im

Widerstreit gelegen. Er war glücklich, daß es anders war, aber er hätte sich gewünscht, es gäbe keine englisch-französische Allianz. Die Vorstellung eines Krieges mit Frankreich und Rußland schien ihn unbeeindruckt zu lassen, aber er wußte, daß das irrational war und nicht stimmte. Furcht, so schien es, war relativ und abhängig von den Verhältnissen. . . . . Daß seine Furcht im Widerspruch stand zu seinem Lebensüberdruß, fiel ihm nicht auf.

Nachdem diese besonders schmerzhafte Möglichkeit einmal ins Blickfeld geraten war, war die Furcht, obwohl beschwichtigt, nie mehr ganz abwesend. Die Stadt war in einer Krisenstimmung, die auf dem Land nicht spürbar war – so schien es wenigstens Götz, obwohl der Unterschied ebenso an der Zeit wie am Raum liegen mochte. Zu Hause und in der Schule war es dasselbe, fast wie ein Gewitter, das in der Luft lag. Teilweise war es natürlich inszeniert. Alle warteten auf Hitlers Rede in Nürnberg. Aber in gewisser Weise schoß ihre Ungeduld über das Ziel hinaus, so daß sie es kaum aushielten, der Rede zuzuhören in dem Verlangen, den Hauptpunkt, das Wichtigste sofort zu hören. Das traf gewiß auf Götzens Vater zu, der das Radio an- und ausschaltete und dermaßen auf und ab ging, daß die Stimmung im Haus fast unerträglich wurde.

Die Rede war wie üblich weniger deutlich als erwartet, ließ Raum für Zweifel und Hoffnung und entfachte Diskussionen – wie die, die der Herr Doktor in derselben Nacht mit dem alten Rindler führte, der unter irgendeinem Vorwand auftauchte. Etwas in seinem Benehmen ließ Götz vermuten, daß Rindler ein wenig wegen seines Vater besorgt war – und die verstörende Bemerkung, ›sich zum Narren zu machen‹ bei seiner Entschuldigung wegen des so späten Besuchs, ließ darauf schließen, daß ihn eine bestimmte Äußerung seines Kollegen, der niemals sehr diskret war und in den letzten

Tagen einen regelrechten Anfall von Leichtsinn gehabt hatte, mehr als gewöhnlich beunruhigt hatte. Das wußte Götz von seiner Mutter, und er argwöhnte im Stillen, daß sie Rindler gebeten hatte, vorbeizukommen. Götz war sich nicht sicher, ob er Rindler trauen konnte, und war deshalb überrascht, daß sein Vater es tat. Alles im allem schienen ihre Ansichten vollkommen unterschiedlich zu sein. Aber sein Argwohn war unbegründet; Rindler würde niemanden verraten, es sei denn, um sich selber zu retten – und er hielt sich von der Gefahr fern.

Die Diskussion nahm ihren Anfang, als Götzens Vater das Radio gegen Ende der Rede beinahe ausschaltete.

»Was für ein Theater!« rief er aus. »Warum sagt er es nicht geradeheraus ohne all das Drumherum?«

»Was sagen?« Rindler, Meister solch kleiner rhetorischer Kniffe, zwang den Makel des fatalen Wortes seinem Gegenüber auf.

»Krieg«, kam es schroff und schrecklich.

Rindler schüttelte den Kopf, die Bedächtigkeit in Person. »Es wird keinen Krieg geben.«

Götzens Vater lächelte schmerzlich. »Der Trojanische Krieg findet nicht statt«, zitierte er. Götz verstand die Anspielung, obwohl er Giraudoux' Stück nicht gelesen hatte. Er hatte es in jedem Laden gesehen, zusammen mit *Sparkenbroke* und *Goodbye, Mr. Chips,* und dabei festgestellt, daß alle derzeit populären Bücher Übersetzungen zu sein schienen. Rindler war ganz begeistert von dem Stück – es war wie Shaw ganz nach seinem Geschmack –, Krieg als Gegenstand endlos geistreicher Diskussionen. Er hatte es Götzens Vater geliehen, dem es nicht besonders gefallen hatte, da er, wie er sagte, »ein sentimentaler alter Deutscher« sei. Der ›sentimentale alte Deutsche‹ hatte zweifellos mit seinem Zitat einen Treffer gelandet, aber Rindler stellte sich dem tapfer entgegen.

»Der Trojanische Krieg findet nicht statt«, wiederholte er fest und schien allein schon mit dem bloßen Zitieren eines Zitats zu triumphieren. »Und, wissen Sie«, fügte er hinzu, als der andere immer noch nicht überzeugt aussah, »ich glaube nicht, daß Sie soviel Angst davor hätten, wenn Sie es nicht zugleich erhofften.«

Dies mochte ein billiger Trick des Optimisten gewesen sein, den Pessimisten aus seiner düsteren Überzeugung aufzujagen, indem man ihm ein düsteres Verlangen unterstellt. Wenn dem so war, traf er mehr als erwartet ins Schwarze; denn zu Götzens schmerzlicher Verwirrung protestierte sein Vater nicht, daß dies ungerecht sei. Statt dessen schien er in diesem Punkt nachzugeben.

»Das war ziemlich klug von Ihnen, Rindler«, sagte er und fuhr fort, als ob er laut dächte, »Ich nehme an, daß ein armer Teufel mit einem Todesurteil ein Erdbeben ebenso erhofft wie fürchtet. . . . Den Glauben, den einer meiner Patienten hegt, habe ich nie geteilt – ich fand es mitleiderregend, seine Untergrundarbeit, oder wie er es nannte. Deshalb, wenn ich ehrlich bin, glaube ich, daß der Krieg die einzige Befreiung sein wird.«

»Ist das nicht unlogisch? Ihr Patient nannte sich einen Sozialisten oder Kommunisten oder so und hatte deshalb Gründe, gegen das Regime zu sein, während Sie – nun, mir schien es immer, daß abgesehen von Kleinigkeiten Ihr Haupteinwand gegen das Regime die Befürchtung war, es bringe Krieg.«

Ja, dachte Götz und sah erwartungsvoll hoch, was wirst Du darauf antworten? Ohne es zu merken, war er bei dieser Diskussion völlig gegen seinen Vater. Der sah ihn an und schien wütend zu sein.

»Du solltest längst im Bett sein«, sagte er. Götz ging hinaus. Erwartete sein Vater, daß er schlief, während er hörte, daß sie die Diskussion weiterführten?

Vielleicht wäre ihm ein schmerzliches Mißverständnis erspart geblieben, wenn ihm erlaubt worden wäre, zu bleiben. Nachdem er gegangen war, entstand eine Stille. Dann sprach sein Vater.

»Ja, ich glaube, daß dieses Regime – früher oder später – den Krieg herbeiführt. Ich will aufrichtig sein – sehr aufrichtig – und nicht behaupten, daß ich den Krieg aus abstrakten, allgemeinen Gründen hasse, dazu bin ich zu egoistisch. Aber jetzt, selbst wenn er nur zwei Jahre dauert, würde der Krieg meinen ältesten Sohn betreffen; Krieg in drei Jahren würde meine beiden Söhne betreffen. Verstehen Sie jetzt?«

»Manche Leute würden das unpatriotisch nennen.«

»Die haben wahrscheinlich recht. Vielleicht liebe ich meine Kinder zu sehr und mein Land zu wenig. Ich kann nicht beweisen, daß dies nicht der Fall ist. Sobald ich aufhöre, an schöne abstrakte Worte wie Patriotismus und Selbstopfer zu denken, und mir Götz oder Kurt verstümmelt oder tot vorstelle, weiß ich, daß ich unpatriotisch sein muß. Es ist unmöglich, daß irgend etwas das rechtfertigen kann. Aber ich glaube nicht, daß es eine Ausflucht ist zu sagen, daß dieses Regime es einem sehr schwer macht, solcherart patriotisch zu sein. Ich würde nicht hinter ihrem Krieg stehen – ich würde denken, es ist ihrer, nicht meiner –, ich würde weder an seine Gründe noch an seine Aussichten auf einen Sieg glauben.«

»Was ist Ihre Alternative?«

Es entstand eine Pause, und in seiner Stimme lag ein tiefer, überzeugter Pessimismus, als er antwortete. »Ich habe keine Alternative. 1914 habe ich wohl an Deutschland und seine Zukunft geglaubt. Die Republik war schon schmachvoll genug, aber sie ließ mir immerhin eine Frau, eine Familie, ein Privatleben und einen ehrenwerten Beruf – einen Beruf, der ein wenig von dem Schlamassel wieder in Ordnung bringen konnte. Dann kam die ›nationale Erneuerung‹ – eine gräßliche Parodie auf die Dinge, an die wir glaubten. Das war nicht besser als die Republik, sondern schlimmer – schlimmer durch die Wesensart ihrer Führer, schlimmer, weil sie jede Chance auf einen nicht-gewaltsamen Wechsel unmöglich machte, schlimmer für mich aus rein persönlichen Gründen – nennen Sie es ruhig egoistisch –, weil es in mein Privatleben eindrang und in meinen Beruf, in meine Familie und in meine Religion, in das, was ich sagte und las, und weil es zum Krieg führt –«

»Das sagen Sie.«

»Machen die ein Geheimnis daraus?«

Sie sollten zwischen Bluff und Ernst unterscheiden –«

»Können Sie beweisen, daß das Gerede vom Krieg Bluff ist und das Gerede vom Frieden Ernst?«

»Ich bin bereit, darauf als einen Präzedenzfall zu wetten.«

Götzens Vater schüttelte den Kopf und schwieg eine Minute lang.

»Ich glaube«, sagte er zuletzt, »daß ich – daß wir unsere Kinder im Stich gelassen haben, als wir sie in eine Welt wie diese setzten –«

»Unsinn! Ihnen wird aufgefallen sein, daß Ihre Kinder nicht so denken. Hätten Sie es 1914 Ihrem Vater gedankt, wenn er sich über Sie aufgeregt und solche Sachen gesagt hätte?«

»Vielleicht haben Sie recht. Sie scheinen sich keine Sorgen zu machen. . . .«

Als sein Vater ein wenig später bei ihm hereinschaute, schien Götz fest zu schlafen. Man konnte leicht so tun als ob, und es schien klüger zu sein. Was hatte es für einen Zweck zu sagen, daß das entfernte Geräusch der Diskussion ihn wachgehalten hatte?

Es war nach Mitternacht, als er tatsächlich einschlief. Er dachte, er träumte, daß seine Mutter ihm einen Brief von

David brachte. Dann wurde ihm klar, daß es kein Traum war. Er war wach. Der Brief war da und erweckte komplexere Gefühle als jeder andere zuvor. Sein Eintreffen schien zu besagen, daß zwischen ihnen alles in Ordnung war, daß nichts Schlimmes passiert war, und weckte zugleich neuerlich tiefstes Bedauern wegen des einmaligen Ausrutschers, wegen des abscheulichen Ereignisses. Wenn doch bloß –! Und er könnte Politisches enthalten, das noch mehr aufregen und verstören würde – oder, umgekehrt, nichts außer persönlichen Angelegenheiten, die guttun und besänftigen würden.

Den ganzen Tag über trug er ihn ungeöffnet mit sich herum. In der Schule schien ein wenig Panik unter den Lehrern ausgebrochen zu sein, ohne Zweifel ein Beispiel für die ›furchtbar nervösen Intellektuellen‹, die Goebbels später rügen sollte. Es gab erregte Diskussionen, und die Lehrer kamen zu spät zu den Stunden. Herr Oehme hatte sich die *Times* besorgt. Herr Klinge hatte die englischen Nachrichten gehört; er war sichtlich besorgt. Und Götz wurde plötzlich klar, daß er vor allem etwas mit Klinge gemeinsam hatte. Klinges Angst entstand durch die Aussicht auf Krieg mit England, für das er eine aufrichtige, wenn auch eitle und besitzergreifende Zuneigung hegte. Aber seine Panik war sicherlich unbegründet. Sicherlich hatten alle unrecht.

Irgendwie überstand er diesen Tag. Und am nächsten Morgen war noch ein Brief aus England da – von David, wenn auch mit der Anschrift seiner Mutter versehen. Das war schlau, vor einem Brief von ihr hatte man weniger Angst. Also öffnete er den zweiten Brief zuerst. Er war von David und sehr kurz:

Lieber Götz,

Du wirst überrascht sein, daß ich Dir schon wieder schreibe. Aber ich spüre, daß ich Dir schreiben muß. Ich habe gerade Hitlers Rede gehört und fürchte das Schlimmste. Mir ist beim Zuhören fast schlecht geworden. Man hat beinahe das Gefühl, daß er die Auseinandersetzung geradezu herausfordert, daß nichts, was wir oder die Tschechen tun könnten, ihn wirklich zufriedenstellen wird. Und dann diese Rede von Goebbels, daß Demokratie und Bolschewismus praktisch dasselbe seien – so daß all der Haß gegen Moskau jederzeit gegen London und Paris gewandt werden kann.

Es ist jetzt Mitternacht. Mir ist nicht mehr nach Schreiben. Ich hoffe, bald wieder schreiben zu können, aber das weiß nur Gott. Manchmal wünschte ich, ich würde nicht an Dich denken.

Dein David.

Es stand also wirklich sehr schlecht. Sein Vater hatte recht. Krieg, Krieg mit England. Man hatte davon gesprochen, man hatte es sich vorgestellt, aber nicht wirklich daran geglaubt. Nun schien er so greifbar nahe zu sein. Was für eine ekelerregende Katastrophe! War wirklich er, Götz, es gewesen, der noch vor einem Monat bei diesem Thema in einem todessüchtigen Romantizismus geschwelgt hatte? Was für ein dummer junger Narr mußte er gewesen sein! Es war das letzte, was er wollte. Er wollte weiter Briefe an David schreiben. Heftige Schuld- und Reuegefühle übermannten ihn. Fast wirkte es wie eine Bestrafung zu erkennen, was wahre und was falsche Gefühle waren. Oh, er war bereit, für die gerechte Sache zu sterben. ›Eine größere Liebe hat kein Mensch.‹ Aber das war so vollkommen sinnlos. Es gab keinen richtigen Grund. Niemand wußte, worum es ging. Ein Nebel des Unbegreiflichen umhüllte es. Und man mußte in die Schule gehen und Griechisch und Algebra lernen.

Aber an diesem Abend verzog sich der Nebel, und der Sturm ließ nach. Chamberlain, so wurde angekündigt, würde Hitler treffen. Das bedeutete Frieden. Man konnte nicht mit einem Mann Krieg führen, mit dem man Tee getrunken hatte. Da die Furcht nun relativ war, schien man vor nichts mehr Angst zu haben, obwohl in Wirklichkeit nichts in Ordnung und die Furcht immer noch da war. Aber an jenem Wochenende war Götz in der Lage, Davids Brief mit der Überlegenheit dessen zu beantworten, der sich, von Panik befreit, in einer starken Position befand. Er verwies darauf, daß jetzt alles in Ordnung sei und Davids Befürchtungen grundlos gewesen seien. Und er konnte es nicht unterlassen, anzudeuten, daß David möglicherweise ungebührlich von einer bangemachenden, sensationsgierigen Presse beeinflußt worden war. All das sagte er so freundlich wie möglich, halb scherzend. Der Rest des Briefes betraf persönliche Dinge. Tatsächlich gab sich Götz große Mühe mit dem Brief, ließ ihn ausführlicher werden als jeden zuvor, füllte ihn mit Neuigkeiten aus der Schule und mit Witzen, Fragen und Kommentaren zu *Mr. Chips*, den er endlich zu lesen begonnen hatte.

29.

Was ging in Godesberg schief? Niemand wußte es. Der Nebel des Unbegreiflichen war dichter denn je.

»Ich verstehe es nicht«, seufzte die Frau Doktor. »Es war doch alles geregelt.«

»Ganz klar«, sagte Gisela barsch. »Hitler hat seinen Preis erhöht. Er will jetzt die ganze Tschechoslowakei.«

»Er will Krieg«, sagte ihr Vater kummervoll und zutiefst überzeugt und mit einer gewissen Befriedigung darüber, daß sich seine Ansichten bestätigten.

»Oh, nein«, sagte die Frau Doktor entsetzt. »Das kann ich nicht glauben. Warum sollte er?«

Ihr Gatte schwieg. Er hätte sagen können ›Hör Dir doch bloß seine Reden an‹. Das sagten stets alle möglichen Leute, die so dachten wie er, und wunderten sich über die Dummheit, Gleichgültigkeit oder Arglosigkeit der anderen. Vielleicht war es in erster Linie Arglosigkeit, vielleicht mußte man, um Hitler verstehen zu können, so schuldig sein wie ein Dichter, sich verbotener Gefühle, eines todessüchtigen Romantizismus und dergleichen bewußt sein. War dieses Gerede über Kurt und Götz die ganze Wahrheit seiner Haltung zum Krieg?

Götz, der seinen Eltern zusah und zuhörte, dachte an den Landwirt und seine Frau - ›*Der Krieg ist schrecklich*‹ - ›*Aber interessant*‹ -, an Davids letzten Brief und an Ludwig Kästner, und er fühlte eine beispiellose Abneigung gegen sein eigenes Geschlecht. Da war freilich noch Gisela, aber diese unnatürliche Männlichkeit war ja gerade ihr Problem.

»Immerhin«, fuhr die Frau Doktor fort, »hat der Führer den ganzen letzten Krieg selber mitgemacht –«

»Ach«, sagte ihr Gatte ungeduldig, »was beweist das? Ich habe dieses alberne Argument satt. Das Gedächtnis ist kurz. Man erinnert sich, und es scheint nicht so schlimm gewesen zu sein. Aufregend, interessant. Und alles in allem, man lebt. Und ohne Zweifel war es gut für einen, hat einen Mann aus einem gemacht, warum sollten die eigenen Söhne - oder die anderer Leute - das nicht auch durchmachen?«

Das Argument war überzeugend, die verbotenen Gefühle, die den kinderlosen Neurotiker den liebevollsten Vätern verständlich machten, waren offenkundig. Alle waren ein wenig erschrocken, und Götz, der sich angesichts dieser rücksichtslosen Zerstörung jeder neuen Hoffnung bereits so fühlte, als ob ihm Gewalt angetan würde, war fast geneigt, ihr Motiv im Neid auf die Jugend zu sehen. Niemals zuvor hatte er etwas empfunden, was einem Ödipus-Komplex so sehr ähnelte. Sein Vater schien zu spüren, daß er unbesonnen gewesen war, denn er klopfte Götz plötzlich auf die Schulter und sagte mit schmerzlicher Herzlichkeit: »Oh, wir werden gut davonkommen. Deine Engländer werden ihn abschrecken.«

Götz lächelte schief und unbehaglich bei der Vorstellung, jetzt nicht mehr nur der Alleininhaber Davids zu sein, sondern gleich der gesamten englischen Nation. Aber das tröstete und versöhnte nicht wirklich. Es konnte den tiefen Pessimismus in den Gedanken seines Vaters und in seinen eigenen nicht verbergen. Später, als er die englischen Nachrichten einschaltete und ängstlich versuchte, sie zu verstehen, fand er nichts, was die Zuversicht Giselas und seines Vaters bestätigte, nichts, das den Nebel der Verwirrung hätte lichten können. Er konnte seiner Familie keine überzeugende und schlüssige Zusammenfassung des englischen Standpunktes geben. Gisela wünschte ungeduldig, selbst zugehört zu haben. Götz sagte immerhin, daß es überhaupt nicht um die Tschechoslowakei gehe.

»Nun, worum geht es dann?«

»Man hat mehr von ihm verlangt –«

»Viel mehr?«

»Nein, das haben sie nicht gesagt. Ich habe es nicht genau verstanden. Sie wollen ihn auf den ursprünglichen Plan verpflichten –«

»Aber die werden sich doch nicht wegen ein paar Kilometern streiten?« rief seine Mutter.

»Ein hehrer Grundsatz steht auf dem Spiel, gnädige Frau«, sagte der alte Rindler, der jetzt sehr oft zu Besuch kam.

»Welcher Grundsatz?«

Er zuckte mit den Schultern, offenbar zu träge, um sich eine richtige Antwort einfallen zu lassen. Und Trägheit, nicht

Ignoranz oder Bosheit, brachte die zynische Antwort hervor: »Englischer Stolz.«

Die Frau Doktor war entrüstet. »Ein Haufen Kinder! Wir haben auch unseren Stolz.«

»Ich glaube«, sagte Gisela stirnrunzelnd, »die haben ihre Ansichten geändert. Wie Sie wissen, haben sie das auch mit Abessinien so gemacht. Sie vereinbarten eine Übereinkunft, und dann hat die öffentliche Meinung sie dazu veranlaßt, diese wieder fallen zu lassen.«

Götz erschien das plausibel. »Das ist das Schlimmste an einer Demokratie«, sagte seine Mutter, »dieses ständige Einmischen und Ändern. Der Führer steht zu seinem Wort.«

Der alte Rindler, offenbar erpicht darauf, mit seinem gewohnten Gegner Gisela zu diskutieren, wartete kaum, bis die Frau Doktor ausgeredet hatte. »Was meinen Sie mit öffentlicher Meinung?« fragte er. »Meinen Sie die *Times*? Ich erinnere mich, daß sie eine große Rolle in dieser anderen Angelegenheit gespielt hat. Nun, sie scheint diesmal einen anderen Standpunkt einzunehmen.«

»Es sind die anderen Zeitungen«, sagte die Frau Doktor, »die den Juden gehören und den Sozialisten.«

Wie verächtlich David reagiert hätte! Warum bloß? Er konnte sich nicht völlig gewiß sein, auch wenn er eine jüdische Einflußnahme überzeugt abstritt. Und wie erklärte er sich diese plötzliche Veränderung der Sachlage? Irgendwie mußte auf Chamberlain Druck ausgeübt worden sein – vielleicht nicht von den Juden, aber es sah so aus, als ob irgendwer in England, irgendeine Interessengruppe Krieg wollte. Es war fast schon komisch, daß er sich gegen Gisela und seinen Vater fast auf der Seite seiner Mutter befand, aber sie hatten mit ihren ersten positiven Mutmaßungen über den Ruck in Godesberg ziemlich falsch gelegen. Soll Gisela sich doch die englischen Nachrichten selbst anhören. . . .

Er lief unruhig aus dem Zimmer, ging nach oben, nahm seine Bücher, starrte sie an und legte sie wieder weg. Als er wieder zu den anderen zurückkehrte, wiederholte seine Mutter gerade: »Ach, ich verstehe es nicht.«

»Glauben Sie, eine englische Mutter versteht es?« fragte Rindler, Abbild freundlichen gesunden Menschenverstandes. »Zum Beispiel die gute Frau, bei der Götz einen so wundervollen Urlaub zugebracht hat? Weiß die überhaupt, wo Prag liegt?«

»Sie weiß es«, sagte Götz, »sie hat David einmal danach gefragt, als wir da waren.« Das stimmte, aber nachdem er es gesagt hatte, fühlte er sich schäbig und illoyal, besonders als er eine gewisse Selbstgefälligkeit in der Überraschung seiner Mutter bemerkte.

»Es ist noch nicht lange her«, sagte Gisela, »daß keiner von uns den Unterschied zwischen den Sudeten und Südtirol kannte.«

»Sie sollten sich schämen, das zuzugeben«, sagte der alte Rindler sanft. »Aber darum geht es nicht. Es geht darum, daß es Millionen von englischen Müttern gibt, die nicht wissen, wo Prag liegt, und nicht verstehen, womit um alles in der Welt sich Chamberlain befaßt. Man kann ein Volk nicht einfach in einen Krieg führen. Deshalb wird es keinen Krieg geben.«

»Ich dachte«, sagte Gisela, »Sie glauben nicht an den Einfluß der öffentlichen Meinung in England.«

Er lächelte nachsichtig. »Öffentliche Meinung für einen Krieg ist wie die Aufrüstung etwas Gemachtes. Daß die Demokratien für diesen Krieg nicht aufgerüstet haben, mag Absicht sein oder reines Versäumnis, aber der gegenwärtige Stand der öffentlichen Meinung ist eine Tatsache, welche ebenso berücksichtigt werden muß wie die Anzahl der Waffen.«

»Das ist nicht dasselbe«, widersprach Gisela. »Metall kann sich einem nicht widersetzen, die Gedanken schon. Das - nun, das Materielle kann die Anstrengungen sabotieren. Glauben Sie, daß wir, allen Anstrengungen Goebbels' zum Trotz, augenblicklich die rechte öffentliche Meinung für einen Krieg haben?«

»Brauchen wir auch nicht, weil wir keine Demokratie sind. Sie sagen, Hitler will Krieg. Warum? Oh, Sie sagen, er ist verrückt. Ich stimme nicht mit Ihnen überein. Er ist geistig gesund und sehr schlau. Er will Frieden und viel - viel Land, Kolonien und so weiter. Aber er kann vorgeben, verrückt zu sein und Krieg zu wollen, weil wir ihn nicht daran hindern können. Eine Demokratie würde einem solchen Anführer allein schon aus Angst den Laufpaß geben. Das können wir nicht - Gott sei Dank! So werden wir alles Gewünschte ohne Krieg bekommen. Und das Schöne daran ist, daß das Ganze plötzlich ziemlich verrückt wird. Sie werden verwirrt, setzen das Falsche ein - in Wirklichkeit, sind *sie* es, die anfangen verrückt zu wirken und den Krieg zu wollen.«

»Das ist ein gefährliches und schlimmes Spiel.«

»Gefährlich? Ich gehe jede Wette ein, daß es keinen Krieg geben wird. Und schlimm? Es ist die einzige Möglichkeit, Gerechtigkeit zu erlangen, und es würde nie funktionieren, wenn die anderen nicht ein so durch und durch schlechtes Gewissen hätten.«

»Gut, es funktioniert aber nur bei Demokratien. Was ist mit Rußland?«

»Alle Probleme kommen aus Rußland«, seufzte die Frau Doktor. »Diese Flugplätze in der Tschechoslowakei -«

Aber niemand glaubte wirklich an die russischen Flugplätze. Gisela ging ungeduldig weg. Auch Götz ging raus. Sie gingen ihm alle auf die Nerven - der herzlose Optimismus des alten Rindler, so vernünftig, so trostlos und ohne Überzeugungskraft, die Schlichtheit seiner Mutter, der streitbare Pessimismus Giselas. Und sein Vater – mit dem stimmte etwas nicht, geistig wie körperlich.

Es gab keine Neuigkeiten von weiteren Kriegsvorbereitungen in London und Paris. Den ratlosen Götz ergriff Panik. Wenn er gedacht hatte, schon alle Angst zu kennen, so mußte er jetzt feststellen, daß Angst weiter gefaßte Grenzen hatte. Sie war wie ein sprudelndes Getränk, daß beim Eingießen das Glas zu füllen scheint, dann zur Ruhe kommt und zeigt, daß da noch Platz ist. Und man konnte nichts tun außer warten. Sein Denken tobte wie ein gestrandeter Fisch. . . .

Natürlich hatte der alte Rindler recht. Wenn die Engländer nachgeben würden, wäre alles in Ordnung. Wenn man diesen plausiblen Argumenten bloß Glauben schenken könnte! Die Engländer mußten nachgeben. Sie mußten. Sie *mußten*. Die beiden Autos fuhren direkt aufeinander zu. Unser Führer war natürlich starrsinnig – das war seine kleine Schwäche –, aber der Fahrer des anderen Autos mußte das wissen, und sicherlich war er nicht auch so starrsinnig. Für ihn stand immerhin viel weniger auf dem Spiel – wenn überhaupt. Selbst wenn man die Starrsinnigkeit und die schlechte Ausdrucksweise zugestand, für die man sich ein wenig schämte und die eine gerechte Sache verdarb, hatte er das Recht auf seiner Seite. Drei Millionen erschossene, gequälte und verunglimpfte Deutsche! Tausende, die über die Grenze flohen! Es war egoistisch, kleinlich und engstirnig von Götz oder seinem Vater oder Herrn Oehme, solche Abscheulichkeiten zu schlucken und sich an einer Kleinigkeit wie der Sprache des Führers zu stoßen, die kleine persönliche Freiheit gegen den Willen und das Wohlergehen des Volkes aufzuwiegen – die Sudeten hatten verdammt wenig Freiheit genossen! – oder anzufangen, über Krieg zu schwatzen, und um die eigene Haut zu zittern. Die Sudeten waren ebenso wie Götz oder sein Vater oder Herr Oehme Deutsche und wurden bereits seit zwanzig Jahren erschossen und verfolgt. Es konnte nicht alles gelogen sein.

Und es würde keinen Krieg geben, wenn die Engländer ihn nicht wollten. Und warum sollten sie? Was zum Teufel hatten die Engländer überhaupt damit zu tun – die Engländer, die noch nicht einmal wußten, wo Prag lag? Die übergaben den Tschechen drei Millionen Deutsche, vergaßen sie zwanzig Jahre lang und hoben nun überrascht und angewidert die Augenbrauen wegen der ein wenig heftigen Sprache bei diesem Thema. Doch ihr einziges Interesse auf dem Kontinent war, Deutschland aus Neid schwach zu halten – das gaben sie immerhin zu, wenn sie vom ›Gleichgewicht der Kräfte‹ sprachen. ...

Aber das war Schwachsinn. Er liebte David, er liebte die Engländer – als Menschen. War er der Propaganda so schnell, so einfach verfallen? Nein, nein. Er gebrauchte seinen Verstand. Er kannte beide Seiten der Angelegenheit – das war mehr, als die Engländer behaupten konnten. Ihrem Anspruch auf Freiheit zum Trotz stellte ihnen niemand den deutschen Fall richtig dar. Alle ihre Zeitungen waren feindselig. Aber da gab es noch die *Times*. Jedermann in Deutschland wußte, wie gerecht die *Times* war. Aber David verachtete die *Times*. Er zog es vor, vom *News Chronicle* und *Manchester Guardian* und all den anderen heuchlerischen Käseblättern an der Nase herumgeführt zu werden.

Er mußte schreiben, mußte etwas tun, mithelfen sicherzustellen, daß die Engländer nicht starrsinnig waren, um die Seite der Vernunft und der *Times* gegen alle diese Kriegstreiber zu stärken, um die Katastrophe abzuwenden. Es war wenig genug, was er tun konnte, aber es war wenigstens etwas. ... Er sammelte die Zeitungen der letzten Tage, schnitt die großen Reden aus und schrieb, getrieben von einer seltsamen Mischung aus Panik, Schuldgefühl und Reue, den folgenden hastigen Brief:

Lieber David,
die Nachrichten klingen wieder schlechter. Wir alle hier bewundern Chamberlain sehr, aber jetzt sieht es so aus, als ob die Kriegstreiber die Oberhand gewinnen. Wie anders kann man sich erklären, daß, sobald eine Übereinkunft erreicht ist, irgendein neuer Haken auftaucht, als ob jemand die ganze Zeit über versucht, ein Abkommen zu verhindern? Du kennst meine Ansichten. Ich heiße nicht alles gut, was unsere Führer tun, und es gibt viele wie mich, aber das sollte Dich nicht dazu verleiten anzunehmen, daß wir in der gegenwärtigen Krise nicht vereint hinter Hitler stünden – genauso wie Ihr mit all Euren unterschiedlichen Parteien vereint wäret bei einer Angelegenheit von größtem englischen Interesse. Und was die Tschechen betrifft, so haben sich meine Ansichten nicht geändert. Wir haben in England nie darüber gesprochen. Wie bedauerlich. Aber ich nehme an, wir dachten beide, Runciman würde es schon regeln. Und ich erinnere mich, daß Du beigepflichtet hast, daß die Sudeten schlimm behandelt werden.
Aber ich kann Dir unseren Standpunkt nicht besser erklären, als es Hitler in diesen Reden tut. Ich hoffe, Du liest sie.
Ich hoffe, alles wird gut. Grüße Deine Familie.
Dein Götz

Er las es durch, klebte den Brief zu und glaubte jedes Wort darin. Seinen Verstand gab er, wenn man so wollte, Hitler, seinen Körper Lange – und beides irgendwie fälschlicherweise und zufällig.

30.

Es gab keinen Krieg, statt dessen einen diplomatischen Triumph ohne Beispiel in der Geschichte. Überall lächelten und redeten die Leute wie ein Publikum, das gerade aus dem Kino, aus dem Dunklen kommt, und das erzwungene Schweigen und die Gefühle erschienen im Hellen ein wenig lächerlich, so daß man sich von ihnen durch Reden und Lächeln befreien mußte. Herr Oehme lächelte, redete und legte seine Hände in jener versöhnlichen Lieblingsgeste zusammen. Herr Klinge lächelte, als wäre dieser sehr befriedigende kleine Trick der seine gewesen. Der alte Rindler lächelte wie jemand, der es schon immer gewußt hat. Und Hermann Funk prahlte, frohlockte und grinste übers ganze Gesicht und vergaß dabei, daß er, der auf dem Höhepunkt der Krise unglücklicher und verängstigter gewesen war als sonst jemand, eine verbrecherische Korrespondenz in Form von Gebeten mit einem lange vernachlässigten Gott unterhalten hatte, der wahrscheinlich jüdisch und ganz bestimmt längst emigriert war. Und Götzens Vater lächelte, schüttelte aber den Kopf, als ob er es nicht glauben könne, und brachte Götz dann mit einer plötzlichen Umarmung in Verlegenheit, wobei er sagte »*Es ist alles in Ordnung, siehst Du*« – fast so, als ob nicht er, sondern Götz Angst gehabt habe. Aber Götz sah es ihm nach und sprang die Treppen hinunter und rannte den ganzen Weg zum Bahnhof, als ob er zu spät zum Zug kommen würde, nur um seinen Gefühlen Ausdruck zu verleihen.

Bei Götz folgten dieser ersten leidenschaftlichen Freude Gefühle ganz anderer Art, Gefühle, die er zu unterdrücken versuchte, die wie Undank gegenüber einer huldvollen Vorsehung wirkten. Aber er konnte nicht verhindern, sich zu wünschen, er hätte jene Briefe nicht geschrieben, nicht Gefühle zu Papier gebracht, die jetzt närrisch erschienen, übererregt in der Annahme, daß es überhaupt so etwas wie eine Krise gäbe. Er schämte sich ihrer, wie ein Atheist sich seiner Stoßgebete schämt oder ein Mann, der auf eine Erpressung eingegangen ist und feststellen muß, daß es ein Bluff war. Aber dann fiel ihm wieder ein, was er wirklich fühlte, und er gestand der Vorsehung zu, daß Menschen für eine solche Angst mit ihrem ganzen Stolz einstehen müssen. Und der Führer wurde in dieser Argumentation ein klein wenig mit der Vorsehung durcheinandergebracht – denn war nicht er es gewesen, der plötzliche Loyalität erzwungen und alle gerettet hatte? ...

David hatte die Briefe noch nicht beantwortet und würde sie aus der starken Position des von Panik Befreiten beantworten, würde vergessen, was auch er gefühlt hatte, würde streng sein in seiner Beurteilung. Er hatte während der Krise nicht geschrieben, vielleicht hatte er sich nicht getraut. Es war wie am Morgen nach ihrem ersten Spaziergang – diese Scham und die Reue, sich preisgegeben, dem anderem einen emotionalen Vorteil eingeräumt zu haben.

Ach, er stand zu dem, was er in den Briefen gesagt hatte. David mochte reden, kalt sein und mit der ihm eigenen intellektuellen Grausamkeit, dieser angeborenen Gönnerhaftigkeit höhnen, er konnte die Tatsache, den diplomatischen Triumph ohne Beispiel in der Geschichte nicht in Abrede stellen. ... Aber dann, nachdem die von Hermanns grinsender, frohlockender Boje von einem Gesicht markierten Untiefen fast umschifft waren, hielt sein Denken inne. Plötzlich taten ihm die Engländer und der arme Mann mit dem Schirm und der zitternden Stimme leid, der wie ein Verkäufer auf und ab ging bei dem Versuch, einen Kunden mit hohen Ansprüchen zufriedenzustellen – ›Vielleicht eine Nummer größer, mein Herr?‹ Ihn widerte der Erfolg an, und war jemals ein Erfolg ekelhafter gewesen als dieses Verschlingen von Land gleich einer Süßigkeit? – besonders wenn er sah, wie Hermann sich daran weidete. Er war beschämt und wütend, einen Jungen – einen einzigen – höhnische Bemerkungen über den alten Schirmträger machen zu hören. Und in seiner Wut darüber hörte er auf, auf David wütend zu sein, der alles in allem nichts getan oder gesagt und bis jetzt noch nicht einmal geschrieben hatte.

Erst am Samstag kam ein Brief von David. Die Woche über hatte sich die Erleichterung verflüchtigt. Die deutschen Zeitungen ließen Götz mehr denn je das Unanständige des Triumphs spüren und hatten seine Freude mit kleinen spöttischen Bemerkungen über und Fingerzeigen auf Englands schwache Gegenwehr verdorben. Mehr noch, sein Vater war wieder in jenes seltsame Brüten verfallen, welches das ganze Haus bedrückte. Wie ein Gespenst saß er bei den Mahlzeiten da. So lächerlich es auch war, man konnte ihn nicht ignorieren, es war beinahe nicht auszuhalten, aber alle waren hilflos und wußten nicht, wie sie damit umgehen sollten.

Götz öffnete Davids Brief nicht sofort, und als er ihn geöffnet hatte, las er ihn nicht in einem durch, sondern versuchte in eiligem Überfliegen seinen Ton zu erfassen. Was er sah, beruhigte ihn nicht. Da waren einige Zeitungsausschnitte, die wie eine Antwort auf seine wirkten, und ein merkwürdiger Satz machte ihn wütend und abgeneigt, den ganzen Brief zu lesen. Er überlegte, ob er ihn beantworten könnte, ohne ihn gelesen zu haben, ob er stillschweigend alle Ergebnisse der Krise ignorieren und ihre alte, persönliche Korrespondenz wiederaufnehmen könnte. Aber eine Mischung aus Neugier und Trotz trieb ihn letztlich doch dazu, alles zu lesen.

Lieber Götz,

Du mußt mir vergeben, daß ich Deinen letzten Brief nicht schon früher beantwortet habe – Deine beiden letzten Briefe, sollte ich wohl sagen –, aber Du wirst verstehen, wie schwierig es für mich war und immer noch ist, sie zu beantworten. Wird von mir erwartet, daß ich sie beantworte, sie überhaupt zur Kenntnis nehme? Immerhin bekam ich einen sehr ähnlichen Brief von Hermann Funk. Wenn der Leiter des Erziehungswesens oder der Gruppenleiter Eurer Hitlerjugend vorschlagen sollte, Ihr solltet euch als Propagandisten nützlich machen, teilt ihm bitte höflichst mit, daß es reine Zeitverschwendung wäre; ich bin ein hoffnungsloser Fall. Wenn sie dieses Spielchen unbedingt beginnen wollen, wird ihre wertvolle deutsche Jugend wohl mehr von mir beeinflußt werden als ich von ihnen. Vielleicht wäre es aber besser, nichts zu sagen. Oder wollen wir, daß dieser Briefwechsel vollkommen zum Erliegen kommt? Ich nehme an, mit dem, was ich gerade schreibe, riskiere ich das. Aber sollte der ehrenwerte Herr, der gelegentlich auf der Suche nach ausländischem Geld einen Blick in meine Briefe wirft, so weit gehen, diesen hier zu lesen, kann ich Dich von aller Verantwortlichkeit lossprechen. Du bist weiß Gott hinreichend loyal. Aber ich dachte, Du hättest in England gelernt, mich nicht bekehren zu wollen, genauso wie ich Dich nicht bekehren will. Du weißt, dessen habe ich mich nicht schuldig gemacht – genauso wenig, wie sich die Angeklagte in dem Stück, das wir gelesen haben, schuldig gemacht hat. (Herr Zensor – obwohl ich nicht an Ihre Existenz glaube – bei dem Stück handelte es sich um *Die Heilige Johanna* von Bernard Shaw.)

Ich sage nichts mehr zur Politik. Du wirst meinen Standpunkt verstehen, wenn Du die beigefügten Ausschnitte liest. Ich möchte nicht, daß Deine Briefe aus Streitereien oder Polemiken bestehen, auch wenn ich Dir von Zeit zu Zeit vielleicht noch mehr Ausschnitte schicken werde. Deine letzten beiden Briefe haben an meinen Gefühle für Dich nichts geändert, das habe ich während der Krise zu meinem Nachteil bemerkt. Ich werde nicht versuchen, meine Gefühle mit denen anderer Leute zu vergleichen – ich glaube, wir sind alle ziemlich enttäuscht –, aber einige erleichtert es wenigstens zu sagen ›In Ordnung, wir werden diese Bastarde zerschmettern‹. Die halten Deutschland für einen fürchterlichen Krach im Radio oder für eine Unmenge von unerträglichen Polizisten, Zugschaffnern und Zollbeamten oder ich weiß nicht was, wohingegen ich natürlich an Dich denke und – nun gut. Und dann kamen Deine Briefe, die ich aus Angst lange Zeit nicht geöffnet habe. Ich befürchtete, Du könntest die Krise auch für meine Familie unangenehmer machen. Natürlich können wir immer noch an Hermann denken. Meine Mutter sagte: ›Seit ich diesen Hermann Funk kenne, kann ich Hitler verstehen‹. Laß Hermann und den Zensor aus dieser Bemerkung machen, was sie wollen.

Das ist kein richtiger Brief. Ich werde versuchen, in ein paar Tagen wieder zu schreiben.

Dein David.

P. S. Warum eigentlich Hitlerreden? Ich habe sie im Radio gehört, und die sind ganz gewiß antideutsche Propaganda.

Die Ausschnitte waren aus dem *Manchester Guardian*, dem *Daily Telegraph* und anderen Zeitungen. Sie enthielten beunruhigende Tatsachen und kritische Kommentare, alle geeignet, die Zufriedenheit noch weiter zu zerstören. Götz las sie und den Brief abwechselnd. Wie gönnerhaft der war! Und kindisch – mindestens so kindisch wie Zeitungen oder Nationen. Er spielte mit der Politik. Und all dieser Unsinn über die Zensur – Unsinn natürlich, obwohl er selber ein wenig vorsichtig und besorgt war –, das machte den Brief in seiner elaborierten Indirektheit so ermüdend, bevor seine Absicht auch nur zu erahnen war! Oh, die Absicht war deutlich genug. David wollte einen Widerruf, einen einzigen Satz, der sagte ›Du hast recht. Diese Briefe stammen nicht von mir‹ – und daraus würde er folgern, daß er so dachte, wie er auf der Insel gedacht hatte, und glücklich sein.

Es war einfach, es war nicht gefährlich und es würde die ungestörte Atmosphäre ihrer Ferien zurückbringen. Einen Augenblick lang war Götz in Versuchung. Aber es wäre nicht wahr. Als ob man hier wie dort dasselbe denken *könnte*! Und er würde nicht nur eine Lüge aussprechen, sondern die Lüge würde auch implizieren, daß er, Götz Theodor August Johannes Biehl-Bodenhausen, keinen eigenen Wille hätte und vom Leiter des Erziehungswesens oder einem Führer der Hitlerjugend dazu gebracht werden könnte, Dinge zu schreiben, an die er nicht glaubte. Er würde sich selber für die gegenwärtige Unaufrichtigkeit verachten, und würde David ihn nicht verachten für die angeblich in der Vergangenheit vorgefallene Schwäche? Nein, David würde ihn nicht verachten. Er würde nett und verständnisvoll sein und voller Vergebung – zum Teufel mit ihm. Er würde sich wie immer vorstellen, daß Götz ein Kind wäre, das Spengler nicht verstehen konnte. Ganz liberal würde er großes Mitleid für das arme kleine Opfer eines schlimmen Systems empfinden und sich in seinen falschen, hinreichend simplen, englischen Vorstellungen über das unterdrückte deutsche Volk bestätigt fühlen. Soll er doch den Tatsachen ins Auge sehen, soll er doch die Wahrheit erfahren. Nur so war Verständigung möglich.

Aber – er würde die Wahrheit nicht glauben. Er würde sich eine Geschichte von Erpressung und Druck zusammenreimen, würde sich eher mit der romantischen Fiktion als mit der komplexen, bedrückenden Tatsache quälen. Oh, es war eine unmögliche Lage und eine unmögliche Beziehung. Er beendete sie besser jetzt, früher oder später mußte sie ja doch zu Ende gehen. Es würde weh tun, doch daran konnte man nichts ändern. Die Wahrheit war hart. Ludwig und die anderen hatten recht, wenn sie von der unüberwindlichen Grenze predigten, von den unvereinbaren Welten. ›Du kriegst nicht ein Wort mehr von mir.‹

Er ging in den Wald. Ein unpassendes, dummes Detail brachte plötzlich seinen Beschluß zu Fall. Er schuldete David einen Urlaub in Deutschland. Das war eine Ehrenschuld, die man aufgrund der Währungsbestimmungen nicht mit Geld begleichen konnte. Das verpflichtete ihn mindestens ein Jahr lang. So war das Leben, es ließ einen niemals sauber Schluß machen und neu anfangen, es riß einen stets in seinem Lauf mit. Verdammt sei das Leben! Zu was für einen gewitzten und hartnäckigen Kämpfer um den Besitz von Körper und Seele doch die Begierde David machte! Als er sich diese Begierde vorstellte, schmolz er fast weiblich unterwürfig dahin; als er sich die Gewitztheit vorstellte, wurde sein männlicher Widerstand angestachelt.

Die Entschlossenheit ließ nach. Götzens Verstand war erschöpft, und plötzlich bemerkte er, wie müde auch sein Körper war. Sein Streit mit sich selbst, sein Ringen um Entschlossenheit hatte ihn atemlos vorwärts getrieben, nun war er erschöpft. Er kehrte um, und auch sein Denken nahm den Weg des geringsten Widerstands. Was sollte das mit den ›unvereinbaren Welten‹? Vor allem war doch in München herausgekommen, daß ein Kompromiß, ein *modus vivendi* möglich war. Man konnte die ganze Angelegenheit ignorieren und mit der Politik aufhören, ohne widerrufen zu müssen und ohne auf die schmerzhafte Frage eingehen zu müssen, was man dachte oder nicht dachte. Es war verrückt, alles so ernst zu nehmen, als ob Krieg oder solche großen Themen zur Debatte stünden. Es hatte keinen Krieg gegeben, und es würde keinen Krieg geben. Und David und er mochten einander sehr. Armer David, so starke Gefühle zu haben!

Der Umriß des Dorfes in der Dämmerung war vertraut und beruhigend. Es war zu spät fürs Abendbrot, aber er hatte das gute Gefühl, daß seine Beschlüsse endgültig und die Entscheidungen getroffen waren. Aber da waren sie wieder, das Leben und die anderen Menschen, die anders empfanden, da waren seine Mutter und Gisela.

»Wo bist Du gewesen? Hast Du Deinen Vater gesehen?«

Was um alles in der Welt war los? Noch nicht einmal während der Krise waren sie so beunruhigt gewesen. Sein Vater kam vom Schießen spät nach Hause; das war schon öfters vorgekommen und würde wieder vorkommen.

Er antwortete, hörte aber seine eigenen Worte nicht; denn plötzlich wurde der Vorgang unwirklich. Als er im hell erleuchteten Türrahmen stand, hatte er lebhafter als je zuvor den Eindruck, dies bereits erlebt oder geträumt zu haben. Jede Einzelheit des Vorgangs, jede gesprochene Silbe war genau vorhersehbar. Der Verstand war gefeit gegen die Überraschung. Ja, jetzt würde die Uhr läuten, und Gisela würde beim Läuten antworten.

»Er hat einen Brief für Dich dagelassen. Er hat vielleicht sein Gedächtnis verloren oder – oder so.«

Der Eindruck, alles schon einmal erlebt zu haben, hörte auf. Wie erschöpft sein Verstand doch war! Einen Brief dagelassen? In Romanen, Schauspielen und Zeitungen hinterließen sie stets Briefe, aber nicht im wahren Leben. Was für eine lächerliche, monströse, unnötige Sache! Nein, nein, nein. Sein Vater hatte wieder einmal Kurt und Götz durcheinander gebracht, hatte vergessen, daß Götz zu Hause war. Was für einen Aufstand die Frauen machten! Wo war dieser Brief? Sie sagten es ihm und sprachen dann wieder von etwas anderem.

Was sollte diese Diskussion, ob man die Polizei rufen sollte oder nicht? Es war nicht nötig, die Polizei zu rufen.

Nein, es war nicht nötig. Ein Junge aus dem Dorf hatte den Herrn Doktor, der sich mit seinem Gewehr erschossen hatte, gefunden und war mit dieser Neuigkeit nach Hause gerannt. Viele wußten Bescheid, bevor einer gefunden werden konnte, der willens war, es der Familie zu sagen.

31.

Sein Vater war tot. Väter sterben viele Male vor ihrem Tod. Führer-Schicksal – dieses barbarische Unterstreichen, Zeichen eines schlechten, unsicheren Stils wäre nicht nötig gewesen. Er hatte seine Lektion im letzten Jahr gründlich gelernt. Anderen, diesen schwerfälligen, gedankenlosen Hermanns dieser Welt, hätte sie beigebracht werden müssen. Das hatte er nicht verdient. Er hatte die Herrschaft des Todes doch schon längst anerkannt. Diese persönliche Demonstration machte alles nur noch schlimmer, weckte einen lästigen Groll und einen rebellischen Widerwillen gegen den Kummer. Man bezahlte die Trennung mit natürlichem Leid. Was war der Tod, daß er Zeremonien und bestimmte Umgangsformen verlangte? Was war der Tod, daß er ein fremdes Bewußtsein ins Denken einpflanzte, das einem vorwarf, zu wenig Kummer zu empfinden? Wenn er doch bloß verlangen würde, daß man jetzt und für immer weder essen noch trinken noch schlafen würde. Aber das machten alle.

Götz haßte den Tod, weil er sich unerträglich und hemmungslos den Gefühlen aufdrängte, beobachtete, abstempelte und Heuchelei verlangte. Er haßte die Leiche seines Vaters und konnte nicht verstehen, wie seine Mutter diesem grauenhaften Ding die Stirn küssen und das Haar streicheln konnte.

Es schockierte ihn, als ob er erwartet hätte, etwas ganz anderes zu sehen. Er beobachtete sich dabei, wie er seine Mutter tröstete, und fühlte sich dabei herzlos und unaufrichtig. Zusammen mit Gisela erledigte er alle möglichen praktischen Angelegenheiten, und Gisela behandelte ihn plötzlich viel gleichberechtigter als je zuvor. Er ertappte sich dabei, wie er bei irgendeinem Gespräch am Tag der Beerdigung die Vergangenheit lobte. Laß es schnell vorbei sein, war sein sehnlichster Wunsch. Laß meinen Vater eine Erinnerung sein, nicht etwas, das im Vorderzimmer liegt. Laß den Tod aus diesem Haus verschwinden. Wenn es nicht länger vom Tod oder den äußeren Umständen vorgeschrieben wäre, würde er endlich trauern können.

Außer der Familie wußte niemand von dem Brief, und Götz hatte Gisela versprochen, ihn zu verbrennen. Am späten Montagabend las er ihn ein letztes Mal, bevor er ihn in den Ofen steckte.

Mein liebster Götz,
hab keine Angst vor diesem Brief. Es gibt nichts, wovor Du Angst haben mußt. Sei stolz, daß ich Dir schreibe, weil Du ein Mann bist. Ich wollte immer mit Dir reden, aber irgendwie ist das nie geschehen, und das hier ist eine Art Wiedergutmachung. Ich liebe Dich jetzt noch genauso wie damals, als Du klein warst. Vielleicht weißt Du das. Aber die Liebe eines Vaters zieht sich mehr und mehr zurück, wenn sein Sohn heranwächst – sie kann nicht durch Küsse oder irgend etwas anderes ausgedrückt werden. Vielleicht heißt das, wir sollten nach und nach weniger lieben, und es stimmt etwas nicht, wenn wir es nicht tun. Aber der Schritt, den ich bald tun werde, gibt wirklich viel Freiheit. Ich kann mit Dir reden – ein einziges Mal, bloß ein wenig.

Ich habe aufrichtig versucht, dem Urteil anderer Leute mehr als meinem eigenen zu vertrauen. Aber ich weiß, diese Sache wird schlimmer werden, nicht besser, und ich kann es nicht ertragen. Nicht den Schmerz oder den Tod, einzig die völlige Hilflosigkeit, das Gefühl, keine Wahl zu haben, ertrage ich nicht. Da ist es gut, wenigstens seine letzte Stunde selbst bestimmen zu können, obwohl ihnen auch dieser wie jeder andere Schritt in die Hände spielt.

Und ich glaube, für Dich, Kurt und Gisela ist dieser Weg besser. Ich kann Dir nicht helfen oder Dich trösten. Ich habe mich mehr und mehr und ganz kindlich danach gesehnt, daß Du mich tröstest, als ob Du älter wärst und diese Zeiten besser verstündest! Ich will Euch nicht im Wege stehen und Eurer Dasein belasten, und sei es auch nur für die kurze Zeit, die mir noch bleibt. Ihr seid ohne mich besser dran.

Gott segne Dich, mein Liebling. Hilf Deiner Mutter und Gisela.

Dein Dich liebender Vater.

Widerstrebend verbrannte er den Brief, denn beim Lesen hätte er fast geweint, und die Tränen wären ihm willkommen gewesen. Aber dennoch, noch nicht einmal hier hatte sein Vater offen mit ihm gesprochen. Er, ein kranker, körperlich und geistig leidender Mann, hatte seine eigene Krankheit mit der vermuteten tödlichen Krankheit des Staates durcheinandergebracht. Oder hatte er Vorsichtsmaßregeln gegen neugierige Blicke getroffen, was einem in diesen Tagen fast zur zweiten Natur geworden war? Es war nicht mit Sicherheit zu sagen, aber es war auch egal. Götz brachte in seinem Leid den Führer und die Vorsehung und die Gewalt der Umstände mit der Staatsgewalt durcheinander – und die war einzig und allein für diese Zwiespältigkeit verantwortlich.

Träge griff er zu der noch ungelesenen Morgenzeitung.

Ihre übliche Hirnlosigkeit erfüllte ihn mit Ekel und Wut. »Die Rede des Führers in Saarbrücken«. Eine zornige, böse Rede, ohne eine Spur von Versöhnlichkeit. Man hatte ihnen vergeblich ein Opfer dargebracht. Sie waren nicht besänftigt. Sie betrogen, erpreßten durch die Furcht vor Haß und Tod Zugeständnisse, die sie mit Haß und Tod belohnten.

Aber sein Vater hatte Selbstmord begangen. Es war seine eigene Tat, nicht die des Schicksals. Und der seltsame Gedanke kam ihm, daß der alte Mann sie bei ihrem Versuch, seine Seele zu fangen, geschlagen, ihren Trumpf ausgestochen hatte. Als sie hofften, eine Saat falscher Dankbarkeit zur Reife zu bringen, hatte er ihren Betrug in tausend Stücke zerschmettert. Sich vorzustellen, daß er eine solche Absicht gehabt habe, war lächerlich und selbstbezogen. Er konnte weder wissen noch sich darum kümmern, was im Kopf seines Sohnes vor sich ging. Und doch – er hatte seinem Sohn den Brief geschrieben, ihm allein. Sei stolz darauf, hatte er gesagt. Warum sollte Stolz schlecht sein?

Obwohl es bereits dunkel war, ging Götz hinaus, um durch den Wald auf den Hügel zu wandern. Ob mit Absicht oder nicht, die wahrhaft erschütternde Tat seines Vater hatte sie geschlagen. Entsetzen, falscher Stolz und all die anderen Gefühle, die ihn verwirrt hatten, waren von der Tat seines Vater getilgt und zum Schweigen gebracht worden. Er spürte, daß er nun die Wahrheit sowohl hinter falschem Romantizismus wie hinter falscher Reue erkennen konnte. Doch er hatte sie bereits zuvor erkannt, und nach so vielem Hin und Her war er sich nicht sicher, es fest im Gedächtnis zu behalten. Er wollte es ausdiskutieren und die Untiefen und Strömungen, die Quellen von Irrtum und Veränderung, jetzt und für immer bestimmen.

In England – das erkannte er jetzt – hatte er sich gegen die falsche Gefahr gewappnet, gegen etwas Einfacheres, weniger

Kompliziertes als die Wirklichkeit. Er hatte sich gewappnet gegen die dummdreisten Lügen der Propagandamaschine, nicht gegen die gigantische Wahrheit seiner völligen Hilflosigkeit. Ihre physische Stärke war auch ihre zweite Verteidigungslinie gegen den eindringenden Verstand, und diese konnte den raschen Angreifer bis hinter die äußeren Mauern zurückwerfen. Sie konnte den Tapferen ebenso wie den Klugen einschüchtern, indem sie Selbstopferung so eitel erscheinen ließ, nein, sein ließ wie freies Denken. Und da der Tapfere und der Kluge gemeinhin stolz sind, konnte ihr Stolz zur zwangsweisen Lähmung des Verstandes gegen sie gewandt werden. Zu glauben und zu wissen, daß Denken eitel wäre! Besser die Früchte seines Denkens gar nicht erst zulassen, als daß ihre Gespenster einen verfolgten. Und wie glücklich waren jene, bei denen Dr. Goebbels' Methoden der Geburtenkontrolle Wirkung zeigten! Selbst im unbewußten Leib des Denkens war eine Abtreibung schmerzhaft.

Ja, richtig. Sie hatten die unumstößliche Tatsache geschaffen, den Felsen, an dem menschliche Geister wie Wellen nutzlos zerschellten. Alle Gefühle, alle Aussichten wurden von ihnen unterjocht, Optimismus und Zynismus, Hoffnung und Angst, Liebe und Stolz. Die düsteren Tage gehörten ihnen, erzwangen Akzeptanz, da sie scheinbar eins waren mit der universellen Trübsal. Ebenso gehörten ihnen die lichten Tage, die zwangsweise Vertrauen brachten, weil die Menschen nicht gewillt waren, sie sich durch schlimme Vorzeichen verderben zu lassen. Der Tod ebenso wie das Leben gehörten ihnen. Das hatte sein Vater gemeint. Tod durch Selbstmord oder selbstmörderischen Widerstand hieß gleichermaßen, ihrem Befehl, die Gegner zu beseitigen, zu gehorchen.

Wie sie ihn mißbraucht hatten! Er konnte jetzt zurückschauen und das ganze letzte Jahr der schmerzhaften Entwicklung zu einem Selbstbewußtsein begreifen. Allein in den letzten paar Wochen, was hatten sie da nicht alles ausgenutzt! Sie hatten die Demut zu Markte getragen, hatten ihn aufgefordert zu glauben, daß seine unbedeutende Freiheit dem Gemeingut geopfert werden müsse. Sie hatten seine Liebe für David und England schamlos ausgenutzt, gleich einem verabscheuungswürdigen Lustmolch, der eine geliebte Frau bis zur Zahlung eines Lösegeldes gefangenhält. Und danach hatten sie seinen Stolz ausgebeutet, um seine Gedanken durch vorübergehende Panik zu stählen, damit er Anspruch auf Freiheit und selbständiges Denken erheben konnte.

Freiheit und selbständiges Denken? Das waren Illusionen! Was für eine Freiheit und Selbständigkeit besaß er denn schon! Er war ein Ding aus einander unverständlichen Stimmungen, dem aller zeitliche Zusammenhang oder räumliche Regelmäßigkeit fehlte, eine Summe von Regungen und ein Sklave von Rebellionen, die Beute von Jahreszeiten und Einflüssen, jetzt ›Biebo‹, dann ›Götz‹, englisch und optimistisch, deutsch und schicksalsgläubig, ein lüsternes weibliches Ungeheuer und ein männlicher Moralist. Unter den weit entfernten und matten Sternen schien er sich plötzlich zu spalten, aufzulösen und jegliche Identität zu verlieren. ›Oh Gott‹, betete er, ›laß mich leben! Laß mich leben, sollte ich auch in die Hände jener fallen, deren ganzer Glaube es ist, daß es Menschen, individuelle menschliche Wesen nicht gibt. Laß mich hoffen oder fürchten, optimistisch oder pessimistisch sein mit einem Optimismus oder Pessimismus, der nicht der ihre ist, der nicht von ihnen gemacht ist und nicht ihnen dient!‹

Da war David. War es falsch, sich von Gott und seinem toten Vater ihm zuzuwenden? Oh nein, das konnte nicht sein. Er würde David schreiben und einfach sagen ›Mein Vater ist tot. Schreib mir.‹ ›Schreib mir, David. Nicht über Politik – ich habe genug davon. Du hilfst mir gegen die grauenhaften Gewässer, die hoch an der Küste meines Verstandes anbranden, nicht mit politischen Diskussionen, wie Du so töricht warst anzunehmen, sondern indem Du einfach und ehrlich da bist. Wir schreiben uns oft – über uns, über Bücher, über das Leben, ja? Wir brauchen uns über den Ausgang keine Sorgen zu machen. Sie werden sich darum kümmern, wie sie sich um alles kümmern. Was das Leben und Sterben, Töten oder Getötetwerden anbelangt, sind wir für unsere Handlungen nicht verantwortlich, sie sind besetztes Gebiet. Aber etwas können wir ihnen stur und unnachgiebig vorenthalten, und vielleicht kehren wir eines Tages, wenn wir Glück haben, aus diesem kleinen Eckchen, in das wir uns zurückgezogen haben, zu voller Souveränität über Denken, Reden und Handeln zurück.‹

Er ging in den Wald hinunter.

Nachwort

Kindheit und Jugend im Nationalsozialismus – dies ist das Thema zahlreicher ganz unterschiedlicher literarischer und auch dokumentarischer Darstellungen, angefangen in den frühen 1930er Jahren bis in die Gegenwart[1]. Was ist also das Besondere an Frank Clares Roman *Zwei Welten*[2], der hier erstmals in deutscher Übersetzung vorgelegt wird?

Zum einen ist bereits der Umstand hervorhebenswert, daß der Verfasser ein Brite ist. Hinter dem Pseudonym »Frank Clare« verbirgt sich Frederick W. Clayton (1913-1999), der nach seinem Studium in Cambridge und dem Militärdienst während des Zweiten Weltkriegs von 1948 bis 1973 als Professor für Klassische Philologie an der südwestenglischen Universität Exeter tätig war[3]. Seine Begegnung mit dem deutschen Sprachraum fällt in eine Zeit, in der Hitler bereits an der Macht war. 1935 hielt er sich für längere Zeit in Wien auf, 1936 arbeitete er für ungefähr ein Jahr an der Dresdner Kreuzschule als Englischlehrer. Die Eindrücke, die Clayton während dieser Zeit sammelte, verarbeitete er literarisch in seinem stark autobiographisch gefärbten Roman. Die Freund-

---

1) Eine knappe Zusammenstellung von Büchern zum Thema »Kindheit und Jugend im Nationalsozialismus« bietet Max VON DER GRÜN, Wie war das eigentlich? Kindheit und Jugend im Dritten Reich (Darmstadt – Neuwied 1979, München [4]2000) S. 255-258. Weiter ausgreifend ist die Darstellung bei Wolfgang POPP, Männerliebe. Homosexualität und Literatur (Stuttgart 1992) S. 305-330 und S. 345 (Lektürehinweise).
2) Für eine ausführlichere Interpretation des Romans vgl. Thorsten FÖGEN, Frank Clares Roman *The Cloven Pine* (1942): Zeitdokument und fiktionalisierte Autobiographie, in: Acta Neophilologica 36 (2003).
3) Zur Biographie Claytons vgl. Hugh W. STUBBS, Chair and chairperson: memories of twenty-eight years, in: Pegasus 19 (1976) S. 2-10 sowie George CLAYTON und Peter WISEMAN, Frederick William Clayton 1913-1999, in: Pegasus 43 (2000) S. 20-23.

schaft zwischen dem jungen Lehrer David Beaton und dem Schüler Götz im Roman basiert auf Claytons Begegnung mit Götz Büttner-Wobst, dem Sohn eines Dresdner Arztes, der zu seinen Schülern zählte. Götz fiel im Zweiten Weltkrieg; Clayton heiratete 1948 dessen Schwester Friederike Büttner-Wobst.

Zum anderen verdient das Erscheinungsjahr des Romans besondere Beachtung: Das englische Original *The Cloven Pine* wurde 1942, mitten im Zweiten Weltkrieg, von dem renommierten Londoner Verlag Secker & Warburg veröffentlicht. Die für ein englisches Lesepublikum bestimmte Beschreibung Nazi-Deutschlands und dabei vor allem die Schilderung einer tiefen Freundschaft zwischen einem deutschen Jungen und einem Engländer darf als literarisches Wagnis bezeichnet werden, auch wenn der Roman angesichts seiner bewegenden Darstellung der Indoktrination der Jugend Deutschlands durch den Nationalsozialismus keinen Zweifel an seiner tiefen Verachtung für Hitlers Doktrinen läßt.

Frank Clare ist nicht der einzige britische Literat, der sich intensiv mit Wesen und Charakter der nationalsozialistischen Herrschaft auseinandergesetzt hat. Die Gefahren des aufkommenden Regimes wurden vor allem von Christopher Isherwood (1906-1986) und Stephen Spender (1909-1995) sowie von Wystan Hugh Auden (1907-1974) thematisiert, so besonders in Isherwoods *Goodbye to Berlin* (1939)[4] und in Spenders antifaschistischem Versdrama *Trial of a Judge* (1938) und seinem wesentlich späteren Roman *The Temple* (1988). Als weitere Gemeinsamkeit kommt der Aspekt homoerotischen Empfindens und Erlebens hinzu, das in weiten Teilen auf realen Begebenheiten im Rahmen von Aufenthalten in Deutschland basiert.

Die Gemeinsamkeiten sind jedoch eher oberflächlicher Natur, es überwiegen die Unterschiede: Während Isherwood

---

4) Vgl. POPP, Männerliebe (siehe Anm. 1) S. 305-319.

und Spender Deutschland noch vor der nationalsozialistischen Machtübernahme verließen und in ihren Werken primär das Aufkommen der Diktatur schildern, begab sich Clare erst 1936 nach Deutschland und setzt daher auch in der literarischen Verarbeitung seiner Eindrücke wesentlich später ein als seine beiden Landsleute. Auch in inhaltlicher Hinsicht spielt Clares Roman eine Sonderrolle: Ihm geht es weniger um eine allumfassende Analyse der politischen Situation Nazi-Deutschlands, die möglichst viele verschiedene Bereiche beleuchtet, sondern vor allem um die Darstellung der Entwicklung der persönlichen Beziehung des Protagonisten, des Englischlehrers David Beaton, zu seinem Schüler Götz. Die politische Komponente ist dabei aber keineswegs ausgespart: Es ist die besondere Technik Clares, die Thematisierung der nationalsozialistischen Herrschaft direkt mit der Ebene des Privaten zu verweben und damit über das individuelle Moment hinaus weiter auszugreifen. Mit dieser Methode wird beispielsweise ein Hinweis auf die Röhm-Affäre eingeblendet, die im Zusammenhang mit Götz' Ahnungen über seine Homosexualität erwähnt wird. Auch auf andere konkrete Ereignisse, z. B. die gerade aus der Sicht des Briten Beaton befremdliche Appeasement-Politik Neville Chamberlains, den Anschluß Österreichs im März 1938 und das Münchener Abkommen vom September 1938 wird Bezug genommen, ebenso wird die Gefahr eines Krieges mehr als nur angedeutet.

In der Schule wie in der Familie, vor allem aber in den auf Beaton und Götz konzentrierten Szenen, wird laufend über politische Entwicklungen und die Implikationen der NS-Ideologie diskutiert, zum Teil in geradezu philosophischer Manier wie z. B. in der Szene im Rahmen der Skifreizeit, in der sich die beiden Lehrer Beaton und sein von nationalsozialistischem Gedankengut zutiefst überzeugter Gegenspieler Ludwig Kästner eine Art Rededuell liefern. In diesem Abschnitt wird der orthodoxe Nationalsozialist Kästner durch die Kontrastierung mit dem ›Liberalisten‹ Beaton als eine Figur gezeichnet, die nicht zuletzt wegen ihrer theatralischparolenhaften Redeweise als keineswegs ungefährlich erscheint; daß die propagandistische Rhetorik der Machthaber[5] sich rasch auf deren Anhänger übertragen hat, wird damit deutlich. Zugleich entlarvt Beaton in diesem Kapitel den Begriff »Nationalsozialismus« in seiner ganzen Widersprüchlichkeit[6]. Das dargestellte Milieu ist jedoch bei Clare ins-

---

5) Zu Propaganda und Rhetorik führender Nationalsozialisten, vor allem Hitlers, vgl. bereits Konrad HEIDEN, Adolf Hitler: Das Zeitalter der Verantwortungslosigkeit. Eine Biographie (Zürich 1936) S. 91-95 und 98-103, ferner Thomas MANN, Vom zukünftigen Sieg der Demokratie (1938), in: Essays. Band 4: Achtung, Europa! 1933-1938, hg. von Hermann KURZKE und Stephan STACHORSKI (Frankfurt am Main 1995) S. 223 f., und Robert Charles Kirkwood ENSOR, Herr Hitler's Self-Disclosure in »Mein Kampf« (Oxford Pamphlets on World Affairs 3, Oxford 1939) S. 29 f. Vgl. auch Hubert STEINHAUS, Hitlers pädagogische Maximen. »Mein Kampf« und die Destruktion der Erziehung im Nationalsozialismus (Studien zur Pädagogik der Schule 3, Frankfurt am Main 1981) S. 108-117, und Harald STEFFAHN, Adolf Hitler in Selbstzeugnissen und Bilddokumenten dargestellt (rowohlts monographien 316, Reinbek bei Hamburg 1983) S. 58. Die nicht zu überschätzende Wichtigkeit der Propaganda hat HITLER in »Mein Kampf« immer wieder hervorgehoben (Erster Band: Eine Abrechnung [München 1941], bes. S. 196-198, 203 und 370-377; Zweiter Band: Die nationalsozialistische Bewegung [München 1940], bes. S. 117-120 und 217-234).
6) Auf die Widersprüchlichkeit dieses Begriffs machen verschiedene Literaten immer wieder aufmerksam, so z. B. Thomas MANN in seinem Aufsatz »Vom zukünftigen Sieg der Demokratie« aus dem Jahre 1938: »Daß das Wort ›Sozialismus‹, trotz aller anti-individualistischen Wirtschaftsgebarung, im Mund des Faschismus eine Lüge ist, zeigt schon der Name seiner deutschen Spielart: Nationalsozialismus. Diese Wortverbindung ist eine Bauernfängerei, wie das ganze ›Gedankengut‹, dessen Etikette sie ist. Nationalismus und Sozialismus sind Gegensätze. Ein Parteiprogramm aus beiden zu machen, ist geistiger Unfug. Sozialismus ist ein durchaus moralischer, das heißt nach innen gerichteter Impuls, ein Impuls des Gewissens.« (Essays 4 [siehe Anm. 5] S. 231). Ähnlich äußerten sich Erika und Klaus MANN in ihrem Buch »Escape to Life. Deutsche Kultur im Exil«, hg. und mit einem Nachwort von Heribert

gesamt eher einheitlich und auf das gehobene Bürgertum beschränkt, während beispielsweise Isherwoods Roman *Goodbye to Berlin* einen Querschnitt durch alle gesellschaftlichen Schichten und politischen Überzeugungen bietet.

Besonders eindrucksvoll sind die Kapitel des Romans, in denen der Schulunterricht und die Erziehungsmethoden der Zeit[7] im Vordergrund stehen. Mit diesen Aspekten hatten sich in dokumentarischer Form zuvor bereits Erika Mann in ihrem erschütternden Buch *School for Barbarians* (1938) (deutsch: *Zehn Millionen Kinder. Die Erziehung der Jugend im Dritten Reich* [Amsterdam 1938]), aber auch Isaac Leon Kandel (*The Making of Nazis*, 1935), George Frederick Kneller (*The Educational Philosophy of National Socialism*, 1941) und Gregor Ziemer (*Education for Death: The Making of the Nazi*,

---

HOVEN (München 1991) S. 132–137, und später besonders Sebastian HAFFNER, Anmerkungen zu Hitler (München 1978) S. 50–53 und 77 f.
7) Aus zahlreichen Studien sei vor allem auf folgende verwiesen: Reinhard DITHMAR und Wolfgang SCHMITZ (Hg.), Schule und Unterricht im Dritten Reich (Interdisziplinäre Forschung und fächerübergreifender Unterricht 7, Ludwigsfelde 2001); Kurt-Ingo FLESSAU, Schule der Diktatur. Lehrpläne und Schulbücher des Nationalsozialismus (München 1977); Hermann GIESECKE, Hitlers Pädagogen. Theorie und Praxis nationalsozialistischer Erziehung (Weinheim 1993); Manfred HEINEMANN (Hg.), Erziehung und Schulung im Dritten Reich. Teil 1: Kindergarten, Schule, Jugend, Berufserziehung (Veröffentlichungen der Historischen Kommission der Deutschen Gesellschaft für Erziehungswissenschaften 4.1, Stuttgart 1980); Karl Christoph LINGELBACH, Erziehung und Erziehungstheorien im nationalsozialistischen Deutschland (Sozialhistorische Untersuchungen zur Reformpädagogik und Erwachsenenbildung 6, Frankfurt am Main 1987); Elke NYSSEN, Schule im Nationalsozialismus (Heidelberg 1979); Barbara SCHNEIDER, Die Höhere Schule im Nationalsozialismus. Zur Ideologisierung von Bildung und Erziehung (Beiträge zur historischen Bildungsforschung 21, Köln 2000); Harald SCHOLTZ, Erziehung und Unterricht unterm Hakenkreuz (Kleine Vandenhoeck-Reihe 1512, Göttingen 1985) und STEINHAUS (siehe Anm. 5).

1941) auseinandergesetzt. Im Vergleich mit diesen Darstellungen zeichnet Clare, ohne verharmlosen zu wollen, ein überaus zurückhaltendes Bild. Groteske Szenen wie beispielsweise Unterrichtsstunden in Rassenkunde oder paramilitärische Übungen sind ausgespart. Daß im nationalsozialistischen Ausbildungssystem Ideologievermittlung über Wissensvermittlung rangiert[8], ist durch die Figur des Englischlehrers Professor Klinge angedeutet, der den Engländer Beaton in seiner Klasse als Hilfslehrer einführt. Er liest mit seinen Schülern Bücher über Rassentheorie und nutzt seinen Unterricht auch zu anderen Formen der Indoktrination. Selbst die Lektüre und Interpretation von Shakespeares *Julius Caesar*

---

8) Dazu heißt es bei Erika MANN, die sich direkt auf Passagen zur schulischen Ausbildungsprogrammatik in Hitlers »Mein Kampf« bezieht: »Die Abneigung des deutschen Diktators gegen das Wissen ist groß und aufrichtig. Er selbst, - man weiß es, hat nie etwas gelernt, - und scheint als Knabe ›umsonst gequält‹ worden zu sein. Im übrigen aber ist es für die Diktatur unerläßlich, das Volk so dumm, so unwissend wie immer möglich zu halten. Nur wenn es ahnungslos ist, nur wenn es um die Wahrheiten der Vergangenheit und der Gegenwart nicht Bescheid weiß, kann die Diktatur ihren Unwahrheiten zum Siege verhelfen.« (Zehn Millionen Kinder. Die Erziehung der Jugend im Dritten Reich [Neuausgabe Berlin 1988] S. 50 f.) Vgl. außerdem NYSSEN (siehe Anm. 7) passim, bes. S. 29 f., 55 und 58; Peter D. STACHURA, Das Dritte Reich und die Jugenderziehung: Die Rolle der Hitlerjugend 1933-1939 (1980), in: Karl Dietrich BRACHER, Manfred FUNKE und Hans-Adolf JACOBSEN (Hg.), Nationalsozialistische Diktatur 1933-1945. Eine Bilanz (Schriftenreihe der Bundeszentrale für politische Bildung 192, Bonn 1986) S. 224-244, hier S. 225-229; STEINHAUS (siehe Anm. 5) S. 65-70, 76-84, 121-123, 140 f. und 198-235; Jutta VON FREYBERG, Barbara BROMBERGER und Hans MAUSBACH, »Wir hatten andere Träume.« Kinder und Jugendliche unter der NS-Diktatur (Frankfurt am Main 1995) S. 23-48 und VON DER GRÜN (siehe Anm. 1) S. 68, 72 f. - HITLER selbst legt in »Mein Kampf« ausführlich die Grundsätze nationalsozialistischer Erziehung dar und postuliert dabei deren antiintellektualistische Ausrichtung (Erster Band: bes. S. 258 und 276-278; Zweiter Band: bes. S. 46-74).

erfährt bei ihm eine radikale Umdeutung zuungunsten des Tyrannenmörders Brutus, den er mit den aus seiner Sicht ewiggestrigen Anhängern der Weimarer Republik auf eine Stufe stellt (Kapitel 1). Doch Klinge stellt – zusammen mit dem jüngeren Lehrer Ludwig Kästner – in Clares Roman bereits den übelsten Vertreter unter den Lehrern an Beatons Schule dar; der Rest der zumeist nur recht kurz skizzierten Lehrerschaft besteht aus Mitläufern, denen es weitgehend fernliegt, aus ihren Schülern überzeugte Nationalsozialisten zu machen.

Auffällig sind die zahlreichen intertextuellen Bezüge, die Clare zu anderen Werken herstellt. Solche Querverweise haben zuweilen einen eindrucksvollen symbolischen Gehalt. So deutet Götz' und Beatons gemeinsame Rezitation des Goetheschen *Erlkönig* am Schluß des 4. Kapitels die weitere Entwicklung der Beziehung zwischen den beiden Protagonisten an, auch wenn das im Gedicht auftretende sexuelle Element keine Entsprechung im Verlauf des Romans findet. Der Schlußvers des Gedichts (»In seinen Armen das Kind war tot.«) könnte bei einer Parallelisierung des Erlkönigs und des Kindes mit Beaton und Götz als eine beunruhigende Vorausdeutung auf den Kriegstod des realen Götz Büttner-Wobst im Jahre 1941, also noch vor dem Erscheinen des Romans, interpretiert werden; dadurch wäre *The Cloven Pine* umso nachdrücklicher als ein literarischer Gedenkstein des Autors für einen Menschen stilisiert, der ihm sehr viel bedeutete.

Im Gegenzug wird auch die Zuneigung der Figur Götz zu dem jungen Lehrer Beaton nicht nur durch explizite Formulierungen im Text, sondern auch durch ein intertextuelles Element zum Ausdruck gebracht: Götz kauft sich nach seinem England-Aufenthalt bei Beaton das Buch *Goodbye, Mr. Chips*, und zwar wählt er ganz bewußt das englische Original, wie er dem Engländer hernach schreibt (Kapitel 26). Bei diesem Werk handelt es sich um den in Großbritannien damals recht bekannten, 1934 veröffentlichten Roman von

James Hilton (1900-1954), der im Jahre 1939 sogar verfilmt wurde. In dessen Mittelpunkt steht der Lehrer Charles Chipping, Lehrer für alte Sprachen.

Hinzu kommen wiederholt Verweise auf politische und kulturphilosophische Werke wie Nietzsches *Zarathustra*, Oswald Spenglers *Untergang des Abendlandes* (1918 und 1922), Konrad Heidens *Adolf Hitler* (1936) oder die lebenspraktisch-moralistischen Werke des Briten Samuel Smiles (1812-1904), der Tugenden wie Fleiß, Strebsamkeit und Selbstdisziplin als Weg zu individuellem Wohlergehen und als Garanten für den stabilen Zustand einer staatlichen Einheit propagierte[9]. Während seines Besuches bei Beaton in England liest Götz sogar Heidens Hitler-Buch neben Thomas Manns *Brief an die Universität Bonn* (1937) und John Galsworthys Drama *Strife* (1909) und diskutiert mit dem Engländer über seine Eindrücke (Kapitel 25). Obwohl der Junge Heidens Darstellung nicht zu Ende liest, beeindruckt ihn diese als ein durchaus ernstzunehmendes Buch, das ihm bei der Wahrheitsfindung über die Vorgänge in seinem Land zu helfen vermag.

Die besondere Leistung des Romans *Zwei Welten* liegt im ungewohnt untendenziösen Blick des Verfassers auf das Deutschland der NS-Zeit. Clares vorrangiges Anliegen war die differenzierte Schilderung der systematischen Indoktrination und Vergiftung der deutschen Jugend durch die nationalsozialistische Diktatur Hitlers und ihre grausame Ideologie. Vor allem seinen britischen Lesern wollte Clare verdeutlichen, daß die deutsche Jugend nicht durchweg aus fanatischen Hitler-Enthusiasten bestand. Zugleich warb er aber auch um ein gewisses Verständnis selbst für diejenigen Jugendlichen, die

---

9) Von Samuel SMILES stammen Titel wie »Self-Help« (1859), »Character« (1871), »Thrift« (1875) und »Duty« (1880) sowie Biographien zu Männern wie Thomas Telford (1867), George Stephenson (1875) und Josiah Wedgwood (1894), die seiner Ansicht nach die von ihm postulierten Tugenden in ihrem Leben verwirklicht hatten.

sich durchaus als überzeugte Anhänger faschistischer Doktrinen gaben. In einem gleichgeschalteten Staat, in dem ein junger Mensch in nahezu allen Lebensbereichen nichts anderes aufzunehmen vermag als stereotype Parolen der Machthaber, ist es schwierig, sich seine unabhängige Meinung zu bilden und seine Integrität zu wahren. Der englische Titel des Romans unterstreicht diese Sichtweise: *The Cloven Pine* (»Die gespaltene Kiefer«) spielt auf den Luftgeist Ariel aus Shakespeares *The Tempest* (V. 250-293) an, der von der Hexe Sycorax in eine Kiefer eingeschlossen und von Prospero schließlich befreit wird. Wie Ariel ist auch die deutsche Jugend gefangen und damit jeder Möglichkeit auf Freiheit beraubt. Nur vage ist am Ende des Romans die Hoffnung angedeutet, daß sich vielleicht eines Tages die Eigenständigkeit in Denken und Handeln wiedergewinnen läßt.

Die politische Situation ist letztlich auch dafür verantwortlich, daß die beiden Protagonisten, David Beaton und Götz, nicht so zueinander finden können, wie sie sich dies beide in ihrem Innersten wünschen. Der deutsche Titel *Zwei Welten*, der sich angesichts des Romaninhalts als eine durchaus gerechtfertigte Alternative zu dem unübersetzbaren Shakespeare-Zitat versteht, greift in diesem Zusammenhang einen thematischen Faden auf, der sich durch den gesamten Roman zieht: die unterschiedliche Herkunft der beiden Hauptfiguren, die Verankerung in zwei Kulturen, die in politischer Hinsicht diametral entgegengesetzt sind[10].

Gleichwohl erleben beide Charaktere aufgrund ihrer Begegnung mit dem anderen einen für sie äußerst wichtigen

---

10) Im Text bezeichnet Beaton in einem Gespräch mit Götz Großbritannien und Deutschland sogar explizit als »zwei Welten« (The Cloven Pine, London 1942, S. 31 f.): »›I mean, certain things must strike you.‹ – ›Yes. . . . In fact, it's so different that one doesn't know where to begin. It's much harder than I had imagined possible. It's like two worlds. Words don't mean the same thing in them.‹« Ähnlich S. 196 und 226 des englischen Originals.

Reifungsprozeß: Götz sieht sich durch die Diskussion mit dem jungen Lehrer nicht allein dazu veranlaßt, zur politisch-gesellschaftlichen Situation in seinem Land kritisch Stellung zu nehmen und sich ein eigenes Urteil zu bilden. Er durchläuft zugleich eine Art »rite de passage« vom größtenteils unbeschwerten Kind zum jungen Erwachsenen, der mehr und mehr eine Ahnung von der Tragik der Welt bekommt – einen Prozeß, der im Text mehrfach als der Verlust von Jungfräulichkeit und Unschuld apostrophiert ist. Dazu gehört auch das erwachende Bewußtsein über sein Hingezogensein zum eigenen Geschlecht, das ihn zunächst sehr verwirrt. Auf der anderen Seite erkennt Beaton, was sein Auslandsaufenthalt bei ihm ausgelöst hat: Sein ursprüngliches Bestreben, durch eigene Anschauung die Wahrheit über Nazi-Deutschland herauszufinden, tritt in den Hintergrund. Statt dessen hat ihn seine Freundschaft zu Götz auf den Weg zu einer Wahrheitsfindung über sich selbst geführt. Obwohl sich Beaton mit seinem Aufenthalt in Deutschland in einer Atmosphäre der Unfreiheit und Repression bewegt, gewinnt er in der Distanz zu seiner Heimat England seine persönliche Freiheit und wird sich seiner Identität weitaus besser als je zuvor bewußt.

The Cloven Pine blieb Clares einzige literarische Veröffentlichung, doch war er danach keineswegs unproduktiv. Erhalten sind einige bislang unveröffentlichte Kurzgeschichten und Dramen, deren Entstehungszeit unsicher ist (vgl. FÖGEN [siehe Anm. 2]). Wie in seinem Roman, so ist auch bei seinen sonstigen Werken der autobiographische Charakter unverkennbar. Clares gesamtes literarisches Œuvre ist geprägt durch das Streben des Verfassers nach vorurteils- und ideologiefreier Annäherung der Menschen zueinander. Insbesondere sein Roman darf als ein herausragendes Monument der Humanität in Zeiten der Barbarei gelten. Nicht zuletzt deshalb verdient Clare eine breitere Beachtung. Zugleich eröffnet sein publiziertes wie unpubliziertes Werk vor allem für die Literaturwissenschaft Möglichkeiten zu einer eingehenden Erforschung.

THORSTEN FÖGEN